古 月 ◎ 著

唐盛唐衰

伍 晚唐血泪

中国铁道出版社有限公司
CHINA RAILWAY PUBLISHING HOUSE CO., LTD.

图书在版编目（CIP）数据

唐盛唐衰.伍，晚唐血泪/古月著.—北京：中国铁道
出版社有限公司，2024.8
ISBN 978-7-113-31296-1

Ⅰ.①唐… Ⅱ.①古… Ⅲ.①中国历史—唐代—通俗
读物 Ⅳ.①K242.09

中国国家版本馆 CIP 数据核字 (2024) 第 108860 号

书　　名：**唐盛唐衰（伍）：晚唐血泪**
　　　　　TANG SHENG TANG SHUAI(WU)：WANTANG XUELEI

作　　者：古　月
策划编辑：王晓罡
责任编辑：马慧君　　　　　电　　话：（010）51873005
封面设计：尚明龙
责任校对：安海燕
责任印制：赵星辰

出版发行：中国铁道出版社有限公司（100054，北京市西城区右安门西街 8 号）
网　　址：http://www.tdpress.com
印　　刷：河北燕山印务有限公司
版　　次：2024 年 8 月第 1 版　2024 年 8 月第 1 次印刷
开　　本：710 mm×1 000 mm 1/16　印张：14　字数：216 千
书　　号：ISBN 978-7-113-31296-1
定　　价：88.00 元

目 录

I

第九章　唐昭宗

后　记

主角：李纯

配角：李绛、裴度、田弘正、李吉甫、白居易、李愬、王承宗、李师道等

事件：顺宗李诵仅仅当了几个月的皇帝便由于身体原因退位让贤。宪宗李纯即位。李纯英明神武，几乎具备明君该有的所有特征，大唐又看到了振兴的希望。

李纯不负众望，朝廷内外形势一片大好。虽然在打击藩镇时受到些挫折，但很快就扭转局势，取得极其丰硕的成果。在这过程中，田弘正功不可没，正是他开了个好头，藩镇割据的局面才被基本打破。大唐迎来再度繁荣，当时年号为"元和"，后世将这段繁荣的时期称为"元和中兴"。有此"中兴"，功劳不全是皇帝的，李绛、裴度这两位合格的宰相以及一干大臣厥功至伟。

"中兴"成果骄人，那么，李纯能否保持住优良作风，一直当一个勤政爱民的好皇帝呢？

二王八司马

公元 805 年 1 月 26 日，唐德宗李适的长子李诵登基，庙号唐顺宗，改年号为"永贞"。

由太子到皇帝是个质的飞跃，但李诵并不开心，因为病魔夺走了他的快乐，中风的李诵长期失语，基本就是个哑巴，很难胜任"皇帝"这项异常艰难而复杂的工作。虽说皇帝当得不好，但他还是很快"升"了职。同年 8 月，李诵的长子太子李淳（后改名为李纯）登基，庙号唐宪宗，李诵升职为皇帝的爹，也就是太上皇。

几个月的皇帝不可能有什么亮点可言，但这几个月中朝廷还真有大事发生，那就是"永贞革新"。这是一场政治改革，当时年号是"永贞"，人们称其为"永贞革新"。

这场改革的主角是王叔文、王伾、韦执谊、韩泰、陈谏、柳宗元、刘禹锡、韩晔、凌准、程异。这些人被后世称为"二王八司马"，至于为何有这样的称谓，答案一会儿揭晓。

以这十个人为核心的团队干了什么呢？

总结下来有这样几件事：

第一，打击宫市。在《唐盛唐衰（肆）：龙游浅水》中介绍过"白望"，那也是白居易创作《卖炭翁》的背景，宫市对京城百姓的影响相当大。就拿五坊使（雕坊、鹘坊、鹞坊、鹰坊、狗坊的工作人员）来说吧，他们把为朝廷工作当借口，欺压百姓，横征暴敛，哪个小店主要是得罪了"五坊小儿"（当时人们对五坊使的蔑称）就别想做生意。"五坊小儿"会弄一袋子蛇放在你家门口，并且说："这些蛇是用来抓鸟的，你暂时给保管一下，可别饿坏它们，要是朝廷抓不到鸟，怪罪下来，你可担待不起。"面对这种情形，小店主唯一能做的就是消财免灾，好话说尽再送上金银珠宝，五坊使才会带上他们的蛇满意地离开。李诵在当太子的时候就对这类情况深恶痛绝，登基之后，他支持"二王八司马"集团全力打击宫市，五坊使"当仁不让"地成为整治重点。

第二，禁止进奉。以往节度使有的每个月给皇帝进一次贡，叫作月进，有的每天进一次贡，叫作日进。后来很多刺史等地方官员也跟着学，这样一来皇帝的小金库是越来越充实，但天下百姓苦不堪言。官员的钱哪来的？还不是从老百姓那里搜刮来的。在"二王八司马"努力下，李诵取消了月进和日进，各级官员按照规矩正常给朝廷进贡即可。

第三，整治贪腐。历朝历代、国内国外，贪腐永远是个大问题，这个问题不解决国家不可能繁荣昌盛，"二王八司马"掌权后严惩贪官污吏，在短短几个月内就见到成效，唐朝终于有了再次崛起的苗头。

当然，实际情况是唐朝并未在李诵手中崛起，因为他仅仅当了几个月的皇帝就升职了，接班的唐宪宗李纯英明神武，但他跟"二王八司马"不是一伙的。"二王八司马"是做了些对大唐很有利的事情，但对大唐的危害也不小，李纯登基之后很快便处理了这个集团，王伾、王叔文这"二王"都被贬官，另外，韦执谊被贬为崖州司马，韩泰被贬为虔州司马，陈谏被贬为台州司马，柳宗元被贬为永州司马，刘禹锡被贬为朗州司马，韩晔被贬为饶州司马，凌准被贬为连州司马，程异被贬为郴州司马。这八个人都被贬成司马，因此，该集团被称为"二王八司马"。

"永贞革新"仅仅持续一百四十多天便宣告失败，这里面虽然有运气不济的成分（支持王叔文的顺宗因病退位），更重要的还是集团本身有问题。

王叔文、王伾一个擅长下棋，一个擅长书法，但都不擅长搞政治，规规矩矩当个官尚且不易，何况身居高位，还搞"改革"这么有技术含量的工作，做不好也在大家预料之中。

除了能力之外，还有品格的因素，二王自身都有很大问题。

王伾爱财如命，肆无忌惮地收受贿赂，为充分享受金银财宝带给他的乐趣，专门做了个超大号的柜子，把钱财装在柜中，晚上和媳妇在柜子里搂着金银珠宝睡。（《资治通鉴》记载，专以纳贿为事，作大匮贮金帛，夫妇寝其上。）

至于王叔文的所作所为更是注定他终将失败。为了能把朝廷大权握在手中，他大肆提拔自己人，只要他们这个集团内部有人说"某某人可以当某某官"，过不了几天，那人肯定就会上任。另外，王叔文为了提高自己的身份地位，依靠互相吹捧来制造声势，伊尹、周公、管仲、诸葛亮等历代的贤相都被搬出来当他的陪衬，大家都以贤相自比。

王叔文等人认为自己跟历代贤相不相上下，其他大臣却并不这样认为。朝廷内外反对"二王八司马"的很多，直至下面这件事情的发生，

终于迫使那些反对者不得不公开翻脸。

大家都能看出李诵这皇帝当不久，册立太子便是头等大事，王叔文贪权，还不把大唐利益放在第一位，他不希望英明神武的人当皇帝，而是希望让个笨蛋当皇帝，便于自己操控，但他实在是高估了自己的实力，才掌权几天啊，就敢干预太子册立之事，他这看似庞大的集团，远达不到根深蒂固的程度，在册立太子的问题上，王叔文彻底败下阵来。

李纯被立为太子，朝廷大员欢天喜地，都说太子仪表堂堂，大唐定能繁荣昌盛，只有王叔文愁眉苦脸地念叨着杜甫的《蜀相》——"出师未捷身先死，长使英雄泪满襟"。王叔文的意思是自己出师未捷，恐怕再无施展空间，别人听他读这句诗的时候，满脸都是不屑的表情。

王叔文在朝中越来越受排挤，但真正终结其政治生涯的人并不在京城，而在剑南，剑南西川节度使韦皋分别给李诵和李纯上表，直言不讳地揭露王叔文的恶行。韦皋之所以敢这样做，是因为他手握重兵，王叔文不能把他怎么样。有了韦皋做榜样，荆南节度使裴均、河东节度使严绶等人纷纷给李诵和李纯上表要求严惩王叔文等人。

这些节度使把矛头指向王叔文没有错，但他们把表章送给皇帝的同时又跟太子汇报工作，这实在是朝廷大忌。历代皇帝都怕太子跟重臣——尤其是手握兵权的重臣——关系太密切，现在这些重臣毫不忌讳地表现出跟太子的亲密，李诵并不傻，他知道自己这个皇帝跟摆设差不了多少，再加上他也实在无心当皇帝，于是在8月初下诏让太子即位，自己当太上皇，搬到兴庆宫享清福去了。

开门大吉

李诵头天搬进兴庆宫，李纯第二天便动手处理了"二王八司马"集团，又过了两天，才在宣政殿即皇帝位。

李纯由太子变成唐宪宗，举国上下欢声一片，皇亲国戚、王公大臣等为表达自己的心意，纷纷送来各种奇珍异玩，但全被拒之门外，原因是："朕只把贤才当宝贝，其他浮华的东西一概不喜欢。"

李纯刚刚当上皇帝，力挺他的大臣韦皋就去世了，李纯很伤心，但这不会影响到他振兴大唐的信心，这位新皇帝不但有信心，而且有魄力，当韦皋的手下刘辟向朝廷请命想要接替韦皋的职位之时，李纯毅然决然地说："不！"

高级官员的任命，是皇权的体现，李纯刚上任，绝不能让刘辟践踏皇权的尊严，不过虽然他说了不，但也没把关系彻底搞僵，而是封刘辟为节度副使，暂时代理节度使的工作。

李纯的做法相当得体，刘辟若是忠心耿耿，好好工作，迟早都会扶正；他若是想自立门户，那朝廷也没让他威风起来，因为他要当节度使，朝廷只给了他一个副职。

刘辟没有体会到李纯的苦心，继续跟朝廷逞威风，要求把整个三川都交给他，刘辟之所以如此嚣张，是因为在他眼中，李纯不过跟当初的德宗李适一样，刚当上皇帝不知道天高地厚，才敢跟藩镇大吏叫板。

李纯不会向刘辟低头，也就不会把三川给他管，刘辟当即派兵攻打东川节度使李康。

李纯没想到刘辟如此嚣张，竟然真敢动手，于是，召集群臣开会，商讨对策。自从"安史之乱"以来，大唐就没消停过，大多数大臣都不想打仗，都建议皇帝忍了吧，唯独老臣杜黄裳持不同意见，他认为必须对刘辟实施武力打击，不然以后各个藩镇都这么搞，岂不是乱了套。

杜黄裳的想法正合李纯心意，李纯下令让左神策行营节度使高崇文率领步、骑五千为前军，神策京西行营兵马使李元奕率领步、骑两千为后军，与山南西道节度使严砺共同讨伐刘辟。

高崇文的部队很快进入蜀地，并且出师大捷，吓跑刘辟的手下，兵不血刃占领梓州（今四川省三台县潼川镇），与此同时，李纯下令取消刘辟的一切官职爵位。

当刘辟得知高崇文带领大部队气势汹汹杀过来的时候，心里开始有些发慌，修筑各种防御工事，征集各路人马进行抵抗，治军有方的高崇文一次又一次地打败叛军。

李纯得知前线不断取得胜利的消息后，下令让西川地区的各路官军全部听从高崇文的指挥。有了各路援军的高崇文更是如虎添翼，于公元806年9月攻克成都，刘辟带领造反的主要将领向吐蕃方向逃窜，最终被高崇文的部将高霞寓生擒活捉，押往京城。

高崇文进入成都后对百姓秋毫无犯，城中百姓的生活没有受到任何打扰。

有这样的将领带兵，什么样的叛乱不能平息？

高崇文派人平定蜀地的同时，他自己在成都处理着更复杂的事情。韦皋的部分旧将身披白色丧服，脚穿麻鞋，跪在街上等着被治罪，高崇文知道这些人多数都是被刘辟胁迫的，因此并未惩罚他们。

除了这件事情外，高崇文还干了一件让大家津津乐道的事情。刘辟有两个如花似玉的小妾，监军想把这俩美女献给皇帝，高崇文却说："我是奉命平叛的，怎能通过送女人讨皇帝开心，这样的事情我不干。"然后，将这俩美女送给两个没结婚的将领。

通过平叛过程和平叛结果来看，高崇文都做到了完美，当然，稳坐京城的杜黄裳也功不可没，是他建议平叛的，又是他推荐的高崇文，并且还在出征前帮助高制定作战策略，高崇文回朝后对杜黄裳说："这都是您的功劳啊！"

李纯刚刚当上皇帝就取得完美的胜利，可谓是开门大吉，这件事情的意义不仅仅是诛杀刘辟平定蜀地，更重要的是开了个好头，给其他地区敲响警钟。汉中府的将士对朝廷不满，准备闹事，山南西道节度使柳晟对他们说："若是闹事，刘辟就是你们的榜样！"各位将士听完这话，都乖乖地听候朝廷调遣了。

以太宗为榜样

高崇文平定刘辟之后，各个藩镇争先恐后地向皇帝表忠心，不过也有个别不知好歹的家伙。镇海节度使李锜身为李唐宗室（唐高祖李渊的八世孙），却想当乱臣贼子，他一边上表表忠心，一边暗地酝酿着裂土为王，口口声声要进京见驾，但迟迟不肯动身，还指使手下把几个效忠大唐的人给杀了。李锜的假戏唱不了多久就唱不下去了，李纯颁下让他进京的诏书，不去就是抗旨不遵，李锜无计可施，干脆于公元807年撕掉伪装，举起反旗。

李锜有裂土为王的想法不是一天两天了，之前他培养了五个亲信，分别镇守五个州，现在这五个亲信纷纷杀掉各州刺史响应李锜。

李纯自然不会任由李锜胡作非为，他下令削去李锜的所有官职爵位，并在宗室名册中划掉他的名字。在做虚的同时，李纯也很务实，命淮南节度使王锷担任招讨处置使率领各路人马讨伐李锜。

此刻，李锜并不知道大祸即将临头，还惦记着要占领富饶的宣州以增强自己的实力，结果派出去的张子良、李奉仙和田少卿知道李锜必败，联合牙将裴行立弃暗投明，带着部队杀回镇海军城。李锜万万想不到刚刚派出去的兵会掉过头来打自己，慌乱之中根本组织不起有效的反击，被五花大绑押到长安。

一场看似浩大的反叛就这样被轻松平定，群臣都向皇帝道喜，李纯并没有接受群臣的贺喜，而是对他们说："这算喜事吗？都怪朕的恩德不能广施天下，才有接二连三的叛乱，朕实在感觉脸上无光啊！"

李锜及其近亲被绑到长安的时候，大家不得不思考一个问题——杀谁？杀多少？

宰相们认为皇帝必然痛恨造反的人，应该是杀得越多越好，于是建议把李锜的叔伯兄弟姐妹都杀掉，兵部郎中蒋义表示反对，他对李纯说："那些人是淮安靖王李神通的后代，当年李神通辅佐太祖、太宗打天下，立下汗马功劳，现在配享在高祖的祠庙内，不应该因为后世子孙犯错误而受到牵连。"宰相们又想杀李锜的兄弟，但最终都被蒋义救下。

蒋义之所以能救下这么多人，很重要的原因是李纯仁慈，他不想那么多人头落地，所以只是杀了李锜和他的儿子，其余大部分从犯都从轻发落。

处理完李锜的人，还要处理他的数以亿计的家财，这么一大笔钱怎么花？

马屁精们认为这很简单啊，根本不需要考虑，放到皇帝小金库里不就行了嘛。但翰林学士裴垍和李绛对李纯说："这些钱财都是李锜搜刮的民脂民膏，如果陛下将其运到京城，恐怕会让百姓心寒，这笔钱最好的处理方法就是用来代替李锜辖区内百姓的赋税。"

李纯听完这主意感慨万千，称赞完二人之后，让有关部门按此执行。

通过对李锜事件的处理可以看出，李纯具备一些明君的特征，但他也跟绝大多数人一样喜欢听好话，不喜欢听反对意见。有一次，他对

李绛说："谏官们经常批评朝廷，很多都没有依据，朕想抓两个典型给他们些颜色看看，让谏官以后说话能谨慎些。"

李绛答道："陛下以为给陛下提意见是件轻松的事情啊？那可是冒着极大风险的，真正有勇气进谏的并不多，即便他们敢于进谏，也都是经过深思熟虑，反复斟酌的，能不说的尽量不说，真正摆在陛下面前的已经是谏官想进谏的一小部分了。明君圣主担心的是没人进谏，陛下为何会想着让谏官闭嘴呢？"

李纯羞愧不已，从此之后再不提处置谏官的事情，鼓励谏官进谏，提拔那些抨击朝政之人。其中典型代表就是白居易，他写了很多针砭时弊的诗，李纯读过之后甚是喜欢，把白居易封为翰林学士。

没过多久，李纯再次跟宰相们说起谏官的事情："像太宗那样英明的皇帝在听大臣谏言的时候尚且需要三四次，朕如此驽钝，跟他老人家没法比，所以，以后大家发现朕什么事情做错了，想让朕改的话，就要一遍一遍地说，哪怕是十次、二十次，直到朕改掉为止。"

公元 808 年 4 月，李纯对有关部门推举的考生进行考试，牛僧孺等人直言不讳地批评时政，吏部侍郎杨於陵等考官很是欣赏这种青年才俊，把牛僧孺等人评为优秀，李纯也想重用他们，但李吉甫讨厌牛僧孺等人的耿直，搬弄是非致使他们无法被委以重任，还借机污蔑杨於陵和裴垍等支持牛的人，迷惑皇帝贬了他们的官。

眼睁睁看着国家浪费人才，有人实在着急，翰林学士、左拾遗白居易给李纯上疏说道："牛僧孺等人坦诚直率地评论国家大事，得到考官赞许，复试也都合格，但现在又不被任用，甚至还被驱逐，另外，杨於陵、裴垍都是有声望有地位的大臣，他们无罪却被贬官，这实在有损朝廷形象，陛下嘴上说鼓励直言进谏，实际却在打击，此做法实在欠妥。"

白居易的上疏虽未被采纳，但还是触动了李纯，他认真衡量一下大家的才能，没过几天，便提拔裴垍为宰相。

李纯对宰相十分看重，当初德宗李适不信任宰相，天下大事小事都要亲自处理，最终搞得一团糟，李纯对那样的做法十分不赞同，等他当皇帝的时候把该给宰相的权力全部下放给宰相，对他们推心置腹。李纯曾经对宰相们说："即便像太宗、玄宗一样英明神武，还是要靠宰相等大臣完成庞大而烦琐的工作，朕的能力跟他们相去甚远，更要依靠各位才能治理好大唐。"

这个世界有一个很有意思的现象，那就是有什么样的皇帝就有什么样的大臣。皇帝昏庸，大臣则奸佞居多；皇帝英明，大臣则忠直居多。裴垍等宰相也像皇帝对他们一样来对皇帝，为朝廷提出利国利民的建议，这属于本职工作自是不必多说，但身居高位不假公济私确实难能可贵。裴垍的一个挚友大老远地来到京城投奔他，裴垍好酒好肉款待，还拿出自己的私房钱送给朋友，这位朋友一看裴垍还像当年一样，便想给自己谋个官职，他看中了京兆府参军这个职务，裴垍直截了当地告诉他："那个岗位不适合你，我不会为私情而害朝廷，以后若是碰到瞎眼的宰相说不定会给你那个职位，只要我还在这个位置上，你就绝对当不上京兆府参军。"

（《因话录》记载，裴公曰："公诚佳士，但此官与公不相当，不敢以故人之私，而隳朝廷纲纪。他日有瞎眼宰相怜公者，不妨却得，某必不可。"）

（《资治通鉴》记载，其人乘间求京兆判司，曰："公不称此官，不敢以故人之私伤朝廷至公。他日有盲宰相怜公者，不妨得之，则必不可。"）

奸臣与圣主

李纯勤政爱民，但天公并不作美。公元 809 年南方地区大旱，百姓温饱出现问题，李纯连忙派人去赈灾。

临行之前，李纯对赈灾官员说："朕在宫中从不敢乱花一分钱，即便用一匹丝帛都要登记，但是，救济百姓时朕却不在乎花多少钱，你们一定要尽心尽力去办事，不计代价解决好民生问题。"

送走赈灾官员之后，李纯觉得还应该再做点什么——颁布德音。

德音是什么？

简单来说就是鼓励百姓振奋精神渡过难关。

德音也不能当饭吃啊，李绛和白居易并不赞同这样虚头巴脑的做法，他们对李纯说："老百姓需要些实在的恩惠，最好的恩惠就是减轻

赋税。"

李纯确实是个难得的好皇帝，当即下诏免除灾区当年赋税，李绛等人纷纷上表称贺。

皇帝如此圣明，自然就会有越来越多的人才得以重用，当年的"二王八司马"集团中就有不少人才，首先回到皇帝视线的是郴州司马程异。经过大起大落的官场洗礼，程异更加成熟，政绩更加卓著，最终得到李纯重用。（可惜的是此人是非观不强，不知道辅佐皇帝当明君，只知道满足皇帝要求，后来李纯追求安逸、奢华的生活，程异为他提供了资金方面的保障。）

真正的人才得到重用，在政治舞台上大展拳脚，滥竽充数的家伙也想从中分一杯羹，山南东道节度使裴均勾结太监，给李纯送来大量精美银器。李绛和白居易知道此事后，对李纯说："裴均这是在试探陛下，如果收下这些东西，他还会送来更多，圣明的君主不应该被这样的大臣左右。"

李纯听完二人的话，立刻把银器交给相关部门妥善处理。

经过李纯和诸位大臣的努力，朝廷上下积累了几十年的弊病在慢慢消除，但朝廷外部一些问题还很严重，最让人揪心的就是藩镇割据。李纯即位之后藩镇割据的形势有了一定改观，不过那些大的藩镇仍然不受朝廷管辖，虽然他们并未犯上作乱，但藩镇的人事、财政、军事等大权都不在皇帝手中。

此刻，李纯准备拿成德节度使王承宗开刀，整治一下河北地区的藩镇。

为什么拿王承宗开刀？

因为他老爹，也就是上一任节度使王士真刚刚去世，李纯想通过朝廷来任命节度使，而不是按照惯例采取世袭制度。

裴垍等大臣都表示反对，他们并不是不想收回皇权，而是因为这种弊病已经根深蒂固，要想革除必须有计划有步骤地慢慢来，现在朝廷若是直接派个节度使，那王承宗肯定要造反，朝廷只对付一个王承宗的话问题还不大，但河北几个大的藩镇世袭已经四十多年，像范阳、魏博等藩镇也是代代世袭，他们看到朝廷如此对待成德，一定会联起手来进行对抗，朝廷尚不具备讨伐这些大藩镇的实力。

文官们从大局出发劝李纯对于王承宗的事情保持冷静，做好长远打算，部分自私的武将却并不这样认为，他们想通过打仗来建功立业，根本不管这仗是否该打。左神策军中尉吐突承璀是李纯身边得宠的宦官，他主动请缨要替皇帝扫平叛乱。偏偏还有更善于揣摩皇帝意图的马屁精跟着起哄，宗正少卿李拭上表对李纯说："绝不能让王承宗这样的人逍遥法外，应该派吐突承璀这样忠心耿耿的大臣前去平叛。"

李纯是个聪明人，他拿着李拭的表章给诸位大臣看，说道："这是一个试图揣摩朕心思的奸臣啊，你们要记住这个名字，以后不要提拔任用。"事实证明，奸臣不可能蒙蔽圣主的眼睛。

吐突承璀不能在战场上建功立业，便想别的方法讨皇帝欢心。他立了一个圣德碑，请求皇帝让翰林学士撰写碑文，当然，这样的碑文肯定是夸皇帝圣明的，李纯觉得这是件好事，便让李绛亲自操办。

李绛并没有领旨撰写碑文，而是对皇帝说："尧舜禹汤没有一个自己立碑夸自己的，自卖自夸的恰恰是秦始皇那样的皇帝，陛下想效仿什么样的皇帝呢？"

一语惊醒梦中人！李纯立即让吐突承璀把圣德碑毁掉，吐突承璀不死心，想再找机会劝皇帝把这碑弄好，说这碑实在太大，不好毁，找工匠慢慢处理。李纯可不想拖延下去，态度十分坚决地对他说："多用几头牛把那碑拉倒！"

吐突承璀无奈，只得按照皇帝的吩咐来做，最终，足足用了一百头牛才把圣德碑毁掉。

讨伐成德

吐突承璀的圣德碑没立成，也没能去打击王承宗，因此很郁闷。但更郁闷的还是李纯。难道只能眼睁睁看着王承宗不受朝廷调遣？为解决这问题，李纯挖空心思，终于想出个小法，那就是逐渐削弱王承宗的力量，从他的辖区内划出一块，再设立一个军镇。李绛等人仍然认为不妥，朝廷不能无缘无故就把成德给分割了，而且成德年年交税（税交的很少，只是个意思），任命官员也都向朝廷请示（只是走个形式而已），

朝廷若是拿他开刀，就是理亏在先。

李纯听完李绛的意思，摇头叹息起来，愁眉苦脸地问："卢龙（幽州）节度使刘济和魏博节度使田季安都得了重病，说不定哪天就死了，难道他们也都像成德那样世袭吗？这样下去天下何时才能真正统一？现在很多人建议朕应该强硬一些，该出兵就出兵，你们怎么看？"

李绛等人摆事实讲道理，让皇帝不要冲动，要从长计议，这么大的问题不是一天两天或者一仗两仗所能解决的，一定要找准时机再行动。

李绛等人并不是怕打仗，只是现在确实不应该打，但该打的时候绝不手软，例如，长期割据的淮西节度使吴少诚病入膏肓，李绛等人建议李纯应做好出兵收复淮西的准备。那里跟河北不同，没有盘根错节的根基，周围也没有支持吴少诚的势力，朝廷出兵定能一举拿下。

李纯心中十分不甘，但理智告诉他——听李绛等人的没错。因此，并未对王承宗有任何动作。

李纯没出兵征讨王承宗，也没下旨封他当节度使，这样一来，王承宗的心里始终不踏实，他怕自己成为被打的出头鸟，多次上表表达忠心，还主动拿出德州和棣州要送给朝廷。

李纯一看王要把德州和棣州拿出来，这是真心归顺朝廷啊，于是任命其为成德节度使和恒、冀、深、赵四州观察使，然而，没过几天，王承宗就变卦了，扣押德州刺史，并且不提归顺朝廷之事。

原来，王承宗的几位邻居不想让他开这个头，尤其是田季安仗着自己实力雄厚威逼利诱，迫使王承宗跟朝廷作对，王没办法，只好变卦。

这可气坏了李纯，他下旨削去王承宗的一切官职爵位，派吐突承璀带领多路人马讨伐成德。

事情到了这个地步，大家也劝不住皇帝，只能看着他出兵，但对于主将的人选仍然有异议。

白居易对李纯说："古往今来都没有让宦官当主将的先例，吐突承璀既是招讨处置使，又是各军都统，让周边国家知道肯定笑话我朝无人，另外，像范希朝、卢从史、刘济、张茂昭等各镇节度使恐怕也会以受吐突承璀这样一个太监指挥而心生不服吧，望陛下深思。"

白居易刚跟皇帝说完自己的想法，紧接着各种谏官、御史都纷纷进谏，表示让吐突承璀当主帅实在欠妥，李纯无奈只得免去吐突承璀的四道兵马使之职，将他的处置使之职改为宣慰使。

李纯讨伐成德的队伍开出不久，李绛等人担心的问题便发生了。田季安把手下召集起来，对他们说："朝廷的军队已经二十多年没渡过黄河，现在突然越过我们魏博去打成德，如果成德被平，那魏博也将受制于朝廷，各位有何良策？"

河北几个大的藩镇割据的时间太久了，根本不把皇帝放在眼里，田季安的一个手下当即表态："给我五千人马，定把朝廷的军队赶到黄河以南。"

田季安也被手下的勇猛所感动，决心出兵对抗朝廷。

就在这关键时刻，卢龙节度使刘济的使者到了。使者谭忠有胆有识，而且忠于朝廷，他到魏博后开始做田季安思想工作，当然，直接说让他别跟朝廷作对肯定是没用的，必须要把这其中利害关系讲清楚。

谭忠对田季安说："魏博出兵就是自寻死路，这话您别不爱听，下面我就给您分析一下是怎么死的。朝廷的军队借道魏博攻打成德都是皇帝的主意，如果还没到成德就被魏博给打败，那皇帝的脸往哪搁？他必然举全国之力来找你出这口气，你说你是不是死定了！"

听完这话，田季安惊出一身冷汗，他本事再大也大不过天下呀，何况李纯即位以来多数藩镇归降朝廷，皇帝的实力比德宗时期雄厚很多。田季安一看大祸将至，赶忙向谭忠求教，谭忠趁机劝他不要跟朝廷作对，田季安也老老实实地收回对抗朝廷大军的命令。

谭忠稳住田季安之后回到幽州，又使了些手段让刘济出兵，全力配合朝廷讨伐成德。

公元810年1月，刘济亲自带领七万人马进攻王承宗，顺利拿下两座大城。与此同时，河东、河中、振武、义武的四路人马也在定州会师，但由于种种原因，一直没能给王承宗造成致命打击。

针对这种情况，白居易对李纯说："目前本就不是在河北地区用兵的时机，现在多路兵马受阻于此，若不及时撤兵后果不堪设想。"说完这些之后，白居易又从内部到外部分析了几点具体的原因，李纯听完之后开始后悔当初出兵过于草率，现在确实骑虎难下，最难对付的不是王承宗，而是周边那么多跟他勾结的势力。就拿昭义节度使卢从史来说吧，当初他向皇帝提议讨伐王承宗，现在自己却不出兵，不但不出兵，

还暗中跟王承宗互相勾结。

恰好此时卢从史的牙将王翊入朝汇报工作，裴垍对王翊说了很多关于礼义廉耻的道理，王翊很是感动，表达自己忠于朝廷的决心，裴垍便让他回去做内应。

王翊走后，裴垍对李纯说："卢从史狼子野心，迟早要反，趁着他现在疏忽大意，我们先下手为强，把他抓起来再说。"

此时卢从史的部队跟吐突承璀紧挨着，并且尚未设防，李纯也认为这是很好的机会。

吐突承璀接到命令之后开始策划如何拿下卢从史。这事儿并不难，因为卢从史有致命的弱点，他生性贪婪，视财如命。吐突承璀送给他大量奇珍异玩之后，二人关系已是亲如兄弟。这一日，吐突承璀请卢从史来自己军营吃喝玩乐，卢以为又能收到宝贝，高高兴兴地带着几十个随从就来了，刚到吐突承璀的大营便被生擒活捉，绑了个结结实实，押往京城。

卢从史的手下想要救主子，准备拔刀血拼，唐军大将乌重胤大声喝道："这是皇帝的圣旨，谁敢乱来，格杀勿论！"整个场面立刻被乌重胤的气势给镇住了，一场兵变化于无形。

李纯因为乌重胤立此大功，破格提拔其为河阳节度使，任命原河阳节度使孟元阳为昭义节度使。

转眼几个月的时间过去了，王承宗接二连三地吃着败仗，不过没有伤到筋骨，成德地区仍然牢牢掌握在他手中。白居易再次给皇帝上疏说："陛下，这仗不能再打了，这样下去实在祸国殃民啊！"

李纯很不爱听这话，再加上白居易性格耿直，之前曾经当着大家的面对李纯说"陛下错了"这样的话，李纯虽然宽厚，但也受不了这样耿直的大臣，让李绛把白居易从翰林院开除。李绛不但不开除白居易，反倒批评起李纯不能接受大臣的直言进谏。李纯想了想，要想成为一代明君，必须得接受李绛和白居易这样的大臣。

在白居易提出应该罢兵后的一个月，王承宗也有点撑不住了，派出使者向朝廷认错，把责任推到卢从史身上，说都是他从中挑拨，自己才做出违背朝廷的事情。

李纯借坡下驴，赦免王承宗，任命其为成德节度使，王承宗也表示以后一定按照规定向朝廷纳税，规规矩矩当个大唐的好臣子。

成德的事情终于告一段落，同时，朝廷又收到一个好消息——卢龙节度使刘济死了。

刘济不是老死的，也不是病死的，而是非正常死亡。

原来，刘济的大儿子刘绲（gǔn）担任节度副使，二儿子刘总只当个小小的刺史，小小的刺史满足不了刘总的野心，刚好这次讨伐王承宗的时候，刘济让刘总暂时担任行营都知兵马使，刘总找个机会下药毒死老爹，乱棍打死大哥，把卢龙大权握在了自己手中。刘总取代老爹之后对朝廷表现得异常恭敬，河北地区再次归于平静。

吐突承璀没仗可打，只好带着他那没有建功立业的部队回到京城。这下，他可被人抓到了小辫子，裴垍、李绛等人纷纷上疏，要求皇帝处置吐突承璀，还有人认为应该把他斩首。最终，李纯降了吐突承璀的职，算是给大家个交代。

合格的宰相

李纯处理完这些让他不省心的人，看看身边，还真是有些表现很好的节度使，河东节度使王锷就不错，再加上他钱多，皇帝身边很多人都收过他好处，有机会就在皇帝面前说他好话，因此，李纯想让王锷当宰相。

权德舆等人认为王锷不够资格当宰相。要当宰相都得是有极大的功劳、无与伦比的才能和一颗赤胆忠心。王锷虽然不错，但尚未达到这个程度，李纯觉得大家说的有道理，就把这事儿放下了。

其实，王锷早就想当宰相，在此之前，他曾经带着数不尽的金银珠宝到京城做工作，当时，白居易对李纯说："宰相是最高的官职，不是谁都可以当的，王锷担任节度使期间大肆敛财，用这些钱财给自己铺官路，若是让王锷这样的土豪当宰相，天下百姓会大失所望，其他节度使也会像他那样压榨百姓，为自己谋求升官发财之路。"

李纯一直把老百姓当成国家根本，听白居易讲完这通道理便没有把宰相之职给王锷。

王锷之才无法胜任宰相之职，但治理地方还是绰绰有余的。当初范希朝驻扎在河北地区的时候，士兵不足三万，战马不足六百，王锷到来之后，用了一年多的时间把兵员扩大到五万，战马数量更是达到五千，至于其他军事物资也都无比丰富。李纯正是看到他的这些成绩才有了提拔他为宰相的想法，但一个合格的宰相需要具备的能力远不止这些。

合格的宰相应该什么样？

看看李绛就知道了。李绛经常跟李纯汇报吐突承璀独断专行、藐视王法的事情，李纯跟吐突承璀的关系已经好多年了，可以说根深蒂固，听到别人说吐突承璀的坏话心里很不舒服，刚好赶上这次李纯心情不好，便声色俱厉地对李绛说："你太过分了，竟然如此诋毁吐突承璀。"

李绛并没有被皇帝的雷霆之怒吓倒，而是对他说："陛下让我担任这个官职，我便不能再爱惜自己的身家性命，如果害怕惹陛下生气而不能尽职尽责，那就辜负了陛下的信任，现在该说的我都说了，陛下惩罚我的话，是陛下辜负了我啊！"

李纯是个明君，听完这话之后立刻就消了气，好言安慰一番之后，鼓励李绛要再接再厉。

除了李绛之外，权德舆也是一个合格的宰相，当李纯问"为政是宽好还是严好"的时候，他答道："秦因残酷而亡，汉因宽大而兴！"

公元 811 年 5 月，两个官员因为贪污应被判死罪，李纯不想杀人便赦免了死罪，把他们流放到外地，刚刚流放出去之后，李纯又后悔了，派人去赐死他们。权德舆对李纯说："这二人理应处死，甚至应该陈尸闹市，让别人不敢犯法，但陛下已经赦免他们，现在又要处死他们，这样出尔反尔，实在不妥。"

这一年，唐朝粮食大丰收，有些地方一斗米才能卖两个钱，百姓们都过上了衣食无忧的幸福生活。百姓能过上幸福生活跟皇帝勤政爱民密不可分，这几年皇帝很辛苦，有大臣也知道心疼皇帝，宰相李吉甫对李纯说："如今天下太平，陛下不用再那么辛苦，应该及时行乐。"

李吉甫这话说得很没水平，但他身为宰相，一般人也不好反驳，好在刚直不阿的李绛也同为宰相，他连皇帝都敢反驳，难道还会给一个宰相留面子？李绛毫不客气地对李纯说："汉文帝时期比现在富得多，大臣贾谊还认为危机四伏。再看看我们，河南、河北尚有数十个州不在朝廷掌控之中，边疆也战事不断，不得安宁，再加上天灾人祸，我们离'天下太平'可远着呢，陛下不但不能及时行乐，还应该起早贪黑、废寝忘食地工作。"

李纯听完李绛的话非常高兴，对身边人说："李吉甫只知道阿谀奉承，像李绛这样的才是合格的宰相。"（有人看到这可能会想，这有矛盾啊，既然李纯知道李吉甫阿谀奉承，为何还让他当宰相？其实，现实生活中本来就充满矛盾，看看我们的身边，不是有些领导也知道下属有问题，还委以重任，并不断提拔嘛。）

关于宰相要不要直言进谏的事情，李纯曾多次跟大家沟通，每次都十分诚恳地让大家尽情提意见，但真正敢给皇帝提意见的人并不多。另外，以李吉甫为代表的一小撮大臣是持这样的观点："作为臣子不应该不看皇帝脸色直言进谏。"

这样的观点跟李绛刚好相反，李绛认为："作为臣子不应该怕冒犯皇帝的尊严而任由其犯错，看见皇帝有毛病必须极力劝阻，这样才能对得起皇帝的信任和俸禄。"

李吉甫和李绛是天生的一对冤家，他俩观点基本就没一致过。李吉甫曾经对李纯说："皇帝的两大法宝就是赏和罚，陛下只知道赏，却很少罚，使得百官懈怠，希望陛下以后能用法严厉些，别惯坏了大臣。"

李绛则说："陛下应该以德治国，不应该以暴治国，周成王、汉文帝、汉景帝才是陛下的榜样，别重蹈秦始皇的覆辙。"

没过几天，有个大臣对李纯说应该注重刑法，不能对大臣太仁慈。李纯对大家说："那就是个大奸臣啊，他让朕用法严厉，是想让朕失去人心啊。"

李纯这样一说，李吉甫就被吓傻了，再不敢让皇帝崇尚暴力。

李吉甫的诸多想法跟皇帝不一致，为何还能当宰相呢？这是因为，他还是很有才能的。他曾经建议李纯削减官员，列举出从秦朝到隋朝的十几个朝代中官员的数量，陈述官员过多的弊端——当官的不从事生产，需要靠老百姓养活，官员越多，老百姓的负担就越重，官员数量多到一定程度的时候，老百姓便负担不起了。

对于大多数的朝廷，他们哪会管老百姓是否负担得起？哪会管老百姓的死活？只有那些英明的人才能认识到老百姓是国家的根本，必须

把他们的利益放在第一位，当然，这个说起来容易做起来难，英明如李纯一般也难免犯错误。

公元812年5月，李纯问宰相："你们跟朕说淮南、浙江两地去年闹自然灾害，刚刚有个御史从那边回来，他说根本没到成灾的程度，这到底是什么情况？"

李绛答道："臣看了淮南、浙江送过来的文件，都说发生水灾和旱灾，很多百姓流离失所，地方官员们都是这样说的，难道他们能一起说谎吗？御史说构不成灾害，估计他是想讨陛下欢心，不想把不好的事情上报。希望陛下把那个御史的名字告诉臣，臣会进行调查，依法处理。"

听完李绛这一席话，李纯立刻认识到自己的错误，当场表态："你说得太好了，百姓是朝廷的根本，朝廷得知民间有灾情的时候，应该立刻去赈灾，而不是怀疑真假，刚才朕所说的话实在欠妥。"承认完错误，李纯下旨免除淮南和浙江两地的赋税。

魏博之变

公元812年8月，魏博节度使田季安病逝，大家立刻把目光转移到魏博。这五十年来，魏博都是朝廷的一块心病，从田承嗣开始到田悦、田绪和田季安，这四位节度使都没让朝廷省过心，基本一直处于独立状态。

按照以往世袭的传统，应该是田季安的儿子节度副使田怀谏继承父业，朝廷一直想打破这个传统，当听说田季安病死，他的儿子田怀谏只有十一岁的时候，李纯准备拿魏博开刀，重新把河北地区收入囊中。

李吉甫知道皇帝尚武，并且统一天下心切，便趁机建议出兵讨伐魏博。

李绛不是非要跟李吉甫唱反调，但他认为确实有比动武更好的办法，他对李纯说："臣观察河南、河北的几个大的藩镇，他们都是分出部分兵力，把这些兵力拆成几份儿，由几个属下带领，几个将领相互制衡，节度使才能高枕无忧。田怀谏不过是个十多岁的孩子，他没有能力挑起节度使的担子，必然会有人来代替他行使节度使的权力，这样一来，手下们互相制衡的局面就会被打破，大家一定会把矛头指向那个操纵田怀谏的人，想不闹内乱都难，到时不但田怀谏会死无全尸，他的家族可能也会有灭顶之灾，就算他们运气好能保住性命，但要平息内乱，保全自己，肯定就得求助朝廷，我们隔岸观火，看着他们内斗，等到他们斗残的时候，陛下便可坐收渔人之利，此刻陛下要做的并不是出兵魏博，而是厉兵秣马，伺机而动。"

李绛把眼下局势分析如此透彻，不容李纯不信，李纯便决定暂不出兵。但李吉甫不死心，还想撺掇皇帝出兵，说粮草已准备妥当，应该尽快去把魏博拿下，而不是在这浪费时间。

李纯再次征询宰相们的意见，李绛这次从另外一个角度讲述不应该出兵的道理——前几年出兵成德劳民伤财，最终也没打垮王承宗。

说起这段伤心往事，李纯顿时醒悟过来，他只是尚武，并不缺心眼儿，于是，拍着桌子说道："这次绝不出兵！"

事情真的像李绛说的那样吗？

让我们一起看看魏博那边吧。

田怀谏不是神童，十一岁的他连自己的衣食住行还搞不定，怎能管理好一班文武官员，军中事务都由他的家奴蒋士则来处理，偏偏这个蒋士则是个草包，办事稀里糊涂，完全跟着感觉走，没过几天将士们都怒了。

魏博刚好有一个有声望、有地位的人，此人叫田兴，是田承嗣的侄子的儿子。这一天，田兴被数千士兵团团围住，大家拜了又拜，让他做主。田兴是个明白人，知道大家这是要闹哗变，说啥都不肯带头。田兴不肯给大家做主，大家就软磨硬泡不让他走，田兴无奈只得跟大家说："你们若是能遵守我的约定，那我就带这个头。"大家纷纷表示同意，田兴继续说道，"第一，无论如何不得伤到副大使（也就是田怀谏）；第二，严格遵守朝廷法律。"

大家表示同意后，田兴带队杀了蒋士则等十几个人，把田怀谏也软禁了起来。

田兴为人恭谨谦逊，当年经常劝田季安应该规规矩矩做人，田季安嫉妒他，一直没有提拔重用，甚至还想找机会杀掉他。

田兴能够躲过田季安的鬼头刀，跟他哥哥田融有一定关系。田融

和田兴幼年丧父，田兴的教育工作都是由田融完成的，有一次田兴在射箭比赛中夺得冠军，回家之后哥哥不但没表扬他，反倒一顿暴打，打完问："知道错了吗？"田兴一脸迷茫地答道："不知道啊！"田融对他说："你若不知道韬光养晦，迟早会惹祸上身。"自此之后田兴更加小心谨慎，正是因为他们足够小心谨慎，所以才能在田季安这个杀人狂魔手下混饭吃。（《资治通鉴》记载，兴尝于军中角射，一军莫及。融退而挟之曰："尔不自晦，祸将及矣！"故兴能自全于猜暴之时。）

公元 812 年 10 月，魏博送来表章，请求拥立田兴为节度使，在此之前，田兴已经十分诚恳地表过态——魏博的土地、人马全部献给朝廷，彻底结束割据的局面。

李纯得到这消息后无比高兴，当着群臣的面对李绛说："事情跟爱卿所料一般无二。"李吉甫建议按照传统办法派出使者前去安抚，李绛则表示反对这种传统做法，这做法是针对那些忠心程度不高的节度使的，现如今田兴对朝廷如此赤诚，这样都不能直接封他做节度使，还有谁肯死心塌地归顺朝廷？

李绛把自己的想法说完之后，李纯立刻降旨，任命田兴为魏博节度使，旨意到达魏博后，全军将士无不欢欣鼓舞，大家终于又回到朝廷怀抱，做名正言顺的大唐子民。

李绛认为只封田兴为节度使并不够，他对李纯说："魏博近五十年来都游走于朝廷之外，现在带着魏州、博州、贝州、卫州、澶州、相州全部六个州前来归顺，朝廷未动一兵一卒，百姓没有受任何刀兵之苦，可以说魏博军民都是有大功的，朝廷一定要重重赏赐，只有赏罚分明，其他地区和百姓才知道如何处理跟朝廷的关系。臣恳请陛下从内库中拿出一百五十万钱赏赐魏博。"

内库是皇帝的小金库，有太监舍不得拿出这么多钱，就劝皇帝省着点花。李绛只好接着给李纯讲道理："田兴顶着四邻的压力归顺朝廷，实在难能可贵，赏赐这些财物确实应该，如果朝廷出兵攻打魏博，还真不一定能收复，即便收复了，且不说死伤无数，单说花的钱也远远不止一百五十万啊！"

李绛做完这个出兵和不出兵的对比，李纯马上就明白该不该赏这笔钱，于是，高兴地对群臣说："朕平时节衣缩食，攒下这么多钱不就是为了平定四方，让大唐安定团结繁荣富强嘛，此时不花这钱更待何时？"

数日之后，李纯派裴度带着一百五十万钱赏赐魏博将士，同时，免除百姓一年的徭役赋税，整个魏博地区欢声雷动，大家都感受到朝廷的恩惠，刚好成德等地的使者也在这里，看到这场面之后一个个面面相觑，纷纷感慨道："跟朝廷对抗真的有啥好处吗？"

使者们也都是明白人，他们知道藩镇跟朝廷对抗，真正得到好处的不过是几个藩镇节度使，他们相当于自立为王，可以为所欲为，对于辖区内的军民来说，不但没有好处，反倒还要承担各种跟朝廷对抗的坏处。

裴度见到田兴后引经据典地为其讲述君臣之义，赞扬他识大体，为朝廷立下的功劳不但可以青史留名，更是实实在在造福一方百姓。田兴本就忠厚仁义，跟裴度相谈甚欢，一夜无眠。

在接下来的一些小事情上，田兴无不一一处理妥帖，李纯没过多久又给田兴赐名为田弘正，赐给这个名字可能是皇帝赞赏他能弘扬正道，田弘正受此殊荣也觉得光宗耀祖，对朝廷更是感恩戴德。

田弘正让朝廷无比满意，但四邻对他恨之入骨，那些想继续独立的藩镇怨恨他坏了几十年的规矩，成德节度使王承宗接二连三地派人劝他独立，淄青平卢（也称淄青或者平卢）节度使李师道跟宣武节度使韩弘说："我家跟田家世代联盟，今天田兴坏了规矩，我准备跟成德联手讨伐他。"韩弘跟朝廷关系虽然也一般般，但表面上还能维持君臣关系，此时看到魏博归顺朝廷之后的好处，便主动向朝廷靠拢，于是给李师道回信说："你若敢攻打魏博，可别怪我发兵平卢。"

事已至此，李师道知道采取军事行动不会对自己有任何好处，只得老老实实守着自己的一亩三分地。

淮西之变

公元 814 年 8 月，彰义节度使（也称淮西节度使）吴少阳病逝，他的儿子吴元济秘不发表，跟朝廷说他爹病了，自己来负责军中事务。

长期以来，朝廷对淮西意见很大，吴少阳可不是什么好东西，当上节度使之后就没听候过朝廷调遣。数年前，李纯打败刘辟后准备收复

淮西，但由于当时正在攻打王承宗以及其他一些原因，也就把淮西的事情搁一边儿了，现在王承宗基本不再闹事，田弘正也已带着魏博归顺，朝廷终于有了对付淮西的能力。

还没等朝廷这边有何动作，吴元济那边已经迫不及待地开始内部清洗。当初吴少阳的几个手下经常劝吴少阳进京见驾，别跟朝廷作对，吴少阳虽然不听，但也没把这几个手下怎样，现在吴元济刚刚接过大权便把这些亲朝廷派杀的杀、抓的抓，这样一来可就彻底惹怒了朝廷，李吉甫向李纯进言请求讨伐吴元济，李纯也正有此意，便任命忠武节度副使李光颜为节度使，任命严绶为招抚使，统领各道兵马讨伐吴元济。

此次讨伐淮西，李绛、裴度等人并未反对，因为淮西跟河北不同，他的四周没有那么多强援，吴元济的势力也算不上根深蒂固，朝廷有对付他的能力。

但是，讨伐淮西的工作开展得并不顺利，严绶一开始取得一点儿胜绩，很快便接二连三地吃败仗，吴元济的部队甚至突进到东都洛阳附近，闹得人心惶惶，李纯只得继续调兵遣将。

公元815年，李纯下令让鄂岳观察使柳公绰（"楷书四大家"之一柳公权的哥哥）把自己手下的五千兵马派给安州刺史李听，这下可伤了柳公绰的自尊，他心想："皇帝认为我是个手无缚鸡之力的书生，不懂用兵之道，不能带兵打仗，我要证明给他看，我能！"柳公绰立刻给李纯上疏请求让自己亲自带兵讨贼，得到李纯批准后，他带着队伍到达安州。

柳公绰到达安州之后，李听一切都听他的安排，因为李听被柳公绰的能力所折服，都说书生手无缚鸡之力，但这个书生可是能文能武，论起治理部队，带兵打仗相当有一套，几乎是每仗必胜，李纯看这战绩，再也不敢小瞧书生。

说到柳公绰，有段插曲不得不讲。事情发生在柳公绰在安州带兵打仗的一年之后，李纯封他为京兆尹，在他上任途中，一个神策军的低级别将领冲撞了仪仗（神策军是禁军，在京城十分霸道，横冲直撞惯了，没把新任京兆尹放在眼里），柳公绰乱棍将其击毙，第二天淡然上朝，愤怒的李纯大声训斥柳公绰，柳公绰毫不胆怯地答道："陛下认为我能胜任京兆尹的职务，所以我就当了这个官，京兆尹是京城的表率，我这刚刚到任就有人敢如此无礼，他这是不把陛下的命令放在眼里，乱棍将其击毙是我职责所在。"

李纯不依不饶地责问："那为何不上报此事？"

"那不是我的职责！"柳公绰依然面无惧色。

"那是谁的职责？"李纯追问道。

"那将领所在部队的长官应该上报此事。要是这人死在街上，金吾卫街使应当上报，要是这人死在坊市上，左右巡使应当上报。"柳公绰如是答道。

事后，李纯对身边的人说："朕都怕这个新任的京兆尹，你们以后得小心点，若是有错犯到他手里，朕可没办法救你们。"

说完这段小插曲，我们还是继续看看淮西战况如何。李光颜那边最近打了几场胜仗，吴元济的嚣张气焰得到遏制，他也感到了恐惧，开始四处求援。最想帮吴元济也最有能力帮吴元济的两个人就是王承宗和李师道，尤其是李师道，他还没被朝廷打过，不惧怕朝廷，他派出两千人马号称是讨伐吴元济，实际是去增援吴元济的，当然，这两千人马在正面战场对战局不会有太大影响，但李师道在非正面战场采取的行动让朝廷吃了很大苦头。

有人给李师道出主意，让他在唐朝后方搞破坏，李师道采纳了这个建议，在洛阳收买数百地痞无赖，在城中烧杀抢掠，烧毁大量布帛和粮草，这样的破坏除了给大唐造成经济损失之外，还在民间引起恐慌，老百姓生活在一个生命和财产得不到保障的社会中当然不会踏实。

不踏实的不仅是老百姓，连当官的——并且还是已至极品的大官——也遇到了人麻烦。

李师道长期豢养刺客，此时终于可以派上用场，手下人建议他派刺客杀掉主战派代表武元衡，去年李吉甫去世，武元衡当上宰相，积极主张用强硬的态度解决各个藩镇的问题。

公元815年6月，武元衡在上朝途中被李师道的刺客杀死，另外一位宰相裴度也英勇负伤。

敌人已经嚣张到如此地步，李纯也没有太好的办法，只能派金吾骑士给宰相以及各位重臣当保镖，大臣们的性命是暂时有了保障，但这样做的后果也很严重，京城之中剑拔弩张，气氛极其紧张，影响到整个

城市的运转，至于朝廷内部就更不用说了，上朝的时候，竟然会发生这种情况：皇帝在龙椅上都坐累了，大臣还没到齐，大臣在上朝途中经常遇到各种突发情况。

环境虽然如此之恶劣，皇帝和大臣们并未屈服，正所谓"知耻而后勇"，李纯表示："自古及今都没有哪个宰相会在上班途中被暗杀，此乃我朝奇耻大辱，我们决不能向恶势力低头，必须把恶势力斩草除根。"

裴度也是不顾个人安危，主动请命，要求全权负责讨伐吴元济的事务。李纯还特意批准他可以在自家召集相关人员开会商讨工作。（当初，德宗李适猜忌心重，严令禁止大臣私下往来。）

京城的戒备越来越严，大臣们的自我保护意识也越来越强，李师道的刺客找不到下手机会，便接二连三地撤出京城。

李师道在京城制造恐怖事件的时候也没忘记祸害东都，他在洛阳暗中布置上百兵马，准备杀人放火，还好洛阳守将吕元膺临危不乱，镇定自若地调动人马，洛阳总算有惊无险地逃过一劫。

吕元膺不但成功保卫洛阳，还抓到李师道的手下，这时大家才有证据证明最近的恐怖袭击是李师道策划的，但朝廷正在跟吴元济打得不可开交，前段时间又跟王承宗翻了脸，现在实在无暇顾及李师道，因此，也只能暂且让他嚣张下去。

此刻的李纯只能忍气吞声，王承宗和李师道也正是看好了朝廷好欺负，才敢如此胆大妄为，李师道搞恐怖袭击的事情没有被拆穿，因此他也没跟朝廷正面冲突，王承宗却派出人马时不时地欺负魏博的田弘正，同时表现得对朝廷越来越不敬，为此，田弘正和卢龙节度使刘总数次上表请求讨伐王承宗，可是李纯手头实在无人可用，只能让刘总和田弘正各自为战，还好刘总和田弘正也都不好欺负，跟王承宗形成僵持的局面，替朝廷解决了大问题。

朝廷对吴元济作战不顺利的一个重要原因是主将能力不行，严绶只会用金银珠宝赏赐将士，其他则再无长处，裴度多次跟李纯汇报此事，但李纯也没办法，手中确实无大将可用。

俗话说"有病乱投医"，李纯眼下正是用人之际，只得提拔宣武节度使韩弘，韩弘一直就没死心塌地效忠过朝廷，此刻也是，他想趁着战乱提高自己的地位，所以不愿迅速平定淮西，他不但自己不肯出力，还送去无数美女和金银珠宝贿赂李光颜，意思是让李光颜也别太卖力气。李光颜当着众人的面退回韩弘的礼物，又拿韩弘为反面教材，借此机会鼓励将士奋勇杀敌，报效国家。

李光颜这边好消息不断，北部战场虽然没有朝廷派出的军队，但也捷报频传，公元816年上半年，刘总和田弘正多次击败王承宗，还攻下成德的几座城池，

李愬雪夜入蔡州

河北地区战局基本处于僵持状态，一时间不会有何大的变化，焦虑的李纯也毫无办法，只能督促淮西这边战局尽早结束，然后好抽出手来整治河北，不光是王承宗，那个可恶的李师道竟然敢在大街上杀宰相，案子是已经破了，但李纯还得假装不知道这事是李师道干的，因为实在没有精力来对付他。李纯要忍受如此奇耻大辱，他的内心有多痛苦可想而知，这样的痛苦全部都化为怒火，烧向淮西。

公元816年底，李纯派梁守谦到淮西安抚加督战，下达一系列死命令之后，也不忘给大家足够的甜头，梁守谦带着皇帝给他的五百份空头委任状和大量金帛前来鼓励将士，将士士气大涨、战斗力大增，但打仗首先看的是将领，如果没有一员合格的将领，多强的队伍也发挥不出战斗力。

此刻，镇守唐州的袁滋就是个懦弱的胆小鬼，再多的功名利禄都壮不起他的怂人胆，不但不敢跟吴元济交火，还给吴元济写信认怂，这样一来，吴元济便再也不把他放在眼里。

李纯得知此事后十分无奈，琢磨来琢磨去，终于做出一个极其英明的决定——任命太子詹事李愬（sù）为唐州、随州、邓州节度使。

为什么说这是一个英明的决定呢？

因为李愬这人不简单，他是中唐名将李晟的儿子，虎父无犬子，李愬跟他爹一样是个文武全才。

公元817年正月，李愬来到唐州。

令人大跌眼镜的是，李愬竟然比袁滋还怂，还没等见到吴元济便

把自己的怂样展露无遗。他对前来迎接的将士说："皇帝知道我性格软弱，能够忍受各种屈辱，所以才派我来安抚你们，而不是派我来带你们打仗的。"

李愬怂归怂，对手下却是相当好，并且一点儿架子都没有，很快就跟将士打成一片，有人对李愬说："咱这部队的纪律太差，应该加强管理。"

李愬说："我当然知道纪律差，军容也不整肃，这样正好用来迷惑敌人啊，当初袁滋管理松散，敌人轻视他，我若一来就把部队弄得精神抖擞，敌人就会加强防备，咱们示敌以弱，寻找战机岂不是很好。"

大家听到李愬这话才明白——怂只是表象，李愬是要上演一出扮猪吃虎的好戏。

果然，敌人看到朝廷新派来的官员比袁滋还差，便放松下来，然后一打听，又知道李愬也不是什么大官，就是老爹比较牛而已，估计也是靠老爹的功劳才混进官场的。

其实不然，李愬官职不高是因为他淡泊名利，当初李晟去世后，李愬非要为父亲守孝三年，皇帝好劝歹劝总算把他给劝了回来，结果没过几天他又去父亲坟前跪拜，皇帝为他的忠孝感动，封他为太子右庶子，让自己的儿子好好跟他学学。

李愬是有计谋、有胆识的人，他来这不是为了装怂，也不是为了驻守唐州，而是为了吴元济的老巢——蔡州（今河南省汝南县）！

当然，想要进入蔡州并非易事，得先把外围那些保护伞一层一层地剥掉，经过一番策划后，他发现这并不是一个不可能完成的任务，只不过自己实力有些偏弱，希望朝廷能给予帮助，李纯东挪西凑弄了两千士兵派给李愬。

两千士兵虽然不多，但多两千是两千，李愬整合一下手头部队便开始低调地主动出击。他的运气还真不错，还没大规模开战就生擒吴元济的大将丁士良。丁士良之前给官军造成不小损失，大家认为应该把他剖腹挖心，但李愬却把他给放了，丁士良一感动便死心塌地地投靠了朝廷。

在丁士良的帮助下，李愬又以极小的代价占领蔡州以西的文城栅，招降其守将吴秀琳，为其改名为李忠义。

丁士良和吴秀琳都是吴元济手下的大将，他们的投降对淮西军打击很大，也让官军士气大振，与此同时，李光颜等人也在蔡州外围频频取胜，几十天后，蔡州外围的城池大部分落入官军手中，李愬终于准备走出最后一步棋。

李愬认为他赢这盘棋的可能性会很大，因为《孙子兵法》说"知己知彼，百战不殆"。这段时间，李愬这里源源不断地有降兵过来，他都亲自询问对面情况，因此对淮西军情了如指掌。但是，那些投降过来的低等级士兵的见识毕竟有限，他们提供的情报也不是足够的全面，真正有价值的情报来自李忠义，也就是吴秀琳，他对李愬说："要得蔡州，非李祐不可！"

李祐是淮西骑兵将领，有胆识、有谋略，此刻正驻守在兴桥栅，长期以来让官军吃了不少苦头。

经过李愬的一番谋划，李祐顺利成为他的俘虏。大家都曾经是大唐的良民，既没有大的矛盾，也没有深仇大恨，李愬以诚相待，李祐便发誓愿效犬马之劳。

在接下来的一段时间里，李愬经常跟李忠义和李祐一起商议如何奇袭蔡州，但这二人几个月前还是吴元济的人，这实在让全军将士不放心，因此谣言不断，为打消将士疑虑，李愬一边假装要把李祐押回长安，一边给皇帝上表说明李祐的重要性，李纯当然会支持李愬，因为他到淮西的这段时间战绩极佳。

有了皇帝的圣旨，再没人敢怀疑李祐的忠诚，李愬也在不断地交流中见识到他的能力，更加委以重任。

公元 817 年 5 月，李愬募集二十骁勇士兵组成敢死队，每天亲自进行高强度训练，准备突袭蔡州，结果天公不作美，隔三岔五下大暴雨，行军都费劲，何谈突袭。李愬并不怨天尤人，只是静静地寻找战机。

前线苦战之时，李纯在京城也没闲着，接二连三地召开专题会议商讨淮西事宜，包括宰相在内的大多数人开始打起退堂鼓，认为应该停止军事行动，跟吴元济谈判，唯有裴度支持加大作战力度，还主动请缨要求去前线督战，理由很简单——仗都打了这么久，眼瞅着要取得最后胜利了，怎么可能退兵？

同年 8 月，裴度到达淮西，他的到来使得全军上下欣欣鼓舞，只

有那几个中使除外，中使类似于之前的监军，多数由宦官担任，他们向来不招将士喜欢，将士们出生入死打了胜仗，中使们向朝廷邀功，要是打了败仗，中使就竭尽所能地羞辱将士。此番裴度以类似于元帅的身份到达淮西，首先就把中使全部撤职，诸军将领终于可以放开手脚指挥作战。

裴度刚刚到达淮西便收到李愬的密报，内容是要偷袭蔡州。李祐对李愬说："现在的蔡州只有一些老弱残兵把守，精锐部队都调到其他城池去了，偷袭蔡州并非难事。"裴度看完李愬的密报后，立刻给出回应："行军作战重在一个'奇'字，你的计划很好，我支持！"

得到裴度的认可，李愬开始进行作战部署，李祐和李忠义带领三千敢死队为前军，自己带领三千人马为中军，大将田进诚带领三千人马为后军，这三路大军悄无声息地出发了，不管是什么等级的将士问目的地，得到的答案都是："别问那么多，一直向东走就是了。"

快到蔡州城的时候，李愬终于告诉大家，我们这是去端吴元济的老巢——蔡州，将士们心里都没底，就咱这不到一万的人马能端得了人家老巢吗？但此刻已经无路可退，只能拼死向前冲。

这天夜里，雪下得极大，李愬的队伍顶着风雪来到蔡州城下。

近几十年来，蔡州一直处于独立状态，根本没有官兵来过，城中也一直没有设防，今天同样如此。

李愬和李忠义等人用锄头在城墙上挖出坑，爬上城墙，杀死守门的士兵，打开城门，带着大部队悄悄进入蔡州城。然后，又用同样的方法进入内城。

第二天早晨，金鸡报晓，雪过天晴，李愬的部队突然出现在吴元济的家门口。吴的手下向他汇报说官军来了，吴还笑着说："瞎扯，不过就是几个囚犯闹事罢了，我一会儿就去把他们砍了。"过了一会儿，又有人来报告说咱们的城已经被官军占领了，吴依旧笑着说："肯定是那群捣蛋的兵痞想要冬装，在外面闹事。"

当吴元济走出屋子的时候，终于知道手下汇报的情况完全属实，仓促间带着亲信登上牙城拼死抵抗。

吴元济已经到了这个地步为何还会拼死抵抗？

这其中的原因马上就被李愬猜到了——吴元济在等援军到来。

吴元济的大将董重质率领一万多精锐驻守在离此不远的洄曲（河南沙河与澧河汇流处下游一带），要想让吴彻底死心，就得击溃董重质。

李愬最擅长的就是不战而屈人之兵，他找到董重质的家属，好言劝慰，又让他的儿子董传道前去招降父亲，事已至此，董重质只得缴械投降。

没了外援的吴元济知道牙城根本守不住，只得请罪投降，李愬将其装进囚车，押往京城长安，同时把该情况上报给裴度。

李愬以最小的代价平定淮西叛乱，尤其是抓到吴元济之后，再没有一个人流血牺牲，他以极其宽大的政策安抚淮西地区，百姓的生活很快回到正轨。

淮西平定，李愬雪夜入蔡州也被传为美谈，当时的诗人王建还写了一首《赠李愬仆射》：

> 和雪翻营一夜行，神旗冻定马无声。
>
> 遥看火号连营赤，知是先锋已上城。

连锁反应

数日之后，裴度拿着彰义符节带兵进入蔡州城，李愬穿戴整齐出来迎接，按照礼法给裴度行礼，裴度是谦虚之人，他觉得李愬功高，躲躲闪闪不好意思受这大礼，李愬说："蔡州人已经有几十年没受到朝廷管理，对于礼法十分淡薄，今天我们应该给他们做个表率。"

裴度听完之后，便不再扭捏，大大方方受了李愬的拜礼。

交接完工作，李愬离开蔡州，裴度开始处理大量烦琐的善后工作，在这过程中自然需要很多人手，裴度考虑到本地人熟悉情况，任用很多原吴元济的手下，这样的用人政策让裴度手下略感担心，这些新降之人靠谱吗？他们会全心全意为朝廷效劳吗？会不会再搞破坏？

对于这样的担心，裴度回答道："罪魁祸首已被送往长安，现在我是彰义节度使，蔡州军民就是我的军民！为何要怀疑自己的军民呢？"

这话很快便传到蔡州人耳朵里，感动得城中哭声不断，很多时候百姓的需求很简单——尊重！信任！仅此而已。领导要想对手下做到尊

重和信任也并不容易，这要求领导心胸宽广、能力超群。

裴度废除了一些淮西地区不合理的法律法规，就在善后工作基本接近尾声的时候，皇帝的诏令也到了，让裴度和韩弘根据实际情况把诸位将士在平叛中的表现上报给朝廷，有功的赏，有过的罚，另外，对那些在战争中伤亡的士兵都给予极大关照。同时，李纯还做了一件让淮西百姓感动得痛哭流涕的事情，那就是免除两年的徭役赋税。

公元817年11月，李纯用吴元济献祭宗庙社稷，然后将其斩首示众。

吴元济的人头不但让大唐上下欢欣鼓舞，而且还产生连锁反应，让那些试图独立的藩镇惶恐不安，田弘正和吴元济形成鲜明对比，两个藩镇都曾经割据几十年，一个节度使上任后悬崖勒马归降朝廷，一个节度使上任后继续犯上作乱，他们两个的结局全然不同，剩下这些节度使该何去何从，他们自己心中能没数吗？

首先要考虑自己该何去何从的人是李师道，因为他闹腾得最厉害，当初他铁了心的要独立，还因此除掉很多劝他归顺朝廷的手下，现在形势逆转，当手下劝他应该归顺朝廷的时候，他觉得人家的话确实在理，于是向朝廷进献土地，还请求朝廷允许他把长子送到朝中当侍卫。

除了像李师道这样的大镇节度使外，一些小镇的节度使也纷纷开始表忠心，横海节度使程权一直对朝廷还算恭敬，但也执行着朝廷十分厌恶的世袭制度，为此内心长期不安，公元818年，程权派使者上表，请求放弃节度使之职，带着全家到京城来伺候皇帝，李纯开开心心地答应了程权的请求。

程权手下部分将士独立惯了，不想回归朝廷，他们拦着程权不让走，程权的手下林蕴给大家细细讲述其中的利害关系，大家才让程权离开。

像程权这样的小问题好解决，成德王承宗这样的大问题才难搞，不过还是有人敢于主动请缨，柏耆对韩愈说："吴元济被斩之后，王承宗惶惶不可终日，我想带着裴丞相的书信前去劝降，使百姓免受刀兵之苦。"

韩愈把这情况跟裴度一汇报，裴度欣然同意，写了封书信让柏耆去找王承宗。

王承宗见到裴度的信，再加上柏耆一番软硬兼施的言辞，他当场就崩溃了，立刻学习李师道的样子请求把两个儿子送到京城，再把德州和棣州两个大州献给朝廷，即便这样，李纯仍然不想罢兵，多亏宅心仁厚的田弘正屡次上表为王承宗求情，李纯才决定放他一马。

卢龙的刘总虽然最近几年跟朝廷走得很近，但他的小算盘也从未停止过，他手下大将谭忠借吴元济大败之机对他讲述跟朝廷作对的危害，并且说当今天子如此圣明，即位之后天下归心，连王承宗、李师道这样的不法之徒都俯首帖耳，咱们也不应该再有二心了。

谭忠的一席话说到刘总的心坎里，自此之后，刘总终于一心一意侍奉朝廷。

淄青之变

就在李纯以为天下太平之时，淄青发生了变故。

李师道一直非常强势地与朝廷作对，但他本身性格并不英明果敢，而是愚笨懦弱，军中大事很少跟诸将商量，都是跟老婆魏氏、家奴胡惟堪、杨自温、婢女蒲氏等人商量。偏偏魏氏也不是什么贤良淑德的好妻子，并且目光短浅，根本认识不到眼下是什么局面，只知道不想让儿子到京城当官（实际就是人质），所以跟那几个人一起劝李师道不能向朝廷投降。

李师道这个糊涂虫被人家一忽悠就犯起傻来，把一贯主张向朝廷投降的几个大将抓的抓、杀的杀，又给朝廷上表编了些不着边际的理由，归根结底就是不能把儿子送到朝廷，也不能把那几个州的土地献出来。

李纯看到这个表章气就不打一处来，再加上派到淄青的使臣李逊回来汇报了情况，李逊是个聪明人，他通过跟李师道的交往发现这厮根本不是诚心投降，于是把这情况如实向皇帝上书。

李纯大怒，决定出兵讨伐李师道，把新仇旧恨一并算一算。

公元818年5月，李纯任命忠武节度使李光颜为义成节度使，任命刚刚上任不久的淮西节度使马总为忠武节度使，这一系列的调整都是在为讨伐李师道做准备。

一个多月后，李纯颁下制书，罗列李师道的罪名，下令让宣武、魏博、义成、武宁、横海等地的兵马共同讨伐淄青，一切军事情况由裴度全权负责。

这个讨伐的队伍可谓壮观，各位将领也都尽职尽责，像韩弘这样当初对朝廷不敬的人更是怕成为下一个目标，为表忠心干脆亲自带队进攻淄青。

连韩弘都这样卖力气，像田弘正这样的人就更不用说了。李纯刚发布讨贼命令，他就请求渡过黄河跟李光颜会师。裴度综合考虑各种因素之后觉得田弘正暂不要跟李光颜汇合，而是厉兵秣马等待战机，时机成熟的时候直指李师道老巢——郓州。田弘正接到命令后便未出兵。

同年11月，田弘正根据朝廷指示，率领大军渡过黄河，在距离郓州四十里的地方安营扎寨，叛军顿时乱作一团。

没过多久，平卢就有几十位将领被生擒活捉。当这些将领被送到京城的时候，李纯并未伤他们一根毫毛，对他们说："朕要杀的只是李师道一人而已！"

当皇帝的这话传到平卢的时候，叛军将士接二连三地前来投降。李师道也越来越窘迫，几乎是每战必败，背叛他的人也越来越多。

公元819年正月，韩弘和李愬等人相继击败淄青兵马，战绩最好的要数田弘正，他一战便杀敌一万多。

李师道越是窘迫就越办糊涂事，为增强郓州城防，他强行征调大量农民当苦力，男人征光了就征女人，搞得怨声载道，老百姓更加痛恨他，本来百姓基础就不好，经过这通折腾他已经完全被孤立起来。

多坚固的城墙都不可能保护一个没有群众基础的政权！

上面这句话诚然没错，可惜并没有在李师道这里得到印证，因为，杀死他的人并不用攻破城墙。

这事儿还得从刘悟说起。

刘悟是原平卢节度使刘正臣的孙子，现在是李师道的都知兵马使。刘悟对手下很好，他的部队向来比较松散，当田弘正来攻打平卢的时候，刘悟吃了几场败仗，惹得李师道很不高兴，将其召至郓州，想找机会把他杀掉。有人劝李师道不能杀，此刻正是用人之际，杀了刘悟谁来打仗？

刘悟死里逃生回到自己驻地，但他的儿子刘从谏被留到了郓州，刘从谏虽在虎穴，并不胆怯，收买李师道的家奴从而获得各种情报，然后又想办法传递到老爹那。

此次李师道没有杀刘悟，他身边的人经常说刘悟必反，不如先下手为强，于是李师道派出两个使者去传达密令，让行营兵马副使张暹伺机杀掉刘悟。

通过这道密令更加能够看出李师道是多么的愚蠢，他对手下这些重要将领的人际关系竟然毫不了解，那张暹可是刘悟的铁哥们儿，他接到密令后一边跟使者说说笑笑，一边派人把这情况报给刘悟。

刘悟杀掉两个使者，把手下将士召集在一处，先是表章各位的战功，然后大骂李师道不仁不义，派使者下密令来杀他，说完这些之后，刘悟继续说道："当今天子虽然令数十万大军横扫淄青，但也说得明明白白——只杀李师道一人，我等没必要给李师道当陪葬，今天我打算调转矛头攻打郓州，奉天子之命斩杀叛贼，与诸位共享富贵。"

刘悟的思路非常好，但仍然有些人不赞同，此时刘悟可就没那么仁慈了，杀了三十几个人之后，剩下的都表示愿意去砍李师道的脑袋。

刘悟立刻集合部队，做了战前动员，承诺攻入郓州之后给大家丰厚奖赏，当兵的给谁打仗不是打啊，更何况大家也更愿意当名正言顺的官军，而不是叛军，于是，将士们吃饱喝足向郓州进发。

刘悟大军到达郓州的时候刚好是半夜，人衔枚、马裹蹄，大队人马悄无声息地来到城外几里之处，然后派十几个人来到城门口说是刘悟奉节度使之命有急事进城，守城士兵正在迟疑之际，这十几个人立即射箭攻城，吓得守门士兵拔腿就跑，刘悟带着人马冲进郓州城。

郓州守军得知刘悟已经带兵杀进城来，也不知道具体情况，因此溃不成军，此刻的李师道仅带着少量亲兵据守牙城，这些亲兵也不是傻子，看着对面黑压压的人马，知道这个牙城肯定守不住，与其为李师道战死，还不如投降官军。

刘悟轻轻松松拿下牙城冲进李师道的节度使府，将李师道和他的两个儿子生擒活捉，刘悟怕夜长梦多，当即把这父子三人砍头示众。

杀掉李师道之后，刘悟亲自安抚百姓，郓州城很快恢复平静。

刘悟出兵之前已经派人跟田弘正进行联络，约好若是占领郓州城以烽火为号，如果不能顺利攻占城池，希望田弘正能支援一下，到时功劳都算田的。

此刻，田弘正看到郓州方向燃起烽火，知道大事已成，便派使者前去道贺，这可是一件大功啊！

刘悟果然履行诺言，将李师道父子三人的人头送给田弘正。田弘正大喜，立刻给朝廷送去表章，汇报战况。

李师道死后，淄州和青州的将士全部放弃抵抗，淄青地区得以平定。

为避免有人再次称霸大藩镇，宪宗李纯将淄青的十二个州分成三道，分别派人管理各道。同时为防止刘悟这个淄青本地人借着地利、人和之便闹出什么乱子来，又把他调到义成当节度使。刘悟接到命令之后知道皇帝的担心，第二天就收拾东西去上任了。

其实，对于李师道来说，死真的是一种解脱。最近几个月来他如同一只受惊的兔子，吃不好、睡不好，稍微有点风吹草动就惊慌失措，可能在他的潜意识中早就知道自己不可能抵挡朝廷派出的各路大军，自己的下场只能是死。死亡并不痛苦，痛苦的是等待死亡。李师道要把这种痛苦分到每个人头上，他下令禁止郓州人在一起聚会，路上行人不能窃窃私语，如有违者，杀无赦。

田弘正来到郓州后废除这些规定，老百姓终于可以聚在一起高谈畅饮。

淄青的平定是个重要标志，它标志着河南、河北割据了近六十年的局面被终结，所有土地终于都收入朝廷囊中。

自满与堕落

这几年来唐朝的局面有了极大改观，最让朝廷头疼的藩镇割据问题也在逐步解决，那么，当将士们出生入死平定藩镇的时候，宪宗李纯都在干什么呢？

说出来一定会让大家失望！因为他在学习享受生活！

当初那个勤俭节约的好皇帝离大家越来越远，尤其是淮西平定之后，李纯的生活开始越来越奢华，刚好户部侍郎皇甫镈（bó）和盐铁转运使程异都是只知道惯着皇帝的人，他们看出皇帝想过花天酒地的日子，便采用各种手段从民间捞钱供皇帝开销。皇帝一高兴就想让这二人当宰相，制书颁布后，上下一片震惊。

裴度当然看不惯这样的奸佞之臣，屡次跟李纯说这二人不是当宰相的料，但李纯已经听不进去裴度的话了，裴度以跟这样的小人做同事为耻，上表请求致仕，李纯也没那么昏庸，他知道朝廷还需要裴度，因此不让他致仕。

既然李纯让裴度当宰相，裴度就严格地履行着宰相的职责，言辞恳切地上疏讲述皇甫镈和程异二人都是投机取巧的小人，让他们当宰相不但影响政务，而且还会让世人耻笑。

裴度一次次地说着李纯不爱听的话，李纯终于大怒，渐渐产生想要弃用他的想法。

皇甫镈知道自己不是当宰相的料，同时也知道大家看不起他，但大多数人都想一人之下万人之上，尤其是像皇甫镈这样不知天高地厚的，因此，他便愈发地通过各种手段讨皇帝开心来巩固自己的位置。

除了生活腐化堕落、宠信奸臣之外，李纯还有一个大毛病，那就是他也像秦始皇等人一样追求长生不老。

李纯为能长生不老，在各地遍访高人。皇帝想干的事不管对错总会有人积极配合，即便是找神仙这么高端的事情也有人做得来。有个叫李道古的大臣贪婪残暴，坏事干了无数，他怕有一天皇帝要收拾他，便挖空心思讨好皇帝，此刻最让皇帝开心的事情莫过于找到个懂长生不老之术的神仙。

真神仙不好找，假神仙遍地都是。李道古很快就找到个叫柳泌的方士，通过皇甫镈推荐给皇帝，李纯一看宰相推荐的神仙肯定错不了啊，于是，让柳泌开炉炼丹。

一个方士突然得到皇帝垂青，必然会有些找不到北的感觉，俗话说"小人得志便猖狂"，柳泌就是小人，而不是神仙（且不说有没有真神仙，就算有，他们也不会想蹚世俗这摊浑水），看皇帝很重视他，便大胆地对皇帝说："我要去天台山采仙草灵药，那里是神仙汇聚之地，到处都是宝，我虽然识得宝物，但一个人力量有限，希望陛下让我担任那里的地方官，组织人手采药炼丹。"

求药心切的李纯也顾不上按套路出牌，立刻任命这个方士为台州刺史，还赐给他金鱼袋和紫色朝服。金鱼袋和紫色朝服都是三品以上大员的专属物品，李纯如此乱搞，有些大臣就看不惯了，他们对李纯说："自古以来确有很多君主招揽方士，但从没有任用方士当地方官的。"

大臣们的理由十分充分，但看看皇帝的理由是不是更"充分"。

"如果用一个州的力量就能让君主长生不老，当臣子的难道还会觉得这样做很可惜吗？"李纯如是说道。

皇帝说出这话之后再耿直的大臣都不敢张嘴了，因为再横加阻拦的话，那就是希望皇帝早死啊！

唐朝开国皇帝李渊自称是老子李聃的后人，唐朝也以道教为国教，李纯想要长生不老所以推崇方士，但他并不只信道教不信他教。公元818年，有人进言说"凤翔的法门寺中有释迦牟尼佛的手指骨，珍藏该指骨的佛塔三十年开放一次，每逢开放之时庄稼必然丰收，天下必然太平，明年刚好是佛塔开放之年，陛下应该去把指骨接入京城。"

转过年来，佛指骨就被兴师动众地接到京城，李纯为此又搞了大量隆重的活动，普天同庆，那场面无须多说。这样的活动是盛世的体现，当然几乎也都是盛世转衰的标志，因为皇帝若是开始自满也就差不多要开始堕落了，李纯英明一世，最终却晚节不保，开始向着昏君一步一步迈进。

就在皇帝玩得最高兴的时候，刑部侍郎韩愈一桶冰凉冰凉的凉水浇了下来，他给李纯上表，洋洋洒洒数百字的长篇大论，归根结底就一句话——别信鬼神，信苍生！

李纯看完表疏之后，强忍着怒火才没将其撕烂，叫来宰相让他们传阅，然后准备严惩韩愈，裴度和崔群顶着皇帝的怒火，进言道："韩愈虽然狂妄，但他一片赤胆忠心，不然也不会上此表疏，陛下不应该惩罚他，而应该表扬他，以开言路。"

因有两位宰相为韩愈说情，最终他才没受重罚，只是被贬到潮州去做刺史。

李纯不尊重裴度的意见也是有原因的，因为裴度被划到了朋党的行列。

以前李纯就问过宰相关于朋党的事情，李绛的回答是："自古以来君主都极其厌恶朋党，因为一群人聚到一起结为朋党，干了坏事根本无迹可寻，所以佞臣诬陷忠臣都说他们是朋党，其实只有小人聚在一起才会作恶，他们那才叫朋党，才叫结党营私，君子和忠臣哪有朋党之说？"

近段时间，裴度被人诬陷为朋党，李纯也经常似有所指地对宰相们说："臣子应该把心思放在做好本职工作上，哪应该有心思树立朋党？"

裴度的观点跟李绛是一致的，他也对李纯说："物以类聚、人以群分，君子在一起应成为同德，小人在一起才叫朋党，虽然看起来差不多，但本质截然不同，英明的君主自然能用一双慧眼分辨二者的不同。"

裴度的水平就是高啊，轻轻松松便化解掉李纯的攻击，还给予强力反击。但是，在一个专制的社会制度下，再厉害的大臣也不可能真正战胜一位昏君，公元819年，李纯保留了裴度门下侍郎、同平章事的宰相光环，让他去当了河东节度使，这意思就是——你以后不用再管朝廷的事！

李纯不让裴度管朝廷的事，别人还是会管的，史馆修撰李翱给皇帝上奏道："平定天下靠的是武力，开创太平盛世靠的是文治和贤德，现在陛下已经用武力平定了天下，应该再接再厉恢复高祖、太宗创立的优秀制度，同时任用忠直刚正的大臣治理国家，改善税收制度，减轻百姓负担，增强边疆军事力量，威慑四方。现在陛下已经把一般人难以做到的事情做得很好，以陛下的英明神武，若是再能远离身边的奸佞小人，那自然可以流芳千古，但那些小人要是陪伴陛下左右的话，他们会说：'已经是太平盛世，陛下可以高枕无忧，尽情享乐。'陛下真要像他们所说的那样去享乐，那真正的太平盛世永远不会到来。"

李翱虽然名不见经传，但这番言论确实有水平，可惜的是，李纯并不这样认为。

美业难终

不管宪宗皇帝变得如何不务正业，毕竟这些年还是取得了辉煌的成绩，完成了"安史之乱"后无人能完成的任务，取得了无人能取得的成绩，当初德宗李适那么积极的想要富民强国，那么积极地去平定藩镇，最终不但一事无成，反倒惹得一身祸。现在的社会跟德宗时期相比还真有太平盛世的样子，这也是李纯骄傲自满的重要原因。

公元819年7月，田弘正把十多个刺杀武元衡的嫌疑犯押解到京城，

经过一番审讯之后也没搞清到底谁动的手，反正这些刺客肯定是李师道或者王承宗派来的，审不审清楚并不重要，最终都是在闹市区斩首示众，参与刺杀宰相的人不可能被赦免。

能够抓到这些刺客让李纯心情大好，宰相当街被杀的屈辱总算可以得到减轻，同时，另外一件事情不但让李纯心情更好，而且从朝廷角度来看也更有意义。

韩弘自从当上宣武节度使之后一直没来过京城，也没见过皇帝，那个时候有二心的节度使都这样，现在韩弘竟然规规矩矩到京城按照礼节朝拜皇帝，他开了这么个好头，李纯能不开心嘛。韩弘为表达忠心，献出三千匹战马，五千匹丝绸，三万匹丝织品，另外还有大量金银器。十几天后，韩弘再次献出二十五万匹丝绢和三万匹丝绸，以及几百件银器。

通过给朝廷送这重礼能看出韩弘是个聪明人，他又琢磨了一下，干脆聪明到底吧，反正当那宣武节度使也不能割据一方当土皇帝，还不如回到京城安安心心过日子，于是多次上表请求在京任职，李纯也不想让韩弘回到宣武，毕竟他在那边根深蒂固，便顺水推舟封他做中书令。

韩弘刚表完忠心，又一个重量人物来到京城，他就是魏博节度使田弘正，李纯用比接待韩弘还隆重的礼节接待了他，田弘正对于结束藩镇割据的贡献实在太大了，正是由于他的存在才使得百姓少受无数的战乱，并且也影响到其他藩镇的选择，可以说田弘正的功劳有些是看得见的，有些是看不见的，那些看不见的意义更加重大。

跟韩弘一样，田弘正也屡次要求留在京城当官，但李纯就是不肯答应，因为他知道田弘正肯定不会造反，把他放在魏博可保一方安宁。田弘正是有远见的人，他怕自己死后家里人在魏博自立为王，这样下来一是毁了一世英名，二是仍免不了家破人亡的下场，因此，他把自己的兄弟子侄送到京城当官，李纯当然得把田家人安顿好，田家满院子都是穿着红袍和紫袍的人，那场面一时无二。

有人深明大义，有人却为非作歹，就在韩弘已经进京，田弘正准备进京的时候，竟然还有人干着祸国殃民的勾当。

沂州、海州、兖州、密州观察使王遂本来是个掌管钱粮的官，擅长压榨百姓来敛财，晚年的李纯正需要大量钱财享受生活，因此十分赏识王遂，提拔他当了四个州的观察使，他当上观察使后脾气更大，四处抖威风，就连打人的棍子都比别人用的粗，手下将士经常屁股开花，大家心中积压了大量怒火。

公元819年7月，王遂让士兵们在酷暑的烈日下为自己建观察使府，工期催得还特别紧。参与盖房子的一个士兵叫王弁，他跟几个人在河里洗澡的时候商量着造反，约好找机会杀掉王遂，让王弁当将领。

第二天，王遂正在跟几个高官喝酒，突然，王弁等人杀了进来，王遂丝毫防备都没有，轻轻松松丢了脑袋。

杀掉王遂之后，王弁跟监军套上近乎，又把诸位将士召集到一起，大家并没有管太多，反正那个虐待狂死了大家都开心，监军把情况如实写成表章递给朝廷。

李纯听说沂州发生兵变，观察使被杀，便重新任命了观察使，然后商议如何处置王弁。

李纯本想派兵前去讨伐，又怕因此引发一系列兵变，只好先任命王弁为开州刺史，密切关注事态发展。

王弁这人没啥心眼儿，也没啥野心，接到朝廷让他去开州当刺史的命令后，当天就从沂州出发了，没想到朝廷根本不讲信用，趁他在路上人单势孤，将其拿下，几天之后腰斩于闹市。

沂州的事情看似以王弁的死而结束，实际上并不是。

王弁等人原来都是淄青兵，李师道败后淄青兵被分派到各地，王弁带头杀掉李纯的爱臣，李纯因此认为李师道的余党尚在祸害朝廷，准备把现在在沂州的那些淄青兵全部除掉。

李纯这个糊涂的决定由新任观察使曹华负责执行，当他带兵来到沂州的时候，对前来欢迎的将士好言安抚，这样一来大家都觉得他是个无害的好人。

三天之后，曹华设宴招待沂州将士，他将沂州兵和淄青兵分成两队，把沂州兵支走后，伏兵四起，一千二百多手无寸铁的淄青兵被早就埋伏好的伏兵全部杀死，血雾弥漫，惨不忍睹。（《资治通鉴》记载，死者千二百人，无一得脱者，门屏间赤雾高丈余，久之方散。）

此等恶行令人发指，身为一国之君应当以诚信为本，战场上可以用各种出其不意的战术，但对自己的士兵竟然用如此下三烂的手段，还

有何脸面当百姓的表率？

对于该事件，司马光也忍不住发表评论，摆事实、讲道理分析一大通，就是为了说出这样的观点：用这种不仁不义的手段残忍地诱杀自己的将士，实在不应该是天子所为。

另外司马光还根据此事说出另外一个观点："其美业所以不终，由苟徇近功，不敦大信故也。"这句话翻译过来的意思是，他追求的美好事业之所以有始无终，就是因为只求眼前小利，而不讲大的诚信。

行百里者半九十

李纯已经开始做那些昏君才做的事情，但仍然有一颗当明君的心，他问宰相："为何玄宗皇帝开始的时候天下太平，后来却混乱不堪？"

宰相崔群的回答是："玄宗早年用姚崇、韩休、张九龄等人当宰相，后来用宇文融、李林甫、杨国忠等人当宰相，用人不同所以才导致大唐差异如此之大。"

傻子都能听出来崔群话里有话，矛头所指正是皇甫镈，因此皇甫镈暗暗咬牙，决定不惜一切代价扳倒崔群。对于伺候昏君的奸佞宰相来说，想扳倒另外一位正直的宰相根本不必付出任何代价，只需要不在乎别人背后怎么骂就行。

公元 819 年 12 月，由于皇甫镈的谗言，崔群被贬为湖南观察使，朝野上下无比震惊，稍微有些良心的大臣都对皇甫镈恨之入骨。

从前些年的裴度到现在的崔群都让李纯伤透了心，在他看来，他诚心诚意对待这些宰相，为何这些宰相都不肯忠心为他卖命呢？

不过更让李纯伤心甚至暴怒的是柳泌，当初他说去天台山采仙草灵药炼长生不老丹，结果一年多过去了，偌大的炼丹炉里别说仙丹，连个爆米花都没蹦出来。柳泌怕皇帝怪罪，带着一家老小躲进深山，没躲几天就被官军逮到并且押往京城。

柳泌被逮可以说是大快人心，大家认为这会给皇帝敲响警钟，让皇帝放弃那些超自然的东西。令人大跌眼镜的是，柳泌不但没被处死，反倒在皇甫镈、李道古的庇护下进了翰林院，更令人大跌眼镜的是，他竟然在京城练出了长生不老丹，李纯竟然还真敢吃那长生不老丹。

李纯吃完仙丹之后并没有长生不老，反倒身体不适，脾气暴躁。

其实，这道理很简单，就是中毒了嘛。

古时候的仙丹主要成分是水银，同时含有锡、铅、铜、金、银等金属，人吃这东西不死才怪呢。东晋的炼丹家葛洪在他的《抱朴子·金丹篇》中写道："凡草木烧之即烬，而丹砂炼之成水银，积变又还成丹砂，其去草木亦远矣，故能令人长生。"

起居舍人裴潾看出来皇帝要是这样吃下去的话非得吃死不可，便好心好意劝皇帝不能乱吃东西，并且还用科学的角度分析那仙丹不能使人长生不老，反倒会让人中毒。不过此时的李纯已经病入膏肓，精神严重不正常，不但不领裴潾的情，反倒将其贬出京城。

李纯的身体越来越糟糕，很多人开始研究起皇位继承人问题，吐突承璀跟太子李恒不是一路人，他想立跟自己关系好的皇子李恽为太子，好在糊涂的李纯在这个问题上还是保持着理智，最终没让吐突承璀得逞。

李纯的药一直没有停，脾气也越来越暴躁，后来竟然到了乱杀人的地步，身边的宦官朝不保夕，他们便研究起自保的法子来。

公元 820 年正月二十七，李纯驾崩于中和殿，至于死因无人得知，但不少人都认为是内常侍陈弘志杀了皇帝。不过这宦官不好惹，他在宫内宫外势力都十分庞大，皇帝一死大家已是乱作一团，根本没人想去追究死因，因此李纯只能不明不白地驾崩。

李纯驾崩之时年仅四十三岁，一共当了十五年的皇帝，总体来说这是位伟大的皇帝，他所取得的成就令世人惊叹，难度之大更是令人咋舌，概括起来这成就主要是两方面：一方面是朝廷内部的政治改革，这一系列改革的理念是"以民为本"，能有这样的理念是因为李纯知道百姓才是国家根本，百姓富了国家自然强大，百姓穷了，不管国家有多少黄金、白银储备都是镜中月、水中花，国家不可能真的强大；另一方面的成就更是令人难以想象，简直就是不可能完成的任务，在李纯即位之前，藩镇割据极其严重，各个藩镇手握重兵，朝廷却很空虚，能在这种情况下将各个藩镇——平定，仅凭这点李纯就足以称得上是位伟大的皇帝。

李纯的文治武功对社会作出极大贡献，老百姓安居乐业，普天之

下一片祥和，由于李纯的年号为"元和"，他执政时期是唐朝中后期，因此，后世将这一时期称作"元和中兴"。

这位伟大的皇帝在后期犯下的错误也是令人咋舌的，不但令人咋舌，简直是不可想象，一个曾经励精图治、英明神武的明君咋就摇身一变成为极度缺心眼的昏君，在一定程度上相信一些超自然的力量是可以理解的，痴迷到如此程度就让人接受不了了，也正是因为他过度痴迷于神仙和长生不老，最终才因仙丹而早亡，这是多么讽刺啊！

李纯之所以前明后暗，跟他所取得的成绩有很大关系，他完成那么多艰难的任务，难免会有骄傲自满的情绪，早年间吃苦耐劳的美德也就抛在脑后，更重要的是由任人唯贤变成任人唯奸，因为贤臣会没日没夜地督促他努力工作，奸臣会时时刻刻帮助他享受生活，因此，宰相由李绛、裴度等类型的改成李吉甫、皇甫镈类型的，奸宰相跟昏皇帝之间形成恶性循环，直至局面失控。

正所谓"行百里者半九十"。几乎所有事情都是如此，越到接近成功的时候越艰难，李纯距离那种无可挑剔的明君其实只有一步之遥，但由于其思想的转变，使得奸宰相和假仙丹成为他和明君之间一道不可逾越的鸿沟，这样的遗憾不仅是李纯本人的，也可能是大唐的，如果李纯继续像他之前那样励精图治，不早早驾崩，再当二十年皇帝，说不定大唐历史会被彻底改写。当然，时过境迁，这样的假设可能没有什么意义，但后世仍然应该以史为鉴，从中吸取教训。

主角：李恒

配角：王庭凑、韩愈、白居易、裴度、史宪诚、朱克融、李逢吉、郑注等

事件：宪宗李纯虽然晚期有些昏庸，但"元和中兴"还是留下丰厚财产，不过，再多的财产都经不起挥霍，穆宗李恒只遗传到他爹的善良，其他方面并无相似之处，用四个字形容这皇帝再合适不过——及时行乐！

及时行乐

李纯驾崩之后，在神策军护军中尉梁守谦和一群宦官的支持下，太子李恒即位，庙号为唐穆宗。

李恒刚刚即位就毫不犹豫地杀掉曾经威胁到自己的吐突承璀和李恽，同时安抚神策军、羽林军等部队，以保障自己安全。

在杀吐突承璀和李恽的时候，皇甫镈也差点见阎王，他没见阎王的原因是李恒的两个宠臣跟他是同一年考中的进士，大家算是有点儿交情，在那两个大臣的帮助下，他才逃过一劫，被贬为崖州司户。当大家听说皇甫镈被贬之后，杀猪宰羊进行庆祝，欢天喜地的情形如同过年一般。

皇甫镈等人被处理，炼仙丹的柳泌也就没了保护伞，被乱棍打死，另外，其他一些装神弄鬼的和尚道士也都根据实际情况要么被杀，要么被流放到偏远地区。

李恒即位之后的几件事情处理得很不错，大家都以高昂的斗志、饱满的热情迎接盛唐的到来，可是，大家很快就开始失望了。先皇驾崩不足百日，新皇帝便在城楼之上摆起戏台，开开心心地欣赏歌舞，数日之后，又到左神策军中观看摔跤表演。

李恒在服丧期间尽情玩乐，丝毫没有悲伤之情，甚至都不想假装自己很悲伤，宴饮无数，歌舞不断，另外他还有个很大的爱好——打猎。

新皇帝刚刚即位就这个样子，一般大臣也就明白这不可能是什么明君，都不敢直言进谏，但仍然有耿直的大臣，监察御史杨虞卿对李恒说："陛下刚刚即位应该接见百官，听听他们的想法，大家一起治理好国家。"

李恒确实不是明君，但也不是暴君，虽没听取杨虞卿的建议，也没加责备。

杨虞卿劝了没用，别的大臣并不灰心，仍然不失时机地暗讽李恒。李恒看到柳公权的字写得极好，甚是喜欢，任命其为右拾遗、翰林侍书学士，还虚心向他请教道："爱卿的字为何如此之好？"

柳公权不但字写得好，人品也是极其端正，他借此时机答道："关键在于用心，心正则笔正！"

李恒不傻，柳公权说完这话，他就明白是什么意思了，沉默良久，依然继续享乐。有人可能觉得不可思议，他明知是什么意思，为何还不改正？其实，很多人都是这样的，知道该如何学习、生活、工作才是正确的，偏偏还是在吃喝玩乐中浪费掉大好生命。

几个月后，李恒在宫中的鱼藻池内搞划船比赛，大宴群臣，玩儿到兴起之时有些控制不住节奏，想想再过几天就是重阳节，准备搞一个更大的宴会。大臣们根本劝不住，只能看着皇帝天天这样享乐。

李恒之所以能玩儿这么开心，跟他老爹留下了丰厚的家底有一定关系，当时大多数百姓安居乐业，各个藩镇已经完全掌控在朝廷手中，就拿成德来说，公元820年10月，节度使王承宗病逝，几个部下想对朝廷隐瞒此事，推举他的弟弟王承元为节度使，如果这样做，那就又恢复了之前的世袭制度，但王承元死活不肯，他明白跟朝廷作对的下场，不能让老王家毁在自己手里。

正是因为有像王承元这样不闹事的臣子，皇帝才能无节制地享乐，可是所有人都明白这样一直享乐下去，迟早有乐不出来那天，谏议大夫郑覃和崔郾等五个人共同进言，劝李恒说："陛下不应该这样频繁大规模打猎，也不应该频繁大规模宴饮，赏赐大臣也要有度，不能因为朝廷有钱就胡乱花，那都是老百姓的血汗。另外，最近这两年吐蕃又变得躁动起来，时不时又派出或多或少的部队在骚扰，咱们不得不防。"

郑覃和崔郾等人说完这一大通后，李恒很惊讶，因为他根本不知道这几个人是谁，转过身来询问宰相，宰相只得十分无奈地告诉皇帝这是谏官。

大家以为李恒会怪罪这几位谏官，没想到他竟然对谏官说："你们说得很好，朕决定照办。"

宰相们见李恒表扬谏官，都纷纷称贺，说李恒是位虚心纳谏的好皇帝。但事实证明，李恒不过是随便说说而已，根本没有任何实际行动。

几位谏官劝皇帝没效果，但"乌鸦嘴"还挺灵，刚说完吐蕃躁动，数日之后，吐蕃大军还真就来了。李恒连忙调兵遣将进行防御，经过一番厮杀，吐蕃撤回。

藩镇再乱

李恒整日花天酒地，那些为国为民、刚正不阿的大臣很难被重用，结党营私的小人们渐渐占领了大半个朝廷，很快，内忧外患便一一显露出来。

公元821年，幽州率先出了问题。

刘总当初弑父杀弟，当上幽州节度使，虽贵为节度使，毕竟也是人，干了如此伤天害理的事情内心自然不安，做噩梦是家常便饭，偶尔还会在夜深人静的时候看见父兄阴魂前来做客，为了驱散妖魔，弄了几百个和尚来念经，但心魔难除，他的精神状态越来越不好，再加上也上了年纪，便想放弃世俗中的一切，找个寺庙简简单单当和尚。经过数次申请，李恒终于批准刘总的请求，不过最终他这和尚也没当成，跟手下将士发生冲突，不明不白横死荒野。

刘总的死对幽州影响很大，当初他为表忠心讨皇帝欢心，建议把幽州分成三道：幽州、涿州和营州为一道，平州、蓟州、妫州、檀州为一道，瀛州、莫州为一道，这样一分，就没有大势力威胁朝廷。

刘总考虑到幽州士兵不好管，想找个宽宏大度的人来当幽州道的节度使，刚好河东节度使张弘靖以宽宏大度而闻名，刘总推荐他当了幽州道节度使。可是，李恒当上皇帝之后只知道享乐，根本不关心政务，几位宰相更无深谋远虑，只是图着省事，仅把瀛州和莫州从原幽州辖区划出，其余各州全部交由张弘靖管理。

另外还有一件事，也是当初刘总考虑得比较周到，他把幽州那些桀骜不驯、不太好管理的将领都送到京城，皇帝给他们加官晋爵，让他们待在京城不惹是生非。

这群桀骜不驯的幽州将领中最桀骜不驯的就是朱滔的孙子朱克融，令人想不通的是，没脑了的李恒任命张弘靖为幽州节度使之后，竟然把朱克融等人又派回幽州，这就埋下一个巨大的隐患。

幽州将士历来都是同甘共苦，北方人奔放的性格在他们身上一览无余，这些性格在张弘靖身上都得不到体现，大家根本谈不到一块去。紧接着发生的两件事情更是激怒幽州将士，第一件是李恒赏赐给幽州一百万钱，张弘靖私自扣下二十万；第二件是张弘靖的亲信韦雍等人克扣士兵粮草，还嘲笑他们是大老粗，只识弯弓射大雕，在这和平年代要有文化才行。

这样一来，双方矛盾越来越突出，很快就到了只差一个火星儿便可引爆的程度。

公元821年7月，一个低级将领冲撞了韦雍的仪仗，一贯嚣张的韦雍准备要杖打人家，河北地区的将士向来不习惯杖打，双方因此发生冲突。韦雍作威作福惯了，怎能栽在一个低级将领手里，立即把这情况汇报给张弘靖，张弘靖下令逮捕那位低级将领，这下幽州将士可就彻底爆发了。

当晚，将士哗变，杀死韦雍，冲进节度使府，把张弘靖的妻妾全部杀掉，然后将其扣押。

第二天，这群哗变的将士又后悔了，他们怕朝廷派兵来剿，便向张弘靖请罪，希望取得他的原谅，张弘靖死了妻妾异常愤怒，不想赦免哗变将士，大家被逼无奈只得把哗变进行到底，最终一商量便拥戴朱克融为节度使。

朝廷得知此事后也毫无办法，只能暂时让朱克融当节度使，慢慢再想办法进行处理。

幽州这边一波未平，成德那边一波再起。

成德被朝廷收服之后，田弘正做了成德节度使，他去上任的时候心里不踏实，魏博跟成德打了好多年仗，必然有仇，因此，田弘正带着两千魏博的亲兵保护自己，这两千亲兵的军饷有问题，他们不属于成德，人又不在魏博，田弘正只能提交申请，请朝廷特事特办给这两千士兵发饷银，朝中管这事的户部侍郎崔倰（lèng）不想添麻烦，没批准此事，田弘正无奈，只得把那两千人调回魏博。

没过多久，田弘正跟成德将士之间也有了矛盾，都知兵马使王庭凑带头作乱，杀死田弘正，自称留后，让监军跟朝廷给他要个节度使当。

田弘正的死让朝廷无比震惊，并且他们很快便知道是因为崔倰不给那两千魏博兵发饷银才导致王庭凑有机会下手，但崔倰是宰相崔植的近亲，也没人敢指责他。九泉之下的田弘正真是死不瞑目！

更让朝廷震惊的是，王庭凑作乱的脚步根本停不下来，没过几天

【第二章】唐穆宗

又发兵冀州城，杀掉刺史，占据城池。

此时的朝廷也只能震惊，根本没能力对付王庭凑，但魏博人咽不下这口气，准备替田弘正报仇，节度使李愬身披丧服对将士说："魏博人能享受到浩荡皇恩，过着安定平和的日子，全是田公的功劳，现在成德人残忍地杀死田公，我们应该怎么办？"

将士们哭成一片，纷纷表示不报此仇誓不为人。

李愬看深州刺史牛元翼是个人才，准备让他带兵讨伐王庭凑，便摘下佩剑交给他，对他说："我父亲用此剑平定朱泚的叛乱，我用此剑平定吴元济的叛乱，今天，我把此剑授予你，希望你能用此剑平定王庭凑的叛乱。"

牛元翼双手接过宝剑，高高举过头顶，绕着将士疾驰一周，高声说道："誓死完成此命！"

不过，大唐的运气着实不好，正在积极调兵遣将的李愬病倒了，主帅病重，这部队也就无法出征了。

魏博这边没有主动出击，王庭凑反倒嚣张起来，派兵攻打牛元翼镇守的深州，但最终无功而返。

为表彰牛元翼的功劳，李恒任命其为深冀节度使，同时任命裴度为幽州、镇州两道招抚使，并下令说若是王庭凑悬崖勒马就给他一条活路，如若不然让昭义、河东、魏博、横海等各道出兵讨伐。嚣张的王庭凑根本不想悬崖勒马，也不管皇帝面子上是否过得去，勾结朱克融四处作乱，再次攻打深州。

事情到了这个地步，李恒再不打就下不来台了，只得咬着牙下令各道出兵，此时幽州和镇州兵力正盛，各道都不敢进兵。

局面对唐军十分不利，更不利的是——朝廷还在内斗！宰相元稹跟裴度不和，他怕裴度在讨伐幽州时立功，竭尽所能地破坏他的军事计划。

耿直的裴度得知此事后，不断给李恒上表揭露元稹的恶行，李恒无奈，象征性地处分了一下元稹，但信任程度并未降低。

李恒的昏庸不仅体现在对朝廷文臣的处理上，还体现在对武将的约束上。横海节度使乌重胤亲率大军救援深州，乌重胤是员老将，审视全局，知道不能在短时间击垮敌人，便按兵不动寻找战机，李恒得知此事后，让杜叔良接替乌重胤的节度使之职，派乌重胤到山南道去当节度使。

这个杜叔良哪有什么军事才能啊！到任之后迫不及待地与镇州军开战，每战必败，数日之后一场大败把节度使的旌节都给丢了。

李恒只好调整用人，派凤翔节度使李光颜为忠武节度使，兼任深州节度使，把杜叔良替换回来。

公元822年，刚刚过完年，朝廷就收到一个噩耗——弓高县城（今河北省泊头市附近）失守，这可是向前线运粮的必经之路，失守之后前方补给成了大问题。

大家可能会觉得奇怪，如此重要的城池怎能轻易落入叛军手中？

这个还得从朝廷内部说起。

作为重镇，弓高的防守向来严密，但是，一个太监的出现，让严密的弓高出了漏洞。

有一次，一个太监出使弓高，恰好是晚上到城外，守将根据晚上不得打开城门的规定没让那太监进来，第二天太监进城后暴怒，大骂一干将领，吓得这些将领再也不敢严格执行军规。幽州军知道此事后便派人假扮太监半夜进城，就在城门大开之际，埋伏的幽州兵冲入城中，弓高县就这样失守了。

弓高失守后，中书舍人白居易上书，给穆宗李恒分析目前局面，以及下一步应该怎么办。白居易是个文学家、诗人、政治家，可能算不上战略家和军事家，但他此次从战略和战术层面提出的方案非常靠谱，水平之高让人惊叹，在这里我就不赘述白居易上书的内容了，总之是可以扭转战局的策略。

昏君之所以是昏君，就是因为他们会做出来让人匪夷所思的事情，白居易的奏折递上去之后，石沉大海，音信全无。

李恒没有搭理白居易，前线战场搞得一塌糊涂，粮草根本运不过去，饥寒交迫的战士们哪有心思打仗啊，每天都是怨声载道地混日子。

最让朝廷头疼的并不是这情况，而是魏博那边发生的变故。

当初，田弘正的儿子田布一直跟他爹在魏博居住，他很看好牙将

史宪诚，多次向老爹推荐此人，后来，史宪诚终于得以重用。田布被李恒封为魏博节度使后，更是把史宪诚当成亲信，但史宪诚并非良善之辈，趁着此次成德、幽州闹独立，魏博人心惶惶之际，窥视节度使的宝座，他煽动将士背叛朝廷，田布一看局面已然失控，便写下遗书，同时又把这边的情况上报给皇帝，然后在父亲灵位之前拔刀自刎。

这位忠义之士临终之前还不忘给李恒汇报工作，出谋划策。

悲哀啊！英雄的悲哀就是生不逢圣主！死后还会被部分人嘲笑为愚忠。

田布死后，史宪诚进入魏州自称留后，向朝廷请求当节度使，李恒无奈只得满足其愿望，史宪诚当上了节度使，心并不属于朝廷，暗中勾结幽州、镇州的叛军准备闹独立。

局势对朝廷越来越不利，王庭凑的气焰越来越嚣张，他把牛元翼牢牢困在深州，准备将其置于死地，以此来扬名立万。

朝廷并非没有救援部队，但这些部队都因粮草不足而无法进军，即便是李光颜这样的名将也只能望城兴叹，巧妇难为无米之炊！士兵每天要自己去割草喂马，领到的粮食也只有一小勺米而已，饭都吃不饱还能去救人吗？

就在所有人无计可施的时候，穆宗李恒竟然想到了办法。公元822年2月，李恒颁下圣旨，任命王庭凑为成德节度使，成德将士一律官复原职。

恐怕一个昏庸的无能皇帝也只能想出这种屈辱的办法吧。

李恒即位之初，藩镇均已归顺朝廷，可以说是天下太平，然而，短短两年时间，宪宗李纯用一生心血创造的局面便被儿子毁于一旦，真可谓：乱世治平穷毕生，盛世衰败石火光。

此刻大唐财力衰竭，已无能力对付各个藩镇，王庭凑割据成德、朱克融割据平卢、史宪诚割据魏博，河朔地区已是名存实亡，这个局面一直持续了数十年，直至大唐灭亡之时，都未实现真正意义上的统一。

萤火之光

穆宗李恒用屈辱的方式暂时稳住大唐的局面，王庭凑、朱克融等人表面上都服从朝廷调度，实际上继续为非作歹。就拿深州来说吧，外围的叛军迟迟未撤。李恒也明白王、朱等人狼子野心，不会真心归顺朝廷，要解深州之围还得另想办法，那就是派出宣慰使做对方的思想工作，另外，这个宣慰使按规矩也是该派的，主要是观察和安抚新归降的部队。

此次的宣慰使绝对是九死一生的角色，谁能挑此重担？

恐怕除了兵部侍郎韩愈之外，再也难以找出更适合的人选。

韩愈出发之前，大家都很担心，好心的李恒特意嘱咐他不要冒进，要量力而行，先在成德边境观察一下形势，形势不乐观的话就先别过去。（其实李恒这人一点儿都不坏，只是昏庸而已。）

韩愈说："皇帝仁义，关心我的安危，但我不能因为怕死而耽误了任务。"他到成德边境后，眼都没眨一下就进去了。

到镇州后，王庭凑这厮果然给韩愈来了个下马威，一群满脸横肉的大汉舞刀弄剑想吓唬吓唬这个文弱书生。

韩愈脸不变色、心不跳，倒背双手迈着方步进入客房。

王庭凑见韩愈如此淡定，便没有贸然行事，而是先礼后兵，说道："其实我不是想对皇帝不敬，都是手下那群混蛋干的，我也很无奈啊。"

韩愈陷入虎穴，但丝毫无惧，厉声喝道："皇帝认为你是将帅之才，才让你当节度使，没想到竟然管不住几个兵。"

王庭凑的士兵听韩愈这样说立刻就怒了，一个士兵提着鬼头刀上前说道："先太师王武俊为大唐立下汗马功劳，他打败朱滔，至今仍然保存着征战之时的血衣，我们有什么地方辜负了朝廷？朝廷为何前来讨伐？"

韩愈冷笑一声，答道："你们还记得先太师啊？不错，他开始背叛朝廷，后来又归降，归降之后加官晋爵。从安禄山、史思明到吴元济、李师道，凡是背叛朝廷割据为王的都没有好下场，你看看他们谁的子孙尚在？再看看像田弘正、王承元等归顺朝廷的，他们的子孙各个享受着荣华富贵，这情况你们不会不知道吧？"

韩愈还想接着往下说，但王庭凑慌了，怕军士们再听一会儿就该

把矛头指向自己，赶忙下令让那些人解散。

打发走士兵后，王庭凑问韩愈此行目的，韩愈说是来退深州城外之兵的，并且还吓唬他说像牛元翼这样的猛将朝廷一抓一大把，皇帝不想让老百姓受刀兵之苦，才没派兵前来征讨。

王庭凑想想，围攻深州也没啥好处，便借坡下驴撤走深州城外的部队。

韩愈圆满完成任务后顺利返回京城，王庭凑并未难为韩愈，因为谁都会打心底敬重这样的人，只要不是万不得已都不希望把局面搞得太僵。

在韩愈回京的时候，裴度也回到京城。此番他率军讨贼无功而返，李恒也并未惩罚他，反倒还征询他很多政务方面的问题，以裴度的才能来说，如果没有奸臣作梗，肯定能把政事处理得近乎完美。

除了那些奸佞之人，其余大臣都不失时机地向皇帝建议把裴度留在京城，不让他去外地任职。李恒也很看中裴度，因此，裴度终于得以再度在京辅政。

京城确实需要像裴度、韩愈这样的大臣来辅政。这几年跳梁小丑太多，户部侍郎张平叔建议官方直接做食盐买卖，这样可以为朝廷赚回大把银子，并且还让宰相兼任盐铁使。

（《资治通鉴》记载，户部侍郎、判度支张平叔上言："官自粜盐，可以获利一倍"；又请"令所由将盐就村粜易"；又乞"令宰相领盐铁使"。）

李恒一看张叔平的建议好处多多，便让百官商议是否可行。

其实，这事根本不用商议，难道区区一个张叔平比那么多前辈更具智慧吗？之前的诸位宰相和大臣想不出这么好的赚钱主意吗？当然不是！

兵部侍郎韩愈当即提出反对意见，把这事的利弊说得清晰明了。认为自古以来官不与民争利，朝廷只应该做为百姓服务的事情，赚钱的事情不能参与，朝廷跟个人相比具有绝对的优势，大家做同样生意的话，个人还怎么生存？当然，更主要的原因是，朝廷不能把精力放在赚钱上，尤其需要考虑的是大唐的发展以及民计民生。

韩愈否定由官府当盐商，中书舍人韦处厚否定由宰相当盐官：宰相要关注的是国家大事，而不是像商人一样贩卖食盐。

一直比较糊涂的李恒竟然不糊涂了，认为韩愈、韦处厚说得很有道理，于是将张平叔的建议放在一边。

奸臣之所以为奸臣并不是说他们偶尔犯个错误，或者干件坏事，而是说他们挖空心思、持之以恒干着坑害百姓的事。张平叔让朝廷当盐贩子的想法没有得逞，又想出来个更馊的主意——直接从老百姓腰包里掏钱。他建议李恒征收老百姓几十年来欠下的赋税，江州刺史李渤上奏说："本州今年遭受旱灾，庄稼收成十分不好，陛下为什么还要征收几十年前的赋税呢？这是把人往死里逼啊！"李恒一琢磨，这样确实太不厚道，下诏不许再提此事。

李恒把这几件事情处理得还算不错，但昏君跟明君的区别就是明君偶尔会做错事，在大问题上很少错，昏君恰恰相反，他只能有萤火之光，在小问题上做出些亮点，在大问题上往往出错，李恒后来在一群奸臣的撺掇下罢免了裴度的宰相之职，在当时来看，恐怕没有人比裴度更适合当宰相。

穆宗驾崩

明君治理天下一般都会形成良性循环，他每件事情都会处理好，每件事情都不出差错，这样一来，事情就会越来越简单；昏君刚好相反，他每件事情都处理不好，错误不断累积，最终酿成大错。

公元 822 年 7 月，宣武又闹兵变。

张弘靖当宣武节度使的时候，为跟将士搞好关系，经常各种封赏，离任之前把仓库花得精光，后来，李愿去当宣武节度使便没钱赏赐属下，将士们怨声载道，再加上李愿和他的小舅子等几个亲信都很奢侈、贪婪，使得将士们更加愤怒。终于，这矛盾在公元 822 年 7 月爆发，一个叫李臣则的将领发动兵变，李愿和他的一个儿子逃往郑州，其他家人都被士兵给杀了。

叛乱的士兵杀完人之后推举李㻬（huā）为留后，闹起独立。

李恒连忙召集大臣商讨对策，大多数人都怕打仗，都建议参考河北地区藩镇的惯例——自立为王——来办，大臣李逢吉认为不合适，他说："河北的藩镇长期割据，对朝廷影响很大，朝廷也实在没办法，如果宣武也这样搞，那全国的藩镇就都快闹独立了。"张平叔等人不赞同李逢吉的观点，认为不应该为几尺长的旌节跟藩镇闹翻。

恰好此时宣武管辖的几个州给朝廷上表请求另立节度使，李恒一看，这个李岕基础也不是很稳固嘛，于是听从李逢吉的建议，不向藩镇妥协。李逢吉又建议任命李岕为将军，将其召至京城，任命前宣武节度使韩弘的弟弟韩充为宣武节度使，如果李岕乖乖来京城咱也不亏待他，如果他想跟朝廷作对，就派周边几个藩镇讨伐他。

李恒按照李逢吉的建议开始执行，李岕是个有野心的人，他不想当什么将军，他要当割据一方的节度使，因此抗旨不遵，还出兵攻打那些不服从他的州县。

李岕地位不高、名声不大，大家并不怕他，他刚一出兵大家就纷纷率兵反抗，李光颜等人均取得不错的战绩，刚刚上任的宣武节度使韩充也带兵进入宣武辖区，并且出师大捷。

李岕的日子很不好过，着急上火，头上长了个大毒瘤，军政事务只好交给心腹李质，李质一心向着朝廷，从李岕不接受朝廷命令开始，李质多次劝他进京请罪。现在趁着李岕在家养病之机，李质和监军姚文寿将其杀死，然后假传命令召回李臣则等叛将，把他们都给砍了。

数日之后，韩充进入汴州城，当上名正言顺的宣武节度使。

韩充带兵多年，经验丰富，到宣武后暗中调查军中以往作恶多端的将士，把他们全部驱逐出境，还下了死命令，不走的就地正法。经过这样一番整治，宣武很快便安定下来。

宣武这边刚刚平静下来，浙江那边又闹起兵变，还好规模不大，很快得以平息。浙江刚刚平息，德州那边又出了事，德州刺史王稷是大富翁王锷的儿子，他继承了父亲的所有遗产，也成为大富翁，俗话说：钱是催命鬼，欲是害人精！王稷有钱，横海节度使李景略有欲，更要命的是王稷是个笨蛋，根本没能力保护自己的钱，一不小心就被李景略给杀了，在这过程中引发了德州兵变。

不过，穆宗李恒已经顾不上四处的兵变了，公元822年11月，李恒和太监们一起踢球，一个太监不小心从马上摔了下来，李恒受到惊吓，得了手脚麻木的病，最严重的时候甚至不能自己走路。这下百官可慌了，皇帝上不了朝，他们也见不到皇帝，即便宰相想进宫见驾都十分困难。裴度认识到事情的严重性，多次上奏请求皇帝早立太子。

数日之后，李恒的状况终于有所好转，在紫宸殿接见百官，大家趁机表达应立太子的想法，最终，景王李湛被立为太子。

就在李恒生病期间，京城升起一颗新星——郑注！

郑注能够大红大紫并不是因为品德高尚、才能出众，而是因为阴险狡诈、善揣人意，他本出身贫寒，相貌丑陋，学了一点儿医术便四处招摇撞骗，后来机缘巧合得到李愬赏识。郑注这市井无赖得宠之后嚣张起来，干预军政大事，监军王守澄便想把他赶出去，但李愬说："此人乃是一个奇才，你可以先跟他聊聊，再赶走也不迟。"

郑注跟王守澄的会晤为自己迎来第二春，二人足足聊了一晚上，大有相见恨晚之势。

后来王守澄被李恒召至京城，郑注也跟着来到天子脚下，王守澄找机会把郑注引荐给李恒，李恒也被郑注给忽悠住了，加官晋爵、宠爱有加。

李恒生病之后，王守澄把持朝政，郑注经常跟他一起商量些见不得人的事，二人收受贿赂、卖官鬻爵，京城之中的达官贵人争相前来献媚，就连尚书都得求郑注帮忙办事。

京城成了藏污纳垢之地，正人君子如何能够得以栖身？最适合当宰相的裴度受李逢吉等人排挤不但当不成宰相，而且连京城都待不下去，只能到外地当节度使。

裴度走后更是无人能制衡李逢吉，李逢吉跟王守澄勾结在一起，皇宫内外成了这二人的天下，刚刚上任的京兆尹韩愈因为不肯跟李逢吉同流合污，也被撤职。

唐朝的大好江山就这样被昏君和奸臣糟蹋着，不过好在他们也没糟蹋多久，公元824年，李恒再次发病，至于发病的原因史料并无明确记载，我们推断可能跟仙丹有一定关系，李恒跟他老爹一样也吃方士们

炼制的长生不老丹。

李恒这次病得比上次还重，完全丧失工作能力，只得让太子李湛代理朝政。太监们怕太子不好控制，想找个女人垂帘听政，这个女人就是皇后，郭皇后看到太监们写好的制书，说道："当初武皇后称帝差点颠覆江山社稷，我家世代忠良，绝对不会走武皇后老路，太子虽然年轻，但我相信他定能做好工作，你们只要老老实实当太监，不插手朝政，大唐自然无忧。"说完这些，郭皇后撕毁制书，把太监们赶出屋去。

就在郭皇后撕毁制书的那个晚上，年仅三十岁的穆宗李恒驾崩。

李恒在位差不多五年时间，几乎没干过什么利国利民的事情，差不多只是吃喝玩乐荒废政务，使得老爹用一生时间才平定的藩镇又都走上割据之路，另外他亲小人、远贤臣，导致大唐人才严重流失，当然，没了人才也就没了一切。

【第二章】唐敬宗

主角：李湛

配角：李逢吉、裴度、王守澄、刘克明、苏佐明等

事件：敬宗李湛一定是他爹——穆宗李恒——亲生的，这父子二人简直就是一个模子刻出来的，座右铭都是及时行乐，花天酒地的同时跟奸臣打成一片，在这样的政治环境中，裴度也只能跑跑龙套。如果像裴度这样的大臣都只能跑跑龙套的话，那其他正直大臣的日子肯定不会太好过。有个叫崔发的县令依法惩处太监，结果被太监疯狂报复，因为这些太监是有皇帝撑腰的。

李湛如此不辨是非地宠信太监实在让人痛心，不过天道循环，报应不爽，李湛也无法摆脱这个规律，所以，上天对他的惩罚就是……

有惊无险

穆宗李恒驾崩之后，宰相李逢吉主持治丧工作，三天之后，十六岁的太子李湛即位，庙号为唐敬宗。

一个如此混乱的烂摊子交给十六岁的少年来处理，确实有些难为他，且不说那些飞扬跋扈的藩镇，单说眼下的朝廷，大臣们结党营私互相倾轧，宰相李逢吉不但不能一心辅政，反倒是结党营私的代表人物，他联合一干大臣排挤政敌李绅。要说李绅也不是个十分端正的人物，也有一伙朋党，在执政方面有对有错，但后世对他评价很高，最主要的原因是他那两首脍炙人口的《悯农》：

（一）

锄禾日当午，汗滴禾下土。

谁知盘中餐，粒粒皆辛苦！

（二）

春种一粒粟，秋收万颗子。

四海无闲田，农夫犹饿死。

李绅写诗的水平比李逢吉高得多，不过比起搞政治，二人则恰恰相反，李逢吉让王守澄对李湛说他之所以能当上太子，完全是李逢吉的功劳，李绅、杜元颖等人是支持深王李察的，王守澄把这话跟李湛说了之后，李湛并不是十分相信，但这并不重要，李逢吉并未打算通过王守澄的一席话就能说服皇帝，这只不过是个铺垫而已，铺垫好之后，李逢吉亲自上奏，污蔑李绅对皇帝不忠。

年仅十六岁的少年皇帝，并不是个政治奇才，根本斗不过老奸巨猾的奸臣，没过几天便将李绅贬为端州司马。

李绅到了端州，李逢吉的党羽们还是不踏实，尤其是这次表现格外活跃的张又新，不把李绅置于死地就吃不香、睡不甜，经过他们的不懈努力，李湛终于想要处死李绅。

满朝文武敢怒不敢言，只有韦处厚不畏强权，对李湛说："李绅是被李逢吉及其党羽诬陷的，现在朝廷内外无不扼腕叹息，况且，李绅是先皇提拔的大臣，即便有罪，陛下也应从轻处罚。"

李湛琢磨一下韦处厚的话，又想想事情的经过，觉得确有蹊跷，恰好，他整理杂物时发现一个穆宗李恒亲手封存的文件，打开一看，原来是裴度、杜元颖和李绅请立他为太子的奏疏，这下李湛彻底明白了，立刻烧掉所有关于诽谤李绅的奏疏，下令群臣不许说李绅的坏话。

李湛是不怀疑李绅了，但并未把他召回，也没有处罚李逢吉、张又新等人，这原因是多方面的：一方面，李逢吉集团势力庞大，根深蒂固，跟他闹翻可能会引起叛乱；另一方面，李湛也不是啥英明皇帝，跟他老爹一样爱玩，刚当上皇帝没多久就开始大肆宴饮、踢球、打猎、欣赏歌舞，把心思完全放在娱乐上，这样肯定会严重影响工作，最突出的表现就是——迟到！每次都已日上三竿还不上朝，百官在大殿外站得腰酸背痛，上了年纪的老臣甚至趴得满院子都是。（《资治通鉴》记载，上视朝每晏，戊辰，日绝高尚未坐，百官班于紫宸门外，老病者几至僵踣。）

谏议大夫李渤对宰相说："上次我已经劝过皇帝不应再迟到，结果这次比上次来得还晚，作为谏议大夫我这是严重失职啊，请治我的罪吧。"

李渤批评皇帝已经算是够直白的，但还有更直白的，左拾遗刘栖楚心直口快，他像大多数大臣一样希望新皇帝能改掉老皇帝那些劣习，重振朝纲，结果发现这父子二人就是西葫芦炖角瓜——一个味儿！俩皇帝虽然一个味儿，身为臣子的还必须抱着一丝希望劝皇帝改邪归正，他对李湛说："宪宗皇帝和先皇都是成年之后才继承的皇位，大唐仍然有各种叛乱，内部也仍然有各种天灾人祸，现在陛下这么年轻就即位，更应该起五更、趴半夜，废寝忘食地处理政务，陛下却沉溺于声色犬马，先皇棺椁尚未下葬，宫廷内外管弦乐器已经不绝于耳，勤政的名声尚未传播，不孝的恶名却已远扬，长此以往国将不国，这也是我一个谏官的失职。"

说完这些之后，刘栖楚叩头流血。

李逢吉宣布皇帝的旨意让刘栖楚别再磕头，刘还算听话，擦擦脑门儿上的血继续上奏关于太监乱政的问题。

刘栖楚越说越来劲，李湛越听越闹心，直接把他赶了出去。临走之时，刘栖楚还不忘说："陛下若不接受我的建议，我就死在陛下跟前。"

几天之后，李湛提拔刘栖楚为起居舍人，赏赐五品的红色官服，但皇帝并无改过自新的想法和行动，刘栖楚长叹不已，以身体不好为由推掉职位。

刘栖楚这样的忠臣渐渐被排斥于朝廷之外，朝廷已经被李逢吉给霸占了，他的党羽越来越庞大，朝政也越来越混乱，形势一乱就会有人想浑水摸鱼。

一个叫苏玄明的算命先生跟朝廷染坊中一个叫张韶的关系很好，苏玄明对张韶说："我给你算了一卦，发现你是个大富大贵之人，将来有一天能够跟我一起坐在皇宫大殿之中，大口喝酒，大块吃肉，共享荣华富贵，现在皇帝每天没日没夜地踢球、打猎，很多时候不在宫中，我们可以找机会干件大事。"

张韶也是流氓出身，没啥头脑，又爱犯混，听苏玄明这样一说还真就觉得自己有当皇帝的命，于是勾结一百多个染坊工人，准备着偷袭皇帝。

公元 824 年 4 月 17 日，张韶等人手拿兵器冲进皇宫。此刻，李湛正在清思殿内，但不是在清思，而是在踢球。宦官发现有一群人冲进皇宫，就知道出事了，赶忙带着皇帝从小门逃到左神策军避难。

张韶轻轻松松进入清思殿，坐在皇帝龙榻之上跟苏玄明喝酒吃肉，酒至半酣，兴奋地说："果真像你说的一样啊！"

酒足饭饱之后，俩人开始害怕起来，区区百十来人能占领皇宫吗？

对于这个问题他们自己也知道答案，于是，仓皇逃走。此时神策军已经杀到，张韶和苏玄明只过了一顿饭时间的皇帝瘾便身首异处。

李湛被吓得屁滚尿流，有惊无险地躲过一劫。

李湛这个昏君，受这么大刺激都没有悔改之心，依然像以往一样宠信太监，宠信奸臣，整日吃喝玩乐，置国家兴亡于不顾。

时辰已到

昏庸的敬宗李湛就这样一天一天花天酒地地混日子，虽然对裴度、韦处厚、刘栖楚、柳公权、柳公绰等正直的大臣还算不错，但奸臣当道的格局并未有丝毫改变，跟这局面同样可怕的是过度宠信太监。

有个叫崔发的县令因为"五坊使"殴打百姓而惩罚了那群太监，李湛知道后不分青红皂白就把崔发给关进监狱。公元825年正月，李湛大赦天下，崔发也在被赦免的行列，他跟其他犯人一起站在丹凤楼下等着赦免回家，突然几十个太监一拥而上，一通乱棍把崔发打得头破血流，晕倒在地，多亏御史台的几个人前来阻止，不然，崔发可能就会惨死棍下。

李湛不但不惩罚那群太监，反倒因为崔发再次跟太监冲突而将其关进监狱，下令重审。

给事中李渤上疏为崔发求情，但没有丝毫效果，谏议大夫张仲方又上言求情，结果还是没有效果，最终还是李逢吉从中调解，崔发才能回家跟八十岁的老妈团聚，老妈考虑到让太监们不要再来纠缠，只得忍痛当着太监的面痛打崔发四十大板，太监们出够了气才志得意满摇头晃脑地离开崔家。

崔发可是有深厚背景的人，他母亲是原宰相韦贯之的姐姐，即便有这样的背景仍然如此受太监的气，一个八十岁的老太太下令痛打毫无过错的儿子，这是多么地让人痛心疾首啊！

各位看到这里定是对太监恨得咬牙切齿，当然也会恨给太监撑腰的皇帝，不过大家不用着急，天道循环、报应不爽，只不过时辰未到，时辰一到，自然会报。

李湛遭报应的时刻尚未到来，现在正是他风光的时刻，完全不管形势恶劣到什么程度非要去骊山泡温泉，一群大臣好说歹说都没用，拾遗张权舆甚至都说出这样的话："很久以前，周幽王到骊山去玩，被犬戎杀了；秦始皇死后埋在骊山，秦朝亡了；玄宗皇帝在骊山大肆修建亭台楼阁，安禄山造反了……"

李湛听完气得都笑了，竟然跟大臣抬起杠："骊山真的这么不吉利吗？那朕就亲自去一趟试试，看看有啥厄运。"

说完之后，李湛就去了骊山，等回到皇宫之后对左右的太监说："那个人还真能瞎扯，朕不是好好地回来了嘛。"

大臣们劝李湛不要出去玩，结果适得其反，这虽然可以很好地说明李湛是个不折不扣的昏君，但换个角度说，大臣进谏的水平也参差不齐，看看人家裴度是怎么劝谏的。

公元826年，在多方努力下，裴度终于从地方回到朝廷，当他到

达长安的时候，群臣振奋，都把他看成大唐的希望，只有李逢吉集团变得惶惶不可终日。

裴度刚回到京城就有直言进谏的机会。

李湛即位以来，一直想去东都洛阳视察工作，当然他的目的是去游玩，要是在武则天、李隆基那会儿到洛阳去转一圈也没什么，那个时候大唐富足，东、西二都基础设施同样完备，皇帝到洛阳吃住都方便，不会给百姓和地方官添麻烦。现在则不同，皇帝要去一趟东都可谓劳民伤财，因此，百官都不同意李湛去。

裴度得知此事后，对李湛说："我支持陛下去洛阳。"

"什么？"李湛以为自己听错了，百官也以为自己听错了。

裴度肯定地说："是的，我支持陛下去洛阳。"

"为什么呢？"李湛和百官一样都想不明白，裴度不是应该拼命拦着不让去才对嘛！

"理由很简单啊，长安和洛阳是大唐的两个国都，皇帝本来就应该在两国都考察工作的啊。"裴度如是答道。

李湛一听很高兴，甚至准备收拾行囊出发，但裴度接着说道："可惜'安史之乱'后洛阳破败不堪，宫殿长期荒废，去之前得让有关部门好好修修才行。"

这时，大家才知道裴度的葫芦里卖的什么药。

其实，李湛并不是非要去洛阳，只不过他刚好处于少年的叛逆期，大臣不让他干啥，他偏要干啥，现在裴度这样一说，他对破破烂烂的洛阳就没了兴趣，再加上幽州那边又出了乱子，去洛阳这事也就只好搁在一边。

幽州节度使朱克融因为将士军服的问题又给朝廷出难题，好在裴度智慧过人，跟朱克融斗智斗勇把这难题给暂时解决了。

李湛恨透了朱克融，但没能力对付他，不过朱克融坏事做得太多，总会有人对付他。

公元826年5月，幽州发生兵变，将士们杀掉朱克融，让他的小儿子朱延嗣主持工作，朱延嗣残暴无度，将士们很快就受不了这个新将领，都知兵马使李载义和他弟弟牙内兵马使李载宁杀死朱延嗣，并且把他一家三百多口全部斩草除根。

李载义是李唐宗室，太宗李世民的后代，他对大唐忠心耿耿，有他摆平幽州，李湛更能纵情玩乐。

　　李湛喜欢踢球、摔跤，那些奸佞小人们便争先恐后地四处搜罗擅长摔跤的大力士送过来，这些大力士得到了皇帝宠爱，但日子过得并不舒心，因为李湛脾气暴躁，喜怒无常，不知什么原因就会不开心，一不开心就拿身边人出气，不管多得宠的大力士和宦官随时都可能挨棍子。

　　公元 826 年 12 月，李湛带领一群宦官和大力士出去打猎，直到半夜才回宫。回宫之后，他们又在一起点着蜡烛喝酒作乐，李湛喝到高兴之时到房中换衣服，刚好一阵阴风挂起，蜡烛被吹灭了，宦官刘克明和大力士苏佐明等人借着酒劲联手杀死李湛，然后假传圣旨让绛王李悟代理朝政。

　　刘克明和苏佐明等人的叛乱很快得以平息，李悟也稀里糊涂地被叛军给杀了。

　　敬宗李湛这个不满十八岁的皇帝终于遭到报应，死在宠爱的宦官手中。

【第四章】 唐文宗

主角：李昂

配角：李德裕、郑注、李训、牛僧孺、杜牧、王守澄、仇士良、郑覃、李石等

事件：唐文宗李昂接手了一个烂摊子，但他有信心能够重振大唐雄风，不仅有信心，而且也有行动，上台之后的一系列举措使得大唐焕然一新，并且还收复了几个割据的藩镇。但是，李昂的能力毕竟有限，朝政处理得并不理想，"牛李党争"愈演愈烈，小人乱政、太监专权等等一系列问题越来越突出，这一切让有理想、有抱负的皇帝焦头烂额。

"甘露之变"终于摧毁了李昂的意志，让这位心比天高、命比纸薄的皇帝沉沦下去。

出师大捷

不满十八岁的敬宗李湛被害死，他的儿子才一岁，根本当不了皇帝，大臣们经过一番商讨，最终决定让穆宗李恒的第二个儿子，也就是李湛的弟弟，江王李涵当皇帝。

公元826年12月12日，江王李涵登基，改名为李昂，庙号为唐文宗。

李昂本性善良，还有上进心，当初只是王爷的时候目睹穆宗和敬宗荒废政务的行径，现在他当上皇帝决心革除弊端，大干一番。他首先要做的就是勤政，以前敬宗经常是一个月上一两次朝，现在李昂只要是单日都去上朝（单日上朝是敬宗之前的规矩），跟文武百官和宰相商讨朝政，经常很晚才退朝。

李昂工作态度认真，工作内容更是振奋人心，刚刚即位就颁下一系列诏书，内容都是围绕如何消减皇家开销的，大致有下面几项：第一，后宫之中的宫女只要是没有职务的全部放回家乡，一统计，足足有三千多人；第二，"五坊使"饲养的鹰犬大部分放生，仅留下一小部分满足皇家狩猎即可；第三，度支、盐铁、户部和州府每年供应给皇宫的日常用品均按照贞元年间德宗的标准执行（德宗即位之初十分节俭），不得增加；第四，大肆消减皇宫内外的后勤服务人员，减少皇家开支；第五，把皇家园林、马场等侵占百姓农田的部分全部还给百姓。

李昂的举措让上下欢欣鼓舞，大家终于又看到大唐兴盛的希望。但是，想让一个衰败的国家再度兴盛谈何容易，这需要一位极其英明的皇帝，李昂有一颗振兴大唐的心，只可惜能力确实有限，他虽然能够虚心听取大家意见，但优柔寡断的性格使得他在做事情的时候难以当机立断，很多已经跟宰相商量好的事情没过多久就变卦，不过这些缺点一时半会儿还暴露不出来，外人眼中看到的还是一个圣明皇帝，这样的圣明皇帝足以震慑到各个藩镇。

首先被震慑住的是横海，公元827年，割据了差不多一年的横海节度使李同捷心里开始不踏实，派手下和自己的两个弟弟——李同志和李同巽——到长安参见皇帝，请求归顺朝廷。但李同捷这人不厚道，说一套做一套，嘴上说归顺朝廷，实际上却不听调遣，武宁节度使王智兴主动请缨要去讨伐李同捷，李昂表扬了王智兴的忠诚和勇敢，下令让王智兴、乌重胤、史宪诚、李载义、李听等人讨伐横海，同时削去李同捷的一切官职爵位。

李同捷知道自己势单力孤，难以对抗朝廷派出的各路大军，便想跟河北各藩镇结成同盟，不过并不是所有藩镇都跟朝廷作对，幽州节度使李载义扣押了李同捷的侄子，又把他送来的礼物全部献给朝廷。

但也有些人不跟朝廷一心，想趁着李同捷造反之机捞些好处，魏博节度使史宪诚很纠结，他想跟李同捷一起闹，又不知道朝廷实力到底如何，只好骑墙观望，一面表达着效忠朝廷的意思，一面暗中支持着李同捷。他暗中支持李同捷的行径很快被揭露，裴度敲山震虎威慑史宪诚，史害怕朝廷的打击报复，老老实实躲在家中不敢出门。

成德节度使王庭凑更嚣张，公开支持李同捷，给李昂上疏，请求朝廷任命李同捷为横海节度使，李昂当然不会同意，王庭凑看皇帝不同意，干脆撕破脸皮，直接派出兵马支援李同捷。

公元 828 年，王智兴等讨伐横海的人马纷纷建功，李昂的信心也跟着大涨，下诏指责王庭凑的罪行，命令成德周边的藩镇严阵以待，如果王庭凑不改过自新，朝廷的大军将给予其无情的打击。

王庭凑嚣张惯了，根本没把朝廷放在眼里，口头警告没有任何效果，数日之后，李昂下令诸道发兵成德。

成德那边自顾不暇，横海这边只能自力更生，李同捷一看硬拼不行，便改为智取，派人游说魏博的大将亓（qí）志绍，跟他说杀掉节度使史宪诚，自己占领魏博。

亓志绍被李同捷一忽悠就带着本部人马逼近魏州。

史宪诚得知亓志绍带着两万大军气势汹汹朝自己杀来，当时就慌了，连忙派人向朝廷告急，请求支援，虽然史宪诚对朝廷忠诚度不高，毕竟表面上还算凑合，如果真让亓志绍攻占魏州，掌控魏博，那就是第二个王庭凑啊，朝廷无奈，只得派义成节度使李听支援史宪诚。

公元 829 年正月，李听和史宪诚的儿子史唐联手大败亓志绍，2 月，新任横海节度使李祐大败横海军，兵临德州城下。

史宪诚得知横海战况后，开始为自己找退路，再加上史唐也极力劝他归顺朝廷，于是，史宪诚让史唐到长安请降，请朝廷批准自己入朝参拜。

数日之后，李载义攻克沧州外城，李祐攻克德州，李同捷只得把自己绑得结结实实主动请降。

刚好此时谏议大夫柏耆前来安抚前线将士，顺便就捡了个大功，押解着李同捷及其家眷回京请赏，在回京途中，有人说王庭凑正在预谋出兵营救李同捷，柏耆一想，这要出点儿意外功劳可就没了，不如带颗人头回去踏实，这样一来李同捷的脑袋和身体就分了家。

柏耆本以为回到京城后会得个大赏，没想到李昂不是糊涂皇帝，当他听说柏耆厚着脸皮把诸位将士浴血奋战的功劳揽在自己身上的时候，不但没重赏，反倒将其贬官。

另外，还有一件事，柏耆做得太过分，那就是他在沧州的时候编造借口诛杀对朝廷忠心耿耿的大将万洪，原因仅仅是万洪太耿直，不肯依附于他，当身染重病的李听得知此事后，悲愤交加，病情陡然加重，李昂听说爱将病重甚是心疼，认为李听病死的话，柏耆就是间接的凶手，于是赐其自尽。

柏耆的死大快人心，本来他是不用死的，毕竟带着李同捷或者他的脑袋回京是件不小的功劳，这可是李昂登基后平定的第一个藩镇，但人心不足蛇吞象，柏耆的贪婪和凶残最终将其送入鬼门关。

南诏之乱

文宗李昂刚刚即位就取得开门红，但他并未因此骄傲自满，依然保持着勤俭节约、刻苦学习、努力工作的优良作风，下令细密华美的布帛一律禁止生产，制造这类物品的纺织机全部销毁。另外，他业余时间唯一做的事情几乎就是读书，不近女色、不好歌舞、不爱游猎……

有一次，驸马韦处仁戴着一条奢侈的头巾，李昂看到后对他说："朕欣赏你家门第清高素雅，所以才选你做驸马，像这样的奢侈品还是留给那些世俗的达官显贵去用吧。"这事儿是不大，但足以看出一个皇帝的本性，这样的皇帝本该能够让天下太平，可是，他接手的烂摊子实在太烂，这么差的底子确实太难为人。就拿魏博来说吧，好不容易史宪诚要投降朝廷了，结果被手下给杀了，自立的留后何进滔大张旗鼓地造反。

朝廷想出兵，又没能力供给部队，只得忍气吞声默默忍受。

在战后重建方面做得最好的就是横海，横海所管辖的沧州等地土地荒芜、遍地白骨，人口不足原来的三分之一，李昂任命殷侑为齐、德、沧、景节度使，他跟将士同甘共苦，鼓励百姓务农，仅用两年时间部队便能自给自足，三年之后，人口大增，仓库的粮食堆积如山，百姓终于又过上安稳日子。

在这样的大环境下，王庭凑也不想当出头鸟，通过其他藩镇向朝廷表达想要归顺的想法，李昂为大局着想，赦免王庭凑和成德将士的罪行，让他们以后好自为之。

李昂要收拾的烂摊子不仅是在内部，外部也是如此。

公元 829 年 11 月，剑南西川节度使杜元颖送来一个令人闹心的消息——南诏进犯！

近几十年来，南诏一直比较消停，但自从蒙嵯颠当上摄政王就开始惦记着从大唐这捞些好处，宪宗驾崩之后，大唐实力日渐衰弱，蒙嵯颠起兵的欲望越来越强烈，直至难以自抑的程度。

除了外因之外，内因也是至关重要的。

节度使杜元颖曾经当过宰相，自以为才能出众，不把任何人放在眼里，但实际情况是他在军事方面几乎一窍不通，根本不知如何管理部队，西南地区的士兵温饱都成了问题，被逼无奈就去南诏那边偷鸡摸狗，蒙嵯颠一直有进犯大唐之心，趁机了解到很多大唐的军情。

杜元颖的手下也有先知先觉者，他们建议要防备着南诏，杜刚愎自用，根本不信属下，他只看到蒙嵯颠的软弱，没有看到他的阴谋。

两方面因素综合在一起，终于，在公元 829 年 11 月南诏军突袭大唐，杜元颖在毫无防备的情况下连连溃败。

救兵如救火，李昂立刻下令让剑南东川、兴元和荆南三道兵马救援西川，数日之后又征调几路兵马作为后援。

面对虎狼般的蛮兵，杜元颖再也没了曾经身为宰相的优越感，多次想要放弃抵抗，弃城而逃，李昂得知后甚是恼火，将其贬为邵州刺史。

在唐朝援军尚未到达之前，蒙嵯颠的部队占领了西川大片土地，并且在成都西城驻扎数日，等发现大唐援军源源不断开来之时，他迅速劫掠大量唐朝妇女和工匠返回南诏。

蒙嵯颠知道小小南诏不可能消灭大唐，自己起兵就是为了捞油水，油水捞足了，也就没必要拼个你死我活。

南诏这次起兵收获颇丰，尤其是掠走那些大唐的工匠对他们经济和社会发展起到重大作用，几年之后他们工匠的技术水平基本跟西川相一致。

蒙嵯颠得了便宜还卖乖，跟朝廷说："我年年纳贡称臣，是大唐的忠实臣子，杜元颖欺压他手下将士，将士们向我求救，请求我讨伐他，我考虑到大唐江山社稷的稳定，才出兵讨贼。"

李昂也没啥好办法，只能忍气吞声跟南诏签订互不侵犯的友好条约，但条约不过是一纸空文，不可能真的束缚住南诏的蛮兵，要想太平无事还得自身强大。

还好新任的西川节度使李德裕是个牛人，他到西川后绘制地图，了解风土民情，很快对当地情况了如指掌，他还跟李昂建议采取一系列措施防备南诏和吐蕃，这些措施均被采纳，西川终于彻底安定下来。

各种纷争

李德裕是唐后期的名相，敢于直言进谏，早在敬宗李湛之时，他就劝皇帝勤政爱民，并献上《丹六箴》，《丹六箴》包括《宵衣箴》《正服箴》《罢献箴》《纳海箴》《辨邪箴》《防微箴》，这六箴看名字大概也能知道其中的意思，主要内容是皇帝上朝不要太少，也不要太晚；要遵守法规制度，做好表率；禁止收受进献的奇珍异宝；虚心纳谏；辨别忠奸；提高警惕，从小事做起，防微杜渐。

李昂即位后，很看重李德裕，但李德裕也有他的问题，那就是拉帮结派。自古及今都是这样，大家都会结党（用李绛的观点来说，君子聚在一起叫同德，小人聚在一起叫结党，总之是一群人结成小伙伴），关键就在是否营私，那些忠臣、贤相也都有志同道合的朋友，他们在一起可以更好地为国家和百姓服务。

李德裕拉帮结派，他的对头也拉帮结派，对头的首领是牛僧孺，这两伙人都不算太坏，对大唐也都做了很多有意义的事情，但这两伙人就是水火不容，足足斗争数十年，对大唐造成很大损害，后世称其为"牛李党争"。

（"牛李党争"是个非常复杂的问题，如果展开了说可以写一本书，这里简单概括一下，当初牛僧孺和李宗闵参加进士考试，成绩优异，但抨击了朝政，当时李德裕的父亲李吉甫担任宰相，打压了牛僧孺和李宗闵，后来，两拨人就开始了长达几十年的斗争。如果上升到阶级层面来看，"牛党"以进士为主，代表着新兴的庶族地主，"李党"以士族官僚为主，代表着没落的门阀世族。这两个阶级在未来几十年中斗争不断，甚至可以用惨烈来形容，不但他们伤亡惨重，而且也加速了唐朝的灭亡。）

公元830年，牛僧孺从武昌来京朝拜皇帝，宰相李宗闵（跟李德裕矛盾一直很突出）向李昂力荐牛僧孺，李昂任命其为兵部尚书、同平章事，二人共同对抗李德裕，李德裕败下阵来被赶到西川，也正是因为他到了西川才很好地克制了南诏和吐蕃。

对于"牛李党争"，李昂并非不知，后来的几个皇帝也都一清二楚，只不过在他们看来这是可以接受的，只要不威胁皇位就行，威胁皇位的事情是万万不能忍的，宪宗李纯和敬宗李湛的死都直接或者间接地跟宦官有关，并且有些跟这相关的宦官竟然还健健康康地生活在宫中，李昂担心太监势力过于庞大而犯上作乱，尤其是像王守澄这样的大太监更是手握军权，实在让人不放心，所以李昂准备适当消减一下太监的势力。这事不能大张旗鼓地干，只能偷偷摸摸地来，为此，李昂提拔忠厚谨慎的宋申锡为宰相，跟他密谋收拾太监的事情。

结果事情发生意外，有人走漏了风声，势力庞大的王守澄得知此事后准备先下手为强，要想不被剪除，要么杀皇帝，要么杀大臣，王守澄还没有杀皇帝的胆子，而且也还没被逼到那个份上，于是，把矛头对准宋申锡。

要想在一个不是足够英明的皇帝面前扳倒一个大臣并不是什么难事，只要说他想造反就行。

公元831年，王守澄和他的死党郑注指使人诬告宋申锡阴谋拥立漳王李凑，李昂不分青红皂白就免掉宋申锡的宰相之职，责令有关部门彻查此事。恰好"有关部门"的很多人都是王守澄一伙的，调查结果理所当然就是宋申锡谋反证据确凿。

李昂这边举刀就要砍，大家怎么劝都没用，还好牛僧孺表达了这样一个观点：宋申锡已然高居宰相之职，他为何会想着拥立别人当皇帝？明显没有作案动机嘛。

经过牛僧孺这样一说，李昂才有些迟疑，但还没等他彻底明白过来呢，王守澄和郑注已经草草结案，宋申锡被贬为开州司马，最终悲惨地死在贬谪的路上。

其实，大多数人跟李昂差不多，甚至还不如他，明明找人帮他对付太监，结果反倒跟太监一起对付起那个帮忙的人。

这个世界上有一种愚蠢就是——一件事情做着做着就忘记了初衷，也因此而偏离了轨道！

理想主义

公元 832 年，年景不佳，老天爷把雨水分配得极其不均匀，部分地方大旱，部分地方大涝，就在这时，还有很多不懂事的大臣要给皇帝上尊号，名曰"太和文武至德皇帝"，右补阙韦温上疏反对，理由是：现在那么多地方闹自然灾害，恐怕皇帝上了尊号也体现不出美德吧。

跟大多数皇帝比起来，李昂算是英明的，他没有过分追求这个虚名，而是采纳韦温的建议，不受尊号，不但不受尊号，反倒提出一个非常务实的问题："天下什么时候能够太平，你们是否在朝这个方向努力？"

其实，李昂这话是有所指的。前段时间牛僧孺犯了错误，李德裕同党趁机添油加醋，君臣二人就有了隔阂，李昂认为牛不是一心为国为民，因此才问这个问题刺激他。

牛僧孺是这样回答这个问题的："陛下，臣觉得'太平'并没有明确定义，现在周边政权不来闹事，百姓有衣穿、有饭吃、有房住，算不上大治，也算是小康，陛下若是还不满足，那我们也无能为力。"

作为一个宰相，牛僧孺还算不错，但这个问题的回答太失水准，且不说百姓是否安居乐业，四夷是否臣服，仅看看皇宫之内，那些威胁皇帝和朝廷的太监依然数之不尽，何谈天下太平啊！

牛僧孺渐渐失宠，他的对手李德裕便渐渐得宠，公元833年，李昂任命李德裕为同平章事，也就是宰相。

李德裕回到京城当上宰相，虽然没有牛僧孺作对，但"牛党"大有人在，同为宰相的李宗闵就是"牛党"核心人物之一，他继续跟李德裕斗智斗勇，不过这些人还算识大体，斗归斗，没有忘了本职工作，最近李昂为选拔人才的事情闹心，李德裕就提出很好的官员科举考试的建议，但他的建议涉及王公贵族的利益，经过一轮又一轮的讨论后没有得以实施。这样一来只能沿袭之前的科举制度，之前的制度也还不错，也能选拔出优秀人才，例如几年前的进士杜牧就不错。

刚刚而立之年的杜牧（著名诗人，与李商隐并称为"小李杜"）写了一篇文章，名叫《罪言》，该文章主要是针对当时成德、魏博等藩镇割据而作，文中客观地描述了"安史之乱"以后大量土地不归朝廷管辖，几十年间战事不断的情况，描述完这些情况之后，还提出上、中、下三策，上策是整顿内部，强大自己，各个藩镇自然俯首称臣；中策是拿典型开刀，收复魏博，杀鸡儆猴；下策则是毫无计划地根据皇帝喜怒胡乱出兵。

除《罪言》之外，这个诗人还写了几篇文章，分别是《原十六卫》《战论》《守论》，另外，他还为《孙子兵法》作注释。

《原十六卫》主要内容是说唐朝初期，太宗李世民采用府兵制，设置十六卫和折冲府、果毅府等，培养出大批能征善战的将士，保卫国家太平。到后来府兵制被取消，同时还采取了一系列错误的政策，导致军权失控，战乱不止，百姓也都生活在水深火热之中。

《战论》主要内容是论述河北地区对于全国的重要性，分析几个大藩镇的兵力情况，然后又总结朝廷的现状——宰相大臣苟且偷安，贪求私利，士卒流离失所，兵器朽钝，并深入分析其弊端及产生的原因，最后建议皇帝除旧革新，重振大唐国威。

《守论》主要内容是反对当时对于藩镇政策的主流态度，当时大多数人认为不应跟各个独立的藩镇兵戎相见，只要他们不出来咬人，朝廷就应该采取怀柔政策安抚，以保持内部的稳定。杜牧彻底否定这样的态度，他认为正是因为朝廷姑息养奸，藩镇才敢肆无忌惮，朝廷逐渐丧失尊严，这样下去情况会越来越严重，因此对藩镇不能忍让，不能守，要用强硬的态度有力还击。

杜牧在给《孙子兵法》作注释的时候，表达了这样一个观点：大唐在这样的特殊时期，不懂军事的人就没有资格当宰相。

在大多数人的印象中，杜牧最让大家欣赏的是下面的诗文：

清 明

清明时节雨纷纷，路上行人欲断魂。

借问酒家何处有，牧童遥指杏花村。

山 行

远上寒山石径斜，白云生处有人家。

停车坐爱枫林晚，霜叶红于二月花。

寄扬州韩绰判官

青山隐隐水迢迢，秋尽江南草未凋。

二十四桥明月夜，玉人何处教吹箫。

过华清宫

长安回望绣成堆，山顶千门次第开。

一骑红尘妃子笑，无人知是荔枝来。

江南春

千里莺啼绿映红，水村山郭酒旗风。

南朝四百八十寺，多少楼台烟雨中。

泊秦淮

烟笼寒水月笼沙，夜泊秦淮近酒家。

商女不知亡国恨，隔江犹唱后庭花。

杜牧的诗文远不止如此，并且他的才能也远不止会作诗，通过《原十六卫》《战论》《守论》等足以看出他超凡的政治素养和卓越的军事才能，但是，杜牧有个大问题，那就是他过于理想化、不够现实，他提出的策略虽然都能从根本上解决问题，但也都要从根本上改变政策和制度，这就需要皇帝是位极其圣明的君主，否则这些论断不过都是一纸空文。

宰相杀手

时间如白驹过隙，转眼之间，李昂即位已有八年时间，他在很多方面开始放松警惕，勤政爱民之心渐弱，并且有些不辨忠奸，另外还有一个大缺点——耳根子太软，本来已经决定好的事情，经人一忽悠就又变了主意，这个缺点在他处理郑注事件上表现得尤为突出。

郑注跟王守澄勾结在一起，狼狈为奸，势力越来越大，李昂非常讨厌他们，公元833年9月，侍御史李款连续数十次弹劾郑注，郑注不但没受到任何惩罚，反倒还升了官。

一个多月后，李昂中风，语言功能几乎丧失，在王守澄的推荐下，郑注客串起御医的角色，没想到他的药竟然很管用，李昂服药后病症明显好转，郑注因此而更加受宠。

李昂用错了王守澄和郑注，并引发更加恶劣的连锁反应。之前有个叫李仲言（后改名为李训）的大臣因为犯法被流放到象州，公元834年全国大赦，李仲言也在赦免行列，他到东都洛阳后跟李逢吉勾结在一起，因为李逢吉还想当宰相，恰好李仲言跟郑注关系很好，于是李逢吉便托李仲言重金贿赂郑注，在郑注和王守澄的引荐下李仲言有幸面见圣上。这对李仲言来说简直就是一个重生的机会，他怎能错过。

李仲言品德不佳，但擅长文辞，巧舌如簧，并且英俊潇洒、仪表堂堂，属于那种人见人爱的类型，李昂见到他后被他的外表和文辞所迷惑，认为他是当世奇才，准备重用。

李德裕知道李仲言是个什么货色，当然极力反对，可是，李昂竟然这样问李德裕："难道就不允许人家犯错误，难道犯了错误就不会改正？"

李德裕的回答是："我听说孔子的弟子颜回'不迁怒、不贰过'，圣人虽然会犯错误，但他们的心是正直的，也就是说本质是好的，所以才能改正。李仲言本质就有问题，他是不会真正悔改的。"

君臣二人争得面红耳赤，最终皇帝胜出，李仲言被重用。

这样一来，李德裕的势力又落了下风，没过多久，李逢吉、李宗闵等人全部回京，李德裕在这次郑注主导的党派之争中败下阵来，丢掉宰相职务，跑到镇海去当节度使。几个月后，另外一位跟李德裕一伙的

宰相——路隋——也被贬出京城，到地方去当节度使。

李德裕暂时落败，但他党羽颇丰，仍然在跟李宗闵的势力对抗着，李昂为此也是忧心忡忡，担心有一天闹出大事来。

这样的党派之争不能不让人深思，因为他的危害太大，司马光对该类事件的总结是"夫君子小人之不相容，犹冰炭之不可同器而处也。"也就是说他们难以同殿称臣，那作为皇帝应该怎么办呢？司马光的答案——"是以明主在上：度德而叙位，量能而授官；有功者赏，有罪者刑；奸不能惑，佞不能移。夫如是，则朋党何自而生哉！彼昏主则不然。明不能烛，强不能断；邪正并进，毁誉交至；取舍不在己，威福潜移于人。于是谗慝得志而朋党之议兴矣……故朝廷有朋党，则人主当自咎而不当以咎群臣也。"

司马光的意思是还需要皇帝英明，赏罚分明，让那些小人没空子可钻，这样才能从根本上杜绝朋党。朝廷出现朋党，责任最大的是皇帝，正是因为皇帝本身有问题所以才会滋生出朋党。

李昂的才能达不到司马光所说的明主的标准，朋党之争也就在所难免。

朋党之争愈演愈烈，李昂也无暇顾及，他更担心的还是太监的问题，虽然他一直受着太监迷惑，但理智让他知道这是大隐患，必须除掉，否则后患无穷。现在，李昂有了新的帮手——李训和郑注，君臣三人经常在一起秘密商量如何铲除太监的问题，这事做得一直很隐秘，一般人不可能想到他们仨在商量如何对付太监，因为，李训和郑注都是依靠太监起的家。

经过长期策划，君臣三人组终于开始行动，他们提拔王守澄的对头仇士良为左神策军护军中尉，从王守澄手中分走一部分权力。

李训和郑注虽然帮李昂做了点儿好事，但跟他俩干的坏事比起来根本不值一提，这二人如同疯狗一般见谁咬谁，就连李宗闵也不例外，公元835年6月，李宗闵被贬到明州当刺史。

加上之前的李德裕和路隋，在不到一年的时间已经有三位宰相败在李训和郑注手里，这些小人嚣张程度无以复加，凡是之前对他们好的全部提拔，凡是跟他们稍微有一点儿仇的全部被打击报复。

宰相接连被贬，所有人都认为郑注很快就会跻身于宰相之列，但是人们万万想不到的是，他竟然还当不上宰相，更让大家想不到是，当不上宰相的原因是李训嫉妒他，采用了很多手段进行压制。

这就是小人之间的合作啊！小伙伴总会在出其不意的时候捅上一刀。

小人之所以能得手还在于皇帝不能明辨是非。翰林学士、户部侍郎李珏因为向皇帝揭露郑注邪恶的本质，被贬到江州做刺史，随后再被贬到柳州当司户。

紧接着，李昂又借郑注等人之手，大肆惩治李宗闵、李德裕的党羽。在这些被惩治的人中有些还是很不错的。之前提到过，他们虽然拉帮结派，但大部分人还是把工作开展得有声有色。等到李昂把李德裕等人的党羽剪掉一些的时候，新提拔上来的都是郑注和李训的人，那些人几乎没一个好东西，贪污腐败对他们来说都是小手段，欺压百姓、搜刮民脂民膏才是他们的拿手好戏。

朝廷被郑注和李训肆无忌惮地洗着牌，最严重的时期竟然达到每天都有人被贬谪的程度，这样一来，上朝时期空位无数，导致人心惶惶。到后来，郑注和李训都感到害怕了，这样搞下去最后岂不是就他俩陪皇帝玩儿？于是，才有所收敛，不再贬谪官员。

物极必反，当郑注大红大紫的时候，李训正在准备将其置于死地。

郑注并未感受到李训的威胁，但有件事让他如鲠在喉，那就是他出身卑贱，想找一些出身名门望族的大臣给自己壮壮声威。郑注非常看好礼部员外郎韦温，因此拉拢他，韦温不想跟郑注狼狈为奸，断然拒绝，有好心人对韦温说："你敢拒绝郑注，肯定要大祸临头啊！"

韦温的回答是："两害相权取其轻！我拒绝郑注顶多是被贬谪或者流放，我若跟他同流合污，可能给家族带来灭顶之灾！"

这是一个多么有远见的人啊！不为眼前利益所蒙蔽，也不畏惧眼前的灾难，而是将目光放得更加长远。

甘露之变

郑注和李训的实力越来越强大，强大到足以对抗王守澄的程度。

公元835年10月，文宗李昂一杯毒酒结束了王守澄的性命，这个

万恶的大太监终于吃到自己酿下的苦果。

李训本是被贬之人，用不到一年时间坐上宰相宝座；郑注本是个招摇撞骗的无赖，如今却能呼风唤雨。两人由野鸡变成凤凰，王守澄功不可没，最终，他竟然因这二人而死，可见善恶到头终有报。

郑注和李训杀掉王守澄后，其他太监怕惹祸上身，并未闹事，郑、李二人胆子变得更大，开始策划编织一张大网要将那些对他们不利的太监一网打尽。

前段时间郑注被任命为凤翔节度使，毒死王守澄之后，他准备去上任，之前，已经跟李训商量好，等他到凤翔后挑选几百骁勇士兵怀揣利刃，趁着下葬王守澄的时候诛杀宦官。

李训本来已经同意这样做，但他的同党跟他说如果计划成功，那功劳差不多就是郑注一个人的，到时他还不骑咱脖子上拉屎，咱得自己单干。李训觉得有道理，决定重新制订一套单独行动的方案。

公元 835 年 11 月 21 日，胆大包天的李训瞒着皇帝、其他宰相和文武百官，命令韩约等人调集金吾兵和御史台、京兆府的兵埋伏在左金吾衙门的后院，然后派人跟李昂汇报说昨晚左金吾衙门后院的石榴树上天降甘露。这样的祥瑞可不是每个皇帝都有机会赶上的，这得做多少好事，积多大的德啊！

李昂得知此事心花怒放，当即派人去调查祥瑞，调查人员回来后，李训向皇帝汇报说："不像真的甘露，还得仔细调查一番。"李昂又派太监仇士良、鱼弘志等人带着一群太监去调查甘露。

仇士良等人很快便来到左金吾的后院，心理素质不够过硬的韩约过于紧张，大冬天的汗流浃背，仇士良就觉得事有蹊跷，便留心观察周围状况，碰巧一阵风吹来，掀起帐幕的一角儿，眼尖的仇士良发现了埋伏其中的大批士兵，立刻跑到含元殿向皇帝汇报说发生了兵变，汇报完情况之后，仇士良以保护皇帝为名，派人用轿子把他抬到内宫。

皇帝落在谁手里，就代表主动权在谁手里，李训不顾一切地上去拉皇帝回来，但他一个文臣怎么可能争过一群太监啊，最终皇帝被太监们拖进宣政门内，然后紧闭大门。

李训一看大势已去，只得换上一身低阶官服趁乱逃跑。

此刻的仇士良成了大唐上下最有实力的人，即便皇帝也不放在眼中，竟然呵斥李昂，说他跟李训偷偷摸摸残害忠良。李昂一看自己的小命都在人家手中呢，只得默默低下龙头，一句话都不敢说。

随即，仇士良调动大批禁军在皇宫内外大肆屠杀，李训之前埋伏的几百人全部被杀，其他无辜人员伤亡也是数以千计，京城之中遍地血迹，刺鼻的血腥激起人们的兽性，地痞无赖们沿街打砸抢烧，百姓苦不堪言。

第二天，百官上朝，李昂在仇士良的胁迫下来到紫宸殿，此刻的李昂已经完全受制于仇士良，什么事情都是仇士良说的算，皇帝仅仅是个摆设而已。

李训虽然逃出京城，但没有人肯收留，最终他的脑袋还是被人砍下来送到京城。

郑注并不知道李训假造甘露的事情，他正高高兴兴带着五百精兵从凤翔赶来，刚走到半路就听说京城出大事了，李训已然被斩，郑注当时就乱了阵脚，只能调转马头返回凤翔。

与此同时，仇士良暗中派人带着皇帝的密诏让凤翔监军张仲清诛杀郑注。刚看到密诏的时候张仲清有些害怕，不敢下手，经属下分析完当前局势，他才想明白自己无路可走，唯一的路就是杀掉郑注。

郑注不知道仇士良已经渗透到自己的后方，结果可想而知，曾经不可一世的郑注成为刀下之鬼。

两个主谋人头落地，"甘露之变"也算得以平息，李训、郑注死有余辜，但冤死的人实在不值，例如宰相王涯和贾餗（sù）也见了阎王，不过司马光认为他俩死得不冤枉，他俩虽然没跟李训、郑注同流合污，但国家有难之时不能发挥自己的作用，这样的宰相要来何用？

"甘露之变"对唐朝影响极大，自此之后，宦官势力成为大唐最强大的势力，军政大权全部被北司（内侍省，也就是太监们的地盘，因为其设置在皇宫北侧，所以也称北司）掌握，文宗李昂差不多就像傀儡一般，不仅如此，皇帝的废立也都由太监一手操控。

再看看"甘露之变"中的几个重要人物，仇士良本来是李昂、郑注和李训培养起来对抗王守澄的，没想到他是取代王守澄了，却制造了更大的危害。

文宗的痛苦

北司掌控了大唐大部分权力，仇士良等人目空一切，别说一般官员，就是宰相也不放在眼中，动不动就拿李训、郑注谋反来羞辱宰相，好在宰相郑覃和李石不畏强权敢于正面对抗仇士良，仇士良也没有想篡权当皇帝的打算，并不想把局面弄到崩盘的程度，因此在保证既有利益的情况下收敛了嚣张气焰，保持局面的稳定。

此时的京城人心惶惶，李昂心系百姓，问宰相百姓生活如何，李石答道："正在慢慢恢复，不过最近杀人太多了。"郑覃也跟着说："叛乱之人的直系亲属都已伏法，剩下的就不应该再追究了。"

这次"甘露之变"确实死了太多的人，太监作为一个生理有极大后天缺陷的人，大多数心理是扭曲的，一大群心理扭曲的人聚在一起，就会使这个群体变得极度扭曲，他们做事情爱走极端，由于郑注和李训暗地算计他们，杀了他们不少人，他们对郑、李的痛恨难以言表，不能用语言表达就只能用行动泄愤，稍微跟郑、李二人沾上点边儿的全部被杀掉。

在两位宰相的努力下，京城的情况好不容易有所好转，没想到很快就跳出来一个添乱的，巡边的太监田全操听说李训、郑注阴谋诛杀太监，自己也在黑名单之上，顿时火冒三丈，带着部队杀向京城，还放出狠话："等我回京，见到穿读书人衣服的就杀，一个都不放过。"

数日之后，田全操的人马到达京城西北门，京城之中乱上加乱，文武百官四处避难逃命。此刻，郑覃和李石正在政事堂办公，看到手下接连不断地逃跑，郑覃也有些坐不住，对李石说："局面太混乱了，我们也避一避吧。"李石答道："宰相位高权重，一举一动牵动天下，我们要是都坐不住，天下岂不要大乱。"

郑覃听完之后面有愧色，安心下来继续工作。

两位宰相身体力行，极力控制着混乱的局面，但局面依然很混乱，每当夜幕降临的时候，大街小巷都会涌出无数地痞流氓，手拿兵器四处打家劫舍，京兆尹张仲方软弱无能，被撤了职，宰相们看好司农卿薛元赏，任命其为京兆尹。

薛元赏是一个书生，也是一条硬汉子，他以杖杀禁军将领而名震京师，就连仇士良也要为他敬酒。

事情的经过是这样的。

有一次，薛元赏到李石家中办事，听见有人在跟李石激烈争吵，派人一看才知道是个禁军的将领，最近这段时间禁军全部由太监掌管，他们借助太监权势狐假虎威，竟然敢对宰相大吼大叫。

薛元赏了解情况后，责备李石身为宰相还镇不住一个禁军将领，然后把那将领逮捕，乱棍击毙。

薛元赏要是放了这个禁军将领的话，那以后禁军就会更加无法无天，但是，杀了这个将领的话，十分有可能点燃太监的怒火，把矛盾激化，为此，薛元赏要做好善后处理工作，他身穿待罪的白衣去见仇士良。仇士良见到薛元赏后，对他说道："痴书生何敢杖杀禁军大将！"（正是因为这句话，薛元赏便有了"痴书生"这么个雅号。）痴书生答道："中尉是大臣，宰相也是大臣，如果宰相的部下对您无礼，我身为京兆尹会依法查办，您的部下对宰相无礼，我也会依法查办。您和朝廷的关系如同身体手足一般，会互相影响，所以应该珍惜。"

薛元赏的意思是：你跟朝廷是连在一起的，要真闹翻也不会有好果子吃。

仇士良衡量一下情况，最终决定维持目前对自己有利的平衡，叫人端过酒来跟薛元赏对饮。

薛元赏知道目前的情况不可能斗得过太监，正所谓大丈夫能屈能伸，为了大局还是得忍啊，于是，喝了仇士良的酒。

薛元赏委曲求全，与大奸大恶对饮实属无奈，此刻京城之内已经无人能真正限制到仇士良，即便皇帝也不能，大家都明白如果逼急了的话，仇士良可能会拼个鱼死网破，后果不堪设想。

但京城之外的人并不怕仇士良，尤其是那些手握重兵的节度使。公元836年，昭义节度使刘从谏上表为王涯等人申冤，痛斥仇士良如何不忠不义，并且在最后说出这样的话："如奸臣难制，誓以死清君侧！"这意思就是说，仇士良敢乱来，我就带兵杀向京城。

仇士良得知此事后，开始明白自己不可能真的"挟天子以令诸侯"，要是做得太过分，刘从谏以及其他节度使带兵杀回来，他现有的一切很可能瞬间化为乌有，与其那样还不如老老实实维持现状，仇士良从内心

感到恐惧，老实许多。宰相郑覃和李石的权力也在逐渐回归，李昂的腰杆也因此而能挺直一些。

李昂的腰杆虽然能挺直一些，但仍然生活得无比痛苦，这种痛苦更多的是来自内心，他是个有理想、有抱负的人，想当个名垂青史的明君，前文介绍过他平时最大的爱好就是读书，读圣贤书和各种史书，学习为君之道，自从"甘露之变"后，他开始有些自暴自弃，还对宰相说："朕以做碌碌无为的平庸君主而感到羞耻，但现在为奸臣胁迫，天下形势混乱不堪，朕已无力回天，只能借酒浇愁！"

文宗的话说得无比凄凉，宰相们无不泪流满面！

心比天高，命比纸薄

皇帝没了信心，大唐就只能靠大臣来支撑，但大臣要是再受挫折呢？

公元 838 年正月，宰相李石在上班路上遇到刺客，好在刺客业务不够精熟，李石仅仅受到一点儿轻伤，随从们如同惊弓之鸟般一哄而散，李石独自一人向家中逃去，结果半路上又遇到一伙刺客，这伙刺客的业务还是不够精熟，李石的马尾巴被砍断了，但人没受伤。

李昂知道后立刻派禁军保护宰相安全，下令捉拿刺客，当时京城乱成那个样子，不可能抓到刺客，尤其是这刺客要是再有大人物指使，那就更不可能被调查清楚。

当然，大家心中有数，一般的强盗不可能会打宰相的主意，这伙刺客必然不是普通强盗，一定是左神策军护军中尉仇士良派出来的。大家心中有数也没用，没人敢跟仇士良翻脸。

李石回家之后长叹不已，心灰意冷，决定退隐田园。

看着李石的致仕报告，李昂同样也是长叹不已，只得无奈地让李石带着同平章事的头衔去荆南当节度使。

像李石这样的宰相都离开了京城，李昂变得越来越无助，差不多也只能靠幻想来过日子，刚好这时魏徵的后人把魏徵曾经用过的笏板献给朝廷，李昂看到魏徵的笏板感慨万千。

宰相郑覃对李昂说："大家之所以称赞魏徵，是因为他直言进谏，而不在于他用什么样的笏板。"

　　这么浅显的道理李昂自然清楚，他对郑覃答道："朕睹物思人，看到魏徵的笏板就会想起魏徵那样的大臣，就像西周时期人们思念召公，因而称颂他曾经乘凉过的甘棠树一样。"（关于成语"甘棠之爱"有这样一段故事：周武王时期，大臣召伯奉武王之命巡行南方地区，广施仁政，大大减轻老百姓负担，由于政策遭到其他大臣的反对，纷纷攻击与诬陷召伯。召伯为表忠心与清白，死在甘棠树下。召伯死后，民众怀念他，从此不再砍伐甘棠树。）

　　魏徵的笏板无法帮助李昂摆脱困境，因为在他这个时代根本不可能找到像魏徵一样的大臣，即便魏徵重生，在这样的环境下也是凶多吉少。此时奸佞小人当道，就连太子李永身边都难以找到一个像样的大臣，近朱者赤，近墨者黑，一个孩子身边都是一些小人，自然也就无法健康成长，为此李昂多次大发雷霆，甚至想要废掉太子，不过最终在大家劝说下，太子还是没被废掉。太子虽然没被废掉，但仍然没有机会当皇帝，因为他在公元838年暴毙，暴毙的原因没有在史料中明确记载，不过这里面恐怕还是有些猫腻儿，因为《资治通鉴》中有下面这样一段记载，

　　"公元839年，李昂看杂技表演，有个节目是小孩爬杆，当时保护措施并不先进，这个节目必然危险刺激，在节目的整个过程中，一直有个人在杆下面紧张地来回跑动。李昂很奇怪，问这是为何，手下人告诉他那个跑动的人是小孩的父亲，怕孩子掉下来摔坏，在下面时刻准备接着。李昂听后泪流满面，感慨道：'朕虽为天子，却无法保护唯一的一个儿子。'"

　　通过这段记载来看，李永恐怕是被奸人所害，所以，李昂才感慨没能力保护儿子。

　　李昂最近原本就是小恙缠身，看完这场杂技之后病情更加严重。

　　李昂唯一的儿子暴毙，但大唐不能没有太子，大家左右权衡，立敬宗李湛的小儿子李成美为太子。

　　过了一段时间，李昂的病情有所好转，跟翰林院值班的学士周墀喝酒聊天，几杯下肚之后，李昂又惆怅起来，问周墀："朕跟以往哪些皇帝差不多？"根据史料记载周墀是个不错的大臣，文采出众，书画都

很出名，此时看皇帝太可怜，就说了个善意的谎言安慰他："陛下堪比尧舜。"

李昂听完周墀的回答不但不开心，反倒郁闷起来，对周墀说："你误会了，朕岂敢跟尧舜相比，朕的意思是跟周赧王和汉献帝比怎么样？"

周墀听皇帝这样一说，立刻就慌了，那周赧王和汉献帝都是亡国之君啊，李昂看到周墀的样子连忙安慰道："周赧王和汉献帝不过受制于各地强大的诸侯，而今朕却受制于宦官家奴。就这点而言，朕确实还不如他们啊！"

君臣二人，四行热泪！为这酒局画上句号。

从此之后，李昂彻底颓废了，甚至都不上朝。

（《资治通鉴》记载，因泣下沾襟，墀伏地流涕，自是不复视朝。）

公元 840 年正月初二，李昂下诏立李瀍（chán）（后改名为李炎，后世习惯称之为李炎）为皇太弟，李瀍是穆宗李恒的儿子，李昂的弟弟。

李瀍性情深沉而刚毅，处事果断，喜怒不形于色，是个干大事的人，也正是因为他喜怒不形于色，所以才欺骗了仇士良和鱼弘志等人。当初立太子的时候，两个太监没啥功劳，他俩怕将来没好果子吃，才假借李昂之名立李瀍为皇太弟，将来他俩再扶持李瀍登基，岂不是奇功一件，又能继续操纵皇帝。

两天之后，唐文宗李昂驾崩于太和殿，一个心比天高、命比纸薄的皇帝终于再也不用借酒浇愁！

【第五章】唐武宗

主角：李瀍（李炎）

配角：李德裕、仇士良、嗢没斯、张仲武、刘稹等

事件：唐武宗李瀍即位之初并没有一个英明皇帝的样子，再加上受制于大太监仇士良，做了很多糊涂事，不过有一句话叫"浪子回头金不换"，当李德裕被召回京城重新当上宰相后，李瀍简直脱胎换骨一般，改正诸多错误，摇身一变成为明君。

李瀍成绩斐然，内政外交均有收获，并且还把仇士良给处理掉了，就在大家等着看好戏的时候，一颗金丹为这一切画上了句号。

新皇是否英明

文宗皇帝刚刚驾崩，仇士良就让皇太弟李瀍杀掉杨贤妃、安王李溶和陈王李成美。杀这几个人都是有原因的，李溶是穆宗李恒的儿子，也是文宗李昂的弟弟，杨贤妃带头运作想让李溶当皇帝，自己还想像武则天一样垂帘听政；至于李成美嘛，他是皇太子，他若不死，皇太弟怎能名正言顺当皇帝？

被杀的可不止这几个人，睚眦必报的仇士良要把那些当初李昂宠爱过的人赶尽杀绝，就连教坊的乐工都不放过。

谏议大夫裴夷直劝李瀍应该收敛一下：先帝刚刚驾崩就诛杀他的宠臣，天下人会怎样看？

然而，李瀍并未停止杀戮，一是他身不由己，基本就是仇士良的傀儡，二是他本来就不是什么善良之辈。

数日之后，李瀍登基，庙号为唐武宗。

武宗李瀍刚刚当上皇帝就罢免了杨嗣复和李珏（jué）两位宰相，原因跟这二人适不适合当宰相一点儿关系都没有，仅仅是因为当初册立皇太弟的时候这两个人没出一分力。

通过这个举动可以看出，李瀍不会是个出类拔萃的英明皇帝，典型的公私不分。当初魏徵在李建成手下为官，劝李建成先下手为强除掉李世民，等到李世民当上皇帝后不但不记恨魏徵，反倒提拔重用，理由很简单：两军交战各为其主，只要那人是人才，一定不计前嫌，把他放到合适岗位上。

李瀍贬两位宰相的举动不被大家赞同，但他又任命一位宰相，大家还是欢欣鼓舞的，新任命的宰相就是李德裕。

当初李德裕被李训和郑注排挤，担任淮南节度使，那时李瀍就很看好他，因此即位没多久便将其召回。

李德裕重新当上宰相，工作热情大涨，准备好好施展一番拳脚，谢过隆恩之后便开始给皇帝讲述如何当个圣明天子，如何能够治理好天下，如何分辨忠奸，另外还讲述如何处理君臣关系等，这些话对李瀍帮助很大。

李瀍这个皇帝确实不太好当，且不说外围环境多恶劣，单说身边这群大臣和太监，不但奸佞居多，而且还有人可以凌驾于皇帝之上。公元 840 年底，已经是开府仪同三司的大太监仇士良请求授予他儿子千牛备身的官职，刚直不阿的给事中李中敏是这样批示的："按照开府仪同三司的品级应该授予他儿子这个官职，但太监哪来的儿子？"

仇士良得知此事后气得三尸神暴跳，五脏气冲天，太监最怕人家说自己没能力生孩子，李中敏这可是触了"龙之逆鳞"，仇士良记恨在心，再加上李德裕因为李中敏是杨嗣复的人，也想将其清除，于是，没过多久李中敏便被赶出京城，到地方去当刺史。

转眼之间，李瀍当了一年的皇帝，对于大臣的清洗还没结束。公元 841 年，在仇士良的操纵下，李瀍又杀了两个李昂的宠臣，还派太监去诛杀杨嗣复和李珏两位被贬的前宰相，户部尚书杜悰（cóng）（诗人杜牧的堂兄，李商隐的表兄）知道后立刻去找李德裕，让李德裕劝皇帝不要制造太多杀戮，尤其是不能杀两位罪不至死的前宰相，这样做影响太恶劣。

李德裕是跟杨嗣复不和，但他做事有分寸，在大是大非面前不含糊，杜悰把情况跟他说完之后，他立刻写好奏折，递了上去，奏折写的言真意切，围绕着这些年来因太子废立问题而冤杀的那些大臣展开论述，分析后果的严重性。

李瀍看到这份奏折也很纠结，数个时辰之后才召见李德裕等人。李瀍这边犹豫不决，李德裕那边都急哭了，把奏折的意思再次细细讲述一遍，最终李瀍接受李德裕的建议，派人追回诛杀杨嗣复和李珏的太监，杨、李二人保住性命，只是再次被贬谪，天下人对这个结局还算认可。

此时，举国上下最关心的问题就是——皇帝是否英明。人们饱受乱世之苦，都想有个英明皇帝带大家过上幸福生活，通过李瀍刚刚即位的表现来看，大家并不是很有信心，但他会不会进步呢？

这要通过一件事情来看。

李瀍跟他爹一样酷爱游猎、踢球、摔跤等，五坊使的太监们陪他玩得很高兴，他便无节制地封赏。有一次，李瀍去看他的奶奶郭太后，闲谈间说到如何才能做个好皇帝的问题，郭太后表示要虚心纳谏，多听百官的意见。李瀍回宫后开始翻阅百官的奏折，发现很多都是劝自己不要太贪玩的，从此之后，他大大减少娱乐时间，对五坊使的赏赐也大大

收敛。

没过多久，李瀍外出游猎，谏议大夫高少逸、郑朗劝他少游猎，别耽误政务，李瀍当场承认错误，并对宰相说："这就是谏官存在的意义，他们能够直言进谏就是他们的价值，真希望大臣们都是有价值的大臣。"

宰相们听完李瀍的话，各个热血沸腾，纷纷称贺，鼓励皇帝再接再厉。

立威回鹘

李瀍在处理内政的时候，还有更复杂的外交问题要去解决。

在大唐西部有个部落叫黠戛斯，全民皆兵，英勇善战，骁勇的回鹘人都不是他们的对手，黠戛斯和回鹘战事不断，近几年来回鹘内部出现问题，再加上黠戛斯接连打了几个大胜仗，回鹘终于分崩离析，一部分人投靠吐蕃，另外一部分在回鹘可汗的兄弟嗢（wà）没斯带领下逃到大唐边境的天德军一带。

此时的回鹘没了往日的威风，如同人人可打的落水狗一般，天德军使田牟和监军韦仲平想要用回鹘人的鲜血书写自己高唱凯歌的奏章，于是跟皇帝说回鹘叛将带兵入寇边境，请求出兵讨伐。

朝廷虽然不知道具体事宜，但大体情况还是了解的，是打？还是收留？这是个大问题，部分人认为现在的回鹘好欺负，应该打，李德裕认为应该以德服人，收留他们，可以少造杀戮。

经过长时间争论，最终李瀍接受李德裕的思路，友好对待回鹘，并送给他们二万斛粮食。

回鹘的问题暂时可以不用讨论，但内部的问题又来了。前段时间幽州陈行泰发动兵变，驱逐节度使，派监军到朝廷请求任命自己当留后。

这个问题对于李瀍来说太难了，对李德裕来说却是太简单了，他对李瀍说："陛下什么都不用做，只要等就行。"

李瀍很纳闷："幽州可是重镇，长期游离于朝廷边缘，那边发生了大事，为何朕却什么都不用做？"

李德裕的一番话解开了皇帝心中的疑惑，他说："根据以往经验，河北地区各个藩镇闹兵变之后，都会想从朝廷这里得到个节度使的旌节，这样才会名正言顺，如果朝廷置之不理，很快就会再闹兵变，会有新人干掉之前的叛乱者，取而代之。"

在日前这个时期，李瀍当然希望他们内耗，当内耗到一定程度的时候，说不定朝廷就有机会坐收渔人之利。

果然，没过多久，幽州再次兵变，陈行泰被杀，张绛当了老大，张绛刚刚当上老大就给朝廷上表请求担任留后。

李瀍一看李德裕说的没错，便继续采取以静制动的策略，不理会张绛的请求。

跟之前一样，没过几天，幽州雄武军使张仲武起兵攻打张绛，同时派手下吴仲舒给皇帝上表，说张绛残暴无度，请朝廷允许他前去讨伐。

公元841年10月，吴仲舒来到京城，向宰相汇报："陈行泰和张绛都不是幽州本地人，百姓基础不好，张仲武却是地地道道幽州老将，知书达理、重情重义，军事才能也很突出，他定能平定幽州。"

虽然吴仲舒这样说，但李德裕并不放心，谁知道他是不是在吹牛啊，于是问道："张仲武的雄武军共有多少人？"

"正规军八百，半军半农的团练五百。"吴仲舒回答李德裕的时候丝毫没有觉得这点兵马拿不出手的意思。

李德裕听完吴仲舒的话心里没底了，问道："这点儿人能干啥？"

吴仲舒答道："两军作战关键在于人心，人心不附，数万大军又有何用？"

李德裕很赞同这话，便不在兵多兵少的问题上纠结，但还是担心如果攻打幽州城不顺利怎么办？

吴仲舒的回答是："幽州的粮食存放在城北的几个军镇，万一强攻幽州不能得手，我们还可以据守居庸关断绝敌人的粮道。"

经过这番交谈，李德裕充分认识到吴仲舒的才能，也因此而推断出张仲武必然不是泛泛之辈，他去讨伐幽州万无一失。

李德裕把情况如实向李瀍汇报，并建议任命张仲武为幽州留后，李瀍也认为这是个好机会，便任命张仲武为幽州留后，讨伐幽州。

正如大家所期待的那样，没过多久张仲武轻松攻克幽州。

幽州能够再次掌握在朝廷手中实在出乎大家预料。高兴之余，李

德裕说起一件伤心事来，那就是前些年嫁到回鹘的大唐公主下落不明，回鹘内乱，几股力量分割了回鹘，在这过程中把穆宗嫁过去的太和公主给丢了。李德裕认为应该派人去寻找公主，公主通婚远嫁回鹘为的是大唐，大唐已经辜负了人家，现在要是再不积极打探公主下落，于情于理都说不过去。

原来，太和公主被黠戛斯给抓去了，黠戛斯认为这位姓李的公主是汉朝李陵的后裔，格外尊重，还专程派人护送公主回大唐，然而半路上被回鹘的另外一股势力首领乌介可汗给劫持了。

乌介可汗以公主为人质逼近天德军，但他并未动武，而是派来使者请求大唐皇帝册立其为可汗，还以给公主居住为名要借大唐城池。

李瀍当然不会同意乌介可汗的无理要求，只是送给他两万斛粮食，让他早点找个水草丰茂的地方定居，别老在别人家门口瞎转悠。

天德军防御使田牟求战心切，一边向朝廷打报告，一边已经派出三千人马主动出击，当朝廷收到报告后，李德裕立即对皇帝说："田牟根本不会打仗啊，敌人都是骑兵，擅长野战，不擅长攻城，他应该据守天德城，现在贸然出击，万一战败还怎么守城？陛下尽快下旨让他速速返回天德城，如果已经跟回鹘开战，那就立刻让云州、朔州、天德一带党项和吐谷浑等各族迅速出兵攻打回鹘，并承诺所有战利品都归他们所有。"

李德裕说完作战的事情之后，继续说非作战的事情："嗢没斯一直向我们示好，我们都应该早日为其加官晋爵，如果是真心实意投降，给他官职爵位是理所应当，如果不是真心实意投降，那么给他官职爵位也可以起到让他们内部产生矛盾的作用。"

李瀍觉得李德裕说得很有道理，于是全部采纳。

公元842年5月，李瀍派使者安抚嗢没斯，任命其为左金吾大将军、怀化郡王，他手下的酋长、将领也都各有赏赐。

嗢没斯是识时务者，他知道跟大唐搞好关系是上策，但并非所有人都识时务，回鹘大将那颉啜率领他的本部人马从振武出发，一直向东经过室韦、黑沙，然后向南窥视幽州。

要说这那颉啜也够倒霉的，去哪儿不好，偏偏要去幽州。张仲武收复幽州后，朝廷任命其为幽州卢龙节度使，这片地盘归他管辖，论智慧、论武功，张仲武在当时都是数一数二的，那颉啜来惦记幽州就是活得不耐烦了。

对付那颉啜这样的莽夫，张仲武都不用亲自出马，他弟弟张仲至已然足够。张仲至率领三万大军迎击那颉啜，张仲至连战连捷，杀敌无数，战利品更是多得拿到手软，那颉啜狼狈逃窜，被自己的对头——乌介可汗——抓到之后砍了脑袋。

那颉啜和乌介可汗都是回鹘人，但他们矛盾很突出，乌介可汗疑心极重，不相信手下人，这也是回鹘分崩离析的一个重要原因，嗢没斯就是跟乌介可汗无法和平相处才来投奔大唐的。

公元842年6月，嗢没斯来到京城朝拜大唐天子，武宗李瀍正式任命其为左金吾大将军，赐予他管辖的部落一个十分有意义的名号——归义军！嗢没斯是真心实意投靠大唐，他请求驻守太原，跟兄弟们共同为大唐守边。没过多久，李瀍又赐给嗢没斯和他的三个弟弟名字，分别叫李思忠、李思贞、李思义、李思礼，嗢没斯终于有了好的归宿，但乌介可汗并不羡慕，他不想过安稳日子，不停地在天德和振武之间游走，看见党项和吐谷浑的部落就抢一票，抢一段时间后发现不过瘾，直接进入大唐境内，兵临云州城下。

乌介可汗的举动就等于跟大唐彻底闹翻了，年轻气盛的李瀍怎么可能把落魄的回鹘放在眼里，他立刻征调多路人马驻扎在太原、天德和振武等地，准备明年春暖花开之时大举出兵，讨伐回鹘。

大唐在积极备战的时候，也在做乌介可汗的思想工作，希望他能悬崖勒马，即便不走嗢没斯的路，也不应该跟大唐兵戎相见，老老实实回家过日子才是明智的选择，不过，这样的思想工作基本没什么效果，乌介可汗是铁了心地要从大唐这边捞足好处。

公元842年9月，李瀍任命河东节度使刘沔兼任招抚回鹘使，各道人马均由他调遣；任命张仲武为东面招抚回鹘使，统领幽州兵马，同时指挥奚、契丹和室韦的部落兵；任命李思忠——也就是原来的嗢没斯——为西南面回鹘招抚使，各路人马蓄势待发，虎视眈眈注视着乌介可汗的一举一动。

鬼迷心窍的乌介可汗并没有感觉到危险的存在，依然四处打家劫舍。公元843年正月，他再次带兵逼近振武，刘沔派麟州刺史石雄、都

知兵马使王逢为先锋，自己亲率大军紧随其后。

石雄是员智勇双全的大将，他摸清回鹘情况之后，从城中挖出十多条隧道直通城外，在一个月黑风高的夜晚，他带着精兵通过隧道悄悄出城，以迅雷不及掩耳之势直冲乌介可汗的大帐，睡梦中的回鹘兵根本不知道发生了什么事情，还以为唐军大部队杀到，全部四散逃命，乌介可汗身受重伤，带着几百骑兵落荒而逃。

石雄大败回鹘，还十分幸运地把太和公主从乌介可汗营中救了出来。

最终，这场纠纷以朝廷完胜而告终。

大唐平定回鹘之后信心倍增，想派使者出使黠戛斯，把失控多年的两个都护府——安西和北庭——再拿回来。

安西都护府是太宗李世民设置的，北庭都护府是武则天设置的，这两个都护府是大唐在西域的最高行政和军事机构，为的是方便管理当地民族政权。"安史之乱"爆发后，唐朝实力大减，两个都护府相继失控，现在李瀍击败回鹘，吐蕃也处于虚弱时期，西域没有哪个像样的政权能跟大唐对抗，因此，李瀍想要重建两个都护府，让大唐国威远播。

李德裕并不赞同李瀍的想法，他的观点是："安西距离京城七千多里，北庭距离京城五千多里，朝廷若是重新设置都护府要向那派兵，还要有畅通的通道运输大量物资，重建都护府听起来是威风，但实在太劳民伤财。"

李瀍衡量其中利弊，最终决定不搞这个面子工程。

大唐不打算跟黠戛斯要都护府，但黠戛斯还想借大唐的声威助助自己的威风，请求大唐册立自己为可汗。

李瀍担心黠戛斯做大做强之后，会跟回鹘一样不听话，没想好是否册封他为可汗，李德裕认为不管你封与不封，人家可汗就在那里，还不如做个顺水人情，跟他们搞好关系，再鼓励他们消灭回鹘的残余势力。李瀍认为李德裕说得比自己有道理，上述建议悉数采纳。

公元843年3月，李瀍任命太仆卿赵蕃为黠戛斯安抚使，让李德裕亲自起草《赐黠戛斯可汗书》。一般情况，这类文件都是由翰林学士起草，李瀍很重视黠戛斯的问题，所以才让李德裕亲自执笔。

皇帝重视，宰相亲自执笔，定然能把黠戛斯的问题处理好，再加上黠戛斯也没什么野心，因此，自此之后跟大唐之间保持着长期的友好往来。

昭义之乱

回鹘的问题告一段落，其他的问题接踵而来，这问题并不是新问题，仍然是老生常谈的藩镇问题。

之前，昭义节度使刘从谏多次指责仇士良的罪行，久而久之昭义和朝廷之间有了隔阂，刘从谏是不怕朝廷，但当他身染重病的时候，开始怕朝廷了，因为，如果他死之后，朝廷派来新的节度使很可能会对他老刘家下死手，那绝对是灭门之灾。

刘从谏有这个顾虑，便开始给自己安排后路，当然，除了割据昭义，让刘家后代世袭节度使之外别无他法，他跟仇士良结怨如此之深，仇士良是不会放过他的。

不久之后，刘从谏去世，他的侄子刘稹（zhěn）准备接班，刘稹将刘从谏的死讯封锁，跟朝廷说刘从谏病重，请求朝廷派太医前来医治，同时请求朝廷任命刘稹为留后。

朝廷也不傻，收到昭义来书之后大概就明白发生了什么事，李瀍并未被刘稹牵着鼻子走，而是让刘从谏到东都洛阳治病，等病好之后再安排留后的事情，并且让刘稹来京朝拜，朝廷必有重赏。

李瀍应付完刘稹立刻召集宰相开会，商讨如何处置昭义问题，大多数人认为回鹘问题还没彻底解决，还得加强防守，此时朝廷恐怕没有能力武力对付昭义，应该任命刘稹为昭义留后。不仅多数宰相持这观点，多数大臣和谏官也是这样认为的，其实在大家的潜意识中，藩镇割据根本就不算个问题，那么多藩镇都割据着，还差一个昭义嘛。

但是，李德裕跟大家想法不一样，他对李瀍说："昭义的情况跟魏博、成德、幽州不同，这几个地方割据已久，几位皇帝都默认这个现状，昭义则不同，他在朝廷心腹地区，距离京城较近，基本上长期在朝廷掌控之中，上任节度使刘悟死后才让他的儿子刘从谏世袭节度使的职务，刘从谏飞扬跋扈，对朝廷不够尊敬，现在还要把位子传给侄子，这万万不

可，不能让昭义步河北藩镇的后尘。"

李瀍觉得李德裕言之有理，但如何对付刘稹呢？这可不是个简单问题。

对于这个问题，李德裕也早有准备，他继续对李瀍说："刘稹之所以敢跟朝廷作对，就是仗着魏博和成德能支持他，我们派两位德高望重的老臣前往两地，跟他们说：'几朝都默认你的世袭，朕也不打算坏了这规矩，但昭义不同，朝廷决定出兵讨伐昭义，希望你们能配合，平定昭义之后，朝廷会论功行赏。'这样一来，刘稹没了援军，收拾他并不会太困难。"

李瀍听后大喜，决定就这样办。

这两份重要诏令还是由李德裕亲自起草的，当成德节度使王元逵和魏博节度使何弘敬接到朝廷诏令后都表示一定听从皇帝指挥，绝不敢有丝毫不敬。

王元逵和何弘敬没必要蹚这浑水，他们踏踏实实过自己的日子，跟朝廷井水不犯河水，这是多么理想的局面，谁会想打破呢？

朝廷稳住成德和魏博的同时，也派出使者前往昭义，一番周旋之后，刘稹终于撕破脸皮承认刘从谏已死，拒绝执行朝廷命令。

李瀍下令废朝一日，为刘从谏哀悼，追封其为太子太傅，令刘稹护送灵柩回东都洛阳，刘稹已经下定决心反叛，朝廷的旨意对他来说没有任何意义。

朝廷这样做也只是先礼后兵而已，并没有指望刘稹能乖乖听话，因此，同时开始调兵遣将。

采取什么样的军事策略？用哪些部队？一系列问题还是很复杂的，也需要专业人才进行分析。

那个写《原十六卫》《战论》《守论》的大诗人杜牧就是专业人才，并且还一心为了朝廷，仅仅是黄州刺史的他得知朝廷会对昭义动武之后，立刻给李德裕上书提出自己的建议。

杜牧先是分析朝廷以往跟藩镇作战的情形，失利的原因是什么，战胜的原因又是什么，各个藩镇有何不同等，说完这些，进入正题，分析如何对昭义作战，大致是这样的：昭义将士一直是效忠朝廷的，在过去的几十年中多次为朝廷出力对抗其他藩镇，直至刘悟死后，刘从谏当上节度使才开始对朝廷不敬，他手下好多将士并非跟他一心，因此，局面对我们非常有利，但我们并不能因此而大意，还是要挑选好合适人选进行平叛，魏博和成德的部队是指望不上的，不管他们嘴上怎么说，实际都不会真正出力，即便出兵顶多也就是围个城，为自己捞些好处而已，真正能为朝廷所用的应该是河阳、忠武、武宁的兵马，朝廷可以令河阳出兵一万在昭义南部坚守，切断他们南下通道，让忠武和武宁的军队为主力，再让青州、宣州和润州的军队配合，直捣刘稹巢穴——上党，这样的话，用不了几个月，昭义必然平定。

李德裕拿着杜牧的文件，反复看了数遍，采纳了其中大多数建议。

最终的作战方案跟杜牧提出的十分相似，李瀍命令河阳节度使王茂元、成德节度使王元逵、河东节度使刘沔、魏博节度使何弘敬、忠武节度使王宰、晋绛行营节度使李彦佐等人出兵讨伐昭义，削去刘从谏和刘稹的一切官职爵位。

然而，各路兵马进展并不顺利，他们都各自打着各自的小算盘，不肯全力进攻。

好在李瀍赏罚分明，奖励作战勇敢的，惩罚浑水摸鱼的，局面逐渐在朝对大唐有利的方向发展，昭义军的压力越来越大。

公元 843 年 8 月，昭义大将李丕主动请降，大家担心他是诈降，不知该如何处置，李德裕却毫不犹豫地说："必须重赏李丕，开战几个月来，他是第一个主动请降的大将，我们善待他可以鼓励更多人来投降，但现在确实不知道他们是否会是诈降，所以只是重赏，不给安排重要职位，即便是诈降对我们影响也不大。"

朝廷派出的各路部队在昭义打了几个月，何弘敬那边还没出兵，于是李德裕又出了个主意，恩威并举给何弘敬施压，何弘敬一看朝廷如此强势，也就不敢继续缩在后面，只好派兵出击。

何弘敬出兵对大唐并没有什么帮助，反倒是昭义那边取得大捷，把河阳部队打得大败，朝廷得知前线消息后一片哗然，那些主和派的大臣再次提议撤兵，承认刘稹是节度使，李瀍一时也没了主意，只好问李德裕，李德裕从容答道："胜败乃兵家常事，不能因为一场败仗就丧失信心，陛下不要被那群没见识的人迷惑，昭义定能平定。"

李瀍听完李德裕的话，信心大增，传下旨意，谁敢动摇军心定斩

不饶。

李德裕这边根据战局情况不断调整作战方案，调整最大的就是让石雄代替李彦佐担任晋绛行营节度使，石雄上任第二天便率兵全力出击，攻城拔寨，杀敌无数。

公元 844 年 7 月，刘稹的心腹高文端投降了朝廷，这对刘稹来说是个致命打击，高文端了解刘稹的一切情况，把粮草供给、军事部署等等一切信息毫无保留地汇报给朝廷，

这样一来刘稹的日子就变得非常不好过，再加上他本来生性懦弱，大部分事情都是手下王协、李士贵二人说了算，这二人贪财好色，手下将士对他们非常不满意。外界的压力和内部的矛盾使得昭义越来越多将士投降官军，刘稹手下的几员大将——郭谊、王协和董可武——甚至还想杀掉刘稹为自己赎罪，这郭、王二人使了些手段，剪除掉刘稹的一些死党，然后自己占据高位。

年轻的刘稹分辨不出谁对他好、谁对他坏，人家磨刀的时候他还给人提供磨刀石呢，等刀磨好架在他脖子上的时候，才明白自己多么白痴。

公元 844 年 8 月，在郭谊的指使下，董可武骗刘稹出来喝酒作乐，酒至半酣，董可武亲自抓住刘稹双手，别将崔玄度从背后一刀把刘稹扎了个透心凉，然后把他的家人全部逮捕，那些当初支持刘稹犯上作乱的人被抓的抓、杀的杀。

刘稹被杀后，郭谊独揽大权，趁机杀掉军中跟自己关系不好的人，稳定局面后向忠武节度使王宰请降。

王宰把情况汇报给朝廷后，李瀍召集宰相商量如何处理昭义下一步的事情，李德裕说："刘稹不过是个小傻瓜，他跟朝廷作对都是郭谊的主意，等郭谊看到昭义难以自保的时候又卖主求荣，这样的人咱不能用，应该趁着大部队都在铲除郭谊。"

于是，李瀍下旨继续攻打昭义。

郭谊那边杀了刘稹，把人头送到京城，正待在城中等着节度使的旌节和封赏呢，结果旌节没到，封赏也没到，到的竟是平叛大军。

郭谊以为立此大功就算没丰厚奖赏也能保住性命，因此毫无防备，官军轻而易举便将他们一网打尽，装进囚车押往京城。

到了京城之后，郭谊、王协、董可武等人全部被斩首示众。

太监的座右铭

李瀍在对付刘稹的时候，还做了一件大事——对付仇士良。

李瀍即位以来局面越来越稳定，仇士良的活动空间也越来越小，在和平稳定的环境下，手握兵权也并没有那么吓人，你命令士兵冲进皇宫杀皇帝士兵就冲吗？他们也都有辨别军令是否该执行的能力。同时，宰相李德裕等人威望越来越高，很好地遏制住了仇士良的嚣张气焰。仇士良也能感觉到危机，想急流勇退，以年老多病为由请求告老还乡，李瀍趁机大大削弱他的实力。

经过一段时间的平稳过渡后，李瀍觉得时机成熟了，到了走出最后一步棋的时候。公元 843 年 6 月仇士良告老还乡，没过多久这个大太监病死乡里。后来有人举报他的罪行，在他家发现数千件兵器，李瀍下诏削除其一切官职爵位，没收家产。

虽然仇士良对李瀍没有影响了，但是，仇士良在告老还乡之际，对小太监们说了一段话，这段话是保持权力和恩宠的秘诀，也深深地影响了后世一千多年，成为绝大多数太监的座右铭，这段话是："天子不可令闲，常宜以奢靡娱其耳目，使日新月盛，无暇顾及他事，然后吾辈可以得志。慎勿使之读书，亲近儒生，彼见前代兴亡，必知忧惧，则吾辈疏斥矣。"

用白话文概括一下这段座右铭就是：不能让皇帝有空闲时间思考问题，要花样百出地陪他玩，让他沉迷于声色犬马，享受纸醉金迷的物质生活，久而久之就会讨厌繁杂的朝政。另外，最主要的是千万不能让皇帝读书，还不能让他接近读书人，书中有大智慧，皇帝若经常读书就会明白兴亡交替的道理，就会励精图治，太监们也就会被皇帝疏远了。

小太监们听完之后如获至宝，口口相传，只要有新来的太监就会想方设法地让他们明白这个道理，竭尽所能陪皇帝享乐。

由此可见，身居高位者并不容易，总有一群人使出浑身解数想要你堕落，因为只有你堕落了他们才能捞到好处。

李瀍很好地抵抗了太监的影响，这并不代表不会受到其他类人群的迷惑。他跟之前的几位皇帝有个共同点，那就是都喜欢神仙，有个叫赵归真的道士得到了李瀍的宠信。

谏官多次劝谏，让李瀍远离赵道士，都没什么效果，李德裕也多次劝谏，他对李瀍说："赵归真乃是敬宗时期的罪人，陛下应该远离这样的人啊！"

李德裕提出的建议大多数会被皇帝采纳，唯独关于这件事不行，李瀍是这样答复他的："朕只是在闲暇时间跟赵归真谈些道教的事情，并没耽误工作，真正涉及国家利益的大事，朕都会和宰相以及百官商议，别说一个赵归真，就是一百个赵归真也不会迷惑朕。"

即便李瀍这样说，李德裕仍然不肯罢休，他说："小人们唯利是图，看到有机会就会挖空心思地利用，赵归真得到陛下宠信之后，他家门庭若市，跟他往来结交的人络绎不绝，这都是祸患的根源啊，陛下不得不防。"

话都说到这个份上，李瀍依然无动于衷，李德裕也只能作罢。

李瀍不但喜欢神仙道士，而且还喜欢美女，听说扬州出擅长酒令的美女，便派淮南监军给自己选些送到宫中，监军怕工作不好开展，想让节度使杜悰跟他一起完成任务，杜悰可不想干这丢人现眼的事，监军软磨硬泡也没求动杜悰，监军大怒，告到了皇帝那，李瀍想了想，说道："唉！让藩镇选美女入宫是圣明天子该干的事吗？杜悰不肯配合监军是合格的大臣，这是宰相的才能啊！"

李瀍随即取消选取歌女的命令，任命杜悰为同平章事，并对他说："你不屈从监军为朕服务，正是爱护朕啊。现在，任命你为宰相，朕如同得到一个魏徵一般！"

李瀍虽然有很多缺点，但最难能可贵的是能及时纠正自己的一些错误，这就说明他算个好皇帝，也正是因为他的一些英明决断，也才使得文宗驾崩时的混乱局面没有朝严重的方向演变，而是得到很好的遏制，在藩镇方面还取得不错的成绩。

致命金丹

虽说李瀍是个聪明人，但在某些时候也很糊涂，例如对长生不老这个问题就看不透，也跟之前的几位皇帝一样吃仙丹，随着仙丹的服用，他对道教越来越推崇，甚至为了道教而打击佛教。

根据祠部统计，公元845年的时候大唐共有大型佛教寺庙四千六百座，小型寺庙四万座，和尚、尼姑数十万之多。和尚、尼姑都不纳税，从生产的角度来看几乎没有贡献，李瀍一直很讨厌他们，现在在赵归真等人劝说下，终于决定对佛教痛下杀手。

李瀍下诏罗列佛教弊端，责令各地拆除佛寺，强行令和尚、尼姑还俗，并且首先从两都——长安和洛阳——下手，为地方起到表率作用。

于是，大量寺庙被毁，大量和尚还俗，还俗的和尚大概有二十六万左右，释放的为寺院工作的俗家人员也超过五十万。

后世将此行动称之为"唐武宗灭佛"，此举的对与错本人在这里不做评论，但就当时来说，让道教得到了大发展，李瀍也更加信奉道教，过于信奉道教的主要表现就是肆无忌惮地服用金丹，这个金丹跟之前几位皇帝吃的金丹的配方可能差不多，反正副作用基本是一样的——使人暴躁、喜怒无常。

到公元845年10月的时候，李瀍已经跟个暴君差不多了，也只有李德裕敢跟他说些实话，君臣二人合作多年，形成了一定的思维惯性，李德裕也由于掌权时间太长心理发生了一些变化，在之前的党争中大肆打击异己，现在更是根据自己的好恶随意处置官员，渐渐地，李瀍对李德裕也有了看法，但他已经无暇顾及这个宰相是否还适合当宰相了，因为他的身体越来越差，按理说到了这个份儿上，那些金丹就应该暂停一下，可是，道士们并不认为这是病，反倒认为这是脱胎换骨，金丹剂量丝毫不减。（《资治通鉴》记载，上自秋冬以来，觉有疾，而道士以为换骨。）

公元846年，李瀍的病越来越重，有人对他说唐朝属于土德，君王的名字要跟朝代的属性相一致，李瀍颁下诏书，改名为李炎，因为按照五行相生相克的规律来算，火能生土。

改了名字之后，李炎的身体状况并未有丝毫好转（因为金丹并未停啊），甚至已经无法上朝。

这个时候人们开始谋划起后事：假如皇帝驾崩后谁来即位，目前的几个皇子都太小，根本当不了皇帝。于是，太监们假借皇帝之名立宪宗李纯的儿子光王李怡为皇太叔，改名为李忱，让他管理军国大事。

太监们为何想让李忱继承皇位呢？

《新唐书》中有这样一句话——宫中或以为不慧。不慧就是没智慧的意思，当然这个说法比较委婉，大家没好意思直接说李忱弱智，确实，他看起来老实巴交，一副很好欺负的样子。从文宗到武宗，李忱一直韬光养晦，大庭广众之下从不说话，木讷得不得了，甚至诸位王爷在一起聚会的时候以逗李忱说话为乐，武宗性格奔放，对这位憨厚的叔叔毫无尊敬可言，因此，太监们才捧这个"傻子"当皇太叔，等他将来当了皇帝控制起来会很容易。

等到李忱代理国政的时候，把事情处理得井井有条，大家才明白这"傻子"是在装傻。

公元 846 年 3 月 23 日，唐武宗李炎驾崩。

【第六章】 唐宣宗

主角：李忱

配角：白敏中、令狐綯、论恐热、韦澳、轩辕集等

事件：有"小太宗"之称的李忱即位，使得朝廷内外焕然一新，这位韬光养晦的皇帝确实不一般，虽然才能不足以让大唐起死回生，但有不俗的表现，在对吐蕃的防守反击中占尽优势，使得吐蕃一蹶不振。

不过，聪明的李忱跟几位先皇一样，都极度痴迷长生不老之术，轩辕道长已经给他讲了真正的帝王长生之道，他仍然执迷不悟，服用大量重金属严重超标的金丹，最终毒发身亡。

李忱死得太匆忙，以至于一件最重要的事情——册立太子之事没有处理好，留下无穷祸患。

焕然一新

武宗李炎驾崩三天之后，李忱即位，庙号为唐宣宗。

让所有人都想不到的是，看起来文弱的李忱做事情十分果断，他当王爷那阵不说话也不参政，但朝中事务无不知晓，他看出李德裕担任宰相多年，党羽众多，并且骄奢之心日盛，如果继续让他身居高位恐怕会祸国殃民，因此李忱当机立断，4月1日上朝听政，4月2日就让李德裕带着同平章事的官衔去担任荆南节度使。诏令一下，举国震惊，大家见识到新皇的魄力，也都燃起心中的热情。

两天之后，李忱又调整了一些重要的工作岗位，这些岗位原本都是李德裕的人，李忱把他们调整到不重要的岗位上，然后提拔一些牛僧孺的人，这些人的才能都毋庸置疑，只不过由于"牛李党争"中李德裕胜出，那些人才才无法被重用。

几个月后，李德裕被任命为东都留守，同平章事的官衔被拿掉，墙倒众人推，原本跟李德裕一伙的人也有落井下石的。

白敏中是李德裕一手提拔起来的，他是白居易的堂弟，当初文宗李昂想要重用白居易，李德裕忌讳白居易的耿直，以白居易年老多病为借口不予重用，提拔了他的弟弟白敏中。

白敏中在诗词歌赋方面跟从兄没法比，在治国方面却毫不逊色。最近一段时间他看到李德裕由一位利国利民的名相转变成一位独断专行、假公济私的权相，心中十分不满，李忱即位后白敏中便毫无顾忌地揭露其罪行。在这过程中，李忱也看到白敏中的才能，很快将其任命为宰相。

李忱除重用白敏中之外，还重用了李景让、李景温、李景庄三兄弟，这三兄弟最出名的不是才能，而是人品。当然，并不是说他们没有才能，而是说他们的人品太好了，当人们提起这哥仨的时候只顾得称赞人品，他们人品之所以这样好，是因为有一位伟大的母亲。

李家兄弟的母亲郑氏很早就开始守寡，一个女人带三个孩子，独自承担教育工作，这对一个女人来说很不容易，尤其又是贫寒家境的女人，但郑氏并未有丝毫怨言，或者幻想神仙爷爷前来搭救。她不幻想喜从天降，喜却真的从天而降，李家老宅的一堵墙被大雨冲毁，雨过天晴之后大家发现数之不尽的铜钱，家里人手舞足蹈地前来汇报，郑氏却说："不劳而获的东西容易给人带来灾难，可能是亡夫积累了功德，上天怜悯我孤儿寡母所以赏赐钱财，但我丈夫的志向应该是希望我能靠自身的努力带大三个孩子，这钱我不敢使用分毫。"说完之后，郑氏让人把钱埋在原处。

在郑氏教导下，三兄弟全部进士及第，李景让身居高位之时仍然有些事情做得不够完美，但凡事情出了纰漏，都会遭到老母亲的鞭打。

李家三兄弟继承父母的优良基因和美德，得到李忱重用。

后人根据真实情况写下一篇《郑氏训子》，直至今日仍被人津津乐道，成为教育的典范。

李忱即位之后调整了一大批官员，可以说是对先帝的某种否定，不但在官员方面进行调整，在宗教信仰方面也是一百八十度大逆转，武宗兴道灭佛，宣宗则兴佛，但并未灭道，只是乱棍打死赵归真等妖言惑众的道士，同时惩罚一些浑水摸鱼的道士。对于佛教，李忱采取很多措施使其再度兴盛，长安、洛阳两都兴建寺庙，广纳教众。没过多久，佛教再度兴盛起来，完全恢复到武宗灭佛之前的水平。

李忱信奉佛教并不能阻止天灾的发生，公元847年，部分地区发生旱灾，李忱降低自己的伙食标准，减少娱乐活动，把宫中闲置的宫女送回家乡，豢养的鹰犬大量放生，停止宫中的修缮工作。除此之外，李忱还下令让宰相卢商、御史中丞封敖按照宽大处理的原则重新审查狱中犯人，针对这件事，大理卿马植上奏说："卢商等人审理犯人时过于宽大，死刑犯全部免死，草菅人命的贪官污吏也都得以活命。这是对律法的亵渎，也没人为那些无辜而死的人主持公道，同时还会让人不惧怕律法。陛下不能为了消除天灾而造成人祸啊！希望陛下能认真考虑此事。"

马植的话合情合理，李忱连忙召集相关人员商讨此事。左谏议大夫张鹭等人对皇帝说："陛下因为天灾而重新审理囚犯，是想消除冤狱，现在既然没有冤情，那就不应该赦免囚犯，我们赞同马植的观点。"

李忱颁下诏书让卢商等人依法办事，那些该死的死刑犯一个也不能放过。

马植的才能毋庸置疑，只不过之前他不肯依附李德裕，所以才未得到重用，现在白敏中当上宰相，把之前李德裕弃用的人都梳理出来，

量才而用。

李忱从谏如流，广纳贤才，在处理皇室宗亲方面也强于之前的几位皇帝，在这方面他跟玄宗李隆基有些相似，专门建造一座雍和殿用于兄弟聚会，有空会来这里跟大家一起开怀畅饮，但这些娱乐活动并不频繁，基本影响不到国家政务。

李忱对待兄弟无比宽容，对待子女却很严格，他的爱女万寿公主嫁给了文采出众、风度翩翩的郑颢，出嫁之时，礼官请求按照以往规矩用银子来装饰车马，但李忱不同意，他说："我想让天下人勤俭节约，皇家应当好表率。"于是，礼官按照一品官员娶媳妇的标准用铜来装饰车马。

万寿公主临出嫁前，李忱再三嘱咐要遵守妇人的礼节，不能因为自己是皇帝的闺女而不守规矩，更不能瞧不起丈夫家的人，除口头警告之外，李忱还特意写诏书进行强调，让她不要走太平公主和安乐公主的老路。

即便如此，李忱还是不放心，毕竟公主的一举一动影响重大，必须严格监督。恰好此时郑颢的弟弟郑颢（yǐ）生了重病，李忱派人去探望，探望人员回来后，李忱询问完郑颢的病情，又问万寿公主的情况，那人不敢隐瞒，说万寿公主在慈恩寺看戏。李忱听完勃然大怒，感慨道："怪不得百官不愿意跟皇族通婚，皇家确实不像话啊！"感慨的同时，李忱将万寿公主叫到皇宫之内罚站。万寿公主站在大殿之外诚惶诚恐，哭哭啼啼请父皇原谅，李忱对她说："哪有小叔子生病，嫂子还有心情去看戏的道理！这次就这样了，下不为例！"

万寿公主回家之后，老老实实相夫教子，再也不敢把自己当成金贵的公主。有皇帝宠爱的万寿公主当表率，其他公主、郡主更能摆正身份，不敢有丝毫违背礼法的行为。

李忱即位不久，朝廷在很多方面都有了质的变化，上上下下焕然一新。

人间炼狱

李忱能够选拔出大量人才，跟他平时心细有很大关系，早在他还是个王爷的时候就开始留意朝中大臣，遇到好的就记在心里。

有一次，李忱问白敏中："多年以前，为宪宗发丧的途中遇到暴风雨，当时文武百官和后宫妃子们都乱哄哄地四处避雨，唯独一个身材高大、满脸胡子的人扶着灵柩不走，你可知道那人是谁？"

白敏中记性好，还真记得当时的情况，便答道："那人是令狐楚。"

李忱接着问道："他有儿子吗？"

白敏中答道："他的大儿子令狐绪目前担任随州刺史。"

李忱通过令狐楚当时的表现看出他的人品极佳，推断他的儿子也错不了，所以才会跟白敏中打听情况，一听大儿子当刺史呢，看来确实还不错，便继续问道："是当宰相的材料吗？"

"不是！"白敏中回答完问题之后解释道，"令狐绪小的时候得过风湿，身体不好。但令狐楚的二儿子令狐绹（táo）在湖州当刺史，非常有才华，可以考察一番。"

李忱求才心切，立即将令狐绹召至京城，经过一番交谈，就喜欢上这个大臣了，因为，令狐绹对于皇帝提出的问题全部都能对答如流。

公元848年2月，李忱任命令狐绹为翰林学士，经常跟他探讨政务。李忱是个励精图治的勤奋皇帝，想了解每个官员的情况，但令狐绹对他说："六品以下的官员数量极多，工作繁杂，陛下掌握五品以上官员的情况即可，五品以上官员都有名籍，叫作具员。"李忱听从令狐绹的建议让宰相编写了《具员御览》，足足有五大本，李忱将这五卷《具员御览》放在办公桌上，方便随时查阅。

第二年，李忱又让人写了一份文字材料，这份材料叫《丹遗爱碑》，是宣传官员尽职守法的。李忱想表彰一下优秀官员，便问宰相过去几年哪个地方官做得最好，周墀告诉他说："臣曾经在江西当过一段时间的官，听说江西观察使韦丹极被民间推崇，他死后的四十年间，江西的老人和小孩还经常念叨他。"

李忱下诏让文辞卓越的杜牧撰写《丹遗爱碑》，纪念韦丹，鼓励现在的官员好好为百姓服务。另外，还提拔韦丹的儿子河阳观察判官韦宙为御史。

这就是李忱的用人策略，先考察人品，再考察工作能力，并且根据父亲的情况去考察儿子，所以他在位期间才能选拔出大量优秀的人才。

跟之前的几位皇帝一样，李忱在处理内政问题的同时还要考虑外部

问题，他在位期间主要要对付的是吐蕃。前几年回鹘已经落魄，北方的部族也没有哪个做大做强，唯一对唐朝威胁较大的就是吐蕃。

吐蕃这些年内部也没怎么消停，各种篡权，各种战争，所以虽然他们会偶尔进犯大唐，但远没有代宗李豫时期那样的规模。可是，就在几年以前，吐蕃赞普朗达玛被杀，他的妻子拥立自己的侄子云丹为赞普，朗达玛是有儿子的，他儿子不想看着别人继承赞普之位，联合时任洛门川讨击使的论恐热讨伐云丹，最终击败云丹和他的支持者，吐蕃内乱平息，论恐热自称宰相，掌管着吐蕃大权。

吐蕃很快在论恐热的管理下得到大发展，实力也是如日中天，在做强之后，开始打起大唐的主意。当时大唐的戍边大将尚婢婢是个高手，他的最好战绩是用四万人马击败论恐热的二十万大军，公元 849 年，论恐热帅大军卷土重来，此次鄯州节度使尚婢婢感觉到情形可能不太乐观，因为在以往多年的交战中都以胜利而告终，将士们骄傲轻敌之心大涨，敌人那边却是抱着不成功便成仁的态度拼死来战，尚婢婢再三警告各位将领不可掉以轻心，但将士们并没有这个觉悟，最终各路部队纷纷溃败，还好尚婢婢早有准备，收拾残部退守鄯州。

吐蕃军迅速占领大唐的数座关隘，但他们并未继续深入，而是上表请降，打赢的一方想要投降，这看起来似乎很不可思议，实际上很好理解，因为他们在说"我投降"的时候，心里想的是"逗你玩"，朝廷并未被吐蕃迷惑，一面表示接受投降，一面积极派兵出击，快速收复大部分领土，但最关键的鄯州之围并未解除，不但没有解除，反倒形势愈发紧迫，公元 850 年，鄯州粮草不足，尚婢婢无奈只得留下部将拓跋怀光坚守鄯州，自己带领三千多人撤往甘州西部，论恐热得知尚婢婢逃离鄯州，亲自率领五千轻骑追击，追着追着又听说鄯州只有少量部队驻守，于是在鄯州、廓州等地大肆杀戮，青年男子全部杀掉，妇女和老人要么割掉鼻子要么挖掉膝盖骨，至于那些还不会说话的婴儿则成了他们的坑具，河西数千里之地变成人间炼狱。（《资治通鉴》记载，杀其丁壮，劗刖其羸老及妇人，以槊贯婴儿为戏，焚其室庐，五千里间，赤地殆尽。）

人性的卑劣在他们身上一览无余。

唐朝根本无力解救水深火热的子民，恰逢吐蕃发生内乱，侵唐的吐蕃军人心惶惶，唐军趁机发动反击。

叛乱平息

福无双至，祸不单行！

就在大唐疲于应对吐蕃的时候，党项的叛乱也在不断升级。党项叛乱的原因跟吐蕃不同，他是因为长期受大唐欺负才叛乱的。

唐朝戍边将士贪图党项的牛马，经常成群成群地赶回自己的营地，久而久之党项人忍无可忍，便用武力维护自己的权益。

针对这种情况，李忱调整戍边将士，用温柔仁慈的文官代替贪婪残暴的武官，没过多久党项的大部分叛乱得以平息。但也有部分地区——南山和平夏——的党项人没那么好说话，南山和平夏两地的叛乱久久不能平息，李忱又不想动用军队（虽然一直都有武力冲突，但那都是地方的戍边部队，朝廷一直没有调派军队前去镇压），群臣帮着一起想主意，宰相崔铉建议派德高望重的大臣前去安抚，说不定可以避免战争。

李忱挑来选去，最终认为白敏中是最合适的人选，遂任命其为招讨党项行营都统，前去安抚党项。

接到这个任务后，白敏中很担心，他担心的不是能否平定党项，而是怕自己离京之后有人搞小动作。当初李忱给万寿公主选老公的时候，是白敏中推荐的郑颢，郑颢当时已经跟个姑娘订了婚，并不想娶公主，但皇命难违，只得推掉婚事迎娶公主。郑颢不敢怪皇帝，只能记恨白敏中，白敏中也知道自己得罪了郑颢，因此在去平定党项之前跟李忱说："郑颢不想娶万寿公主，所以怨恨我，我在京城的时候他不能把我怎样，我若离开京城恐怕就会凶多吉少。"

李忱呵呵一笑，让人拿出一个盒子交给白敏中，对他说："朕早就知道此事，这盒子里面都是郑颢告你的状，如果朕稀里糊涂就信了，怎能让你的宰相当到今天！"

白敏中千恩万谢，回到家后把那盒子放在佛像前，早晚烧香跪拜。

君臣之间能形成默契的配合，最重要的就在于这份信任。信任对人很重要，李世民信任魏徵、房玄龄、杜如晦等人使得天下大治，李隆基信任李林甫、安禄山、杨国忠等人使得天下大乱。李忱信任白敏中对于晚唐时期的经济和社会发展都起到重要作用，令人遗憾的是君臣二人能力有限，并且形势极其恶劣，所以仍然无法挽回大唐走向灭亡的结局。

这些都是后话，暂且不提，还是先看看白敏中能否很好完成平定党项的任务吧。

白敏中运气不错，刚到宁州就收到唐军大破平夏党项的战报，这样一来平夏这边不用做什么工作，党项就臣服了。

李忱得知该情况之后，颁下诏令："南山的党项人还生活在水深火热之中，走投无路只能靠打家劫舍维持生活，他们若是能洗心革面，朕便给他们一个机会，银州和夏州尚有很多闲置土地，可以让他们前去定居；他们若是仍然为非作歹，朕定派大军前去平叛。"

几个月后，白敏中给李忱送来好消息：南山的党项请求投降。李忱颁下诏书赦免党项罪名，鼓励他们努力工作，好好生活。

党项的叛乱得以平息，这让李忱很是高兴，不过，最近还有更让他高兴的消息，那就是吐蕃的问题也暂时得到解决。

由于吐蕃内乱，论恐热的死敌掌控了政权，他已后退无路，只能带着部队在吐蕃和大唐之间徘徊。论恐热性格残暴，对手下将士十分不好，唐将拓跋怀光派出众多能言善辩之人引诱吐蕃投降，没过多久，论恐热便被挖走很多将领和士兵，他一看这势头不好，这样下去迟早成光杆司令，只好跟朝廷讲和，并且于公元851年5月到长安面见皇帝。

此刻的李忱掌握着绝对的主动权，当然不会惯着论恐热，论恐热在大唐没有受到重视，怏怏不快地回到自己的部队，回去之后准备继续跟大唐作对，但刚好赶上雨季，不便行军，手下也越逃越多，最后仅仅剩下三百余人，论恐热只得带着这几百人躲进廓州。

后来论恐热再度叛乱，被拓跋怀光杀死，人头被送到长安，吐蕃也开始走向衰败。

君臣相宜

公元852年，党项人又开始骚动起来，跟之前一样，双方都有责任，李忱不得不想一个长治久安的办法，与党项相连的邠宁成为问题的关键，如果邠宁能有个合格的节度使，处理好跟党项的关系，朝廷也就省心了。

说到这些事情的时候，翰林学士、中书舍人毕諴（xián）引经据典、谈古论今，结合目前实际情况提出一套系统地解决党项问题的方案，李忱听后大喜过望，说道："朕一直想找像廉颇、李牧一样的统帅，没想到竟然一直就在朕的身边。"夸奖完毕诚之后又问道，"爱卿愿意为朕镇守边疆吗？"

毕诚当即表示愿效犬马之劳。

数日之后，李忱任命毕诚为邠宁节度使，毕诚也没让大家失望，到任之后采取一系列措施，兵不血刃解决党项问题，几十年间再无纠纷。

并非所有的边将都像毕诚这样给力，有些边将不但不能本本分分做好基本工作，还时不时地给朝廷添乱。党项闹叛乱的主要原因就是唐军欺负人家，河东节度使李业并未从中吸取教训，放纵士兵欺负当地杂居的胡人，打骂都是轻的，动不动就拿刀砍，经过一段时间后，胡人终于忍无可忍，各种规模的暴动频发。公元852年7月，李忱任命新的节度使替换了李业，由于李业后台比较硬，跟宫中往来密切，大臣们都不敢说什么，只有耿直的魏谟（mó）跟李忱说应该罢免李业的官职，李忱考虑再三，并未采纳魏谟的建议。

魏谟也是刚刚当上宰相不久的，李忱之所以让他当宰相，最看重的美德就是耿直，前段时间他刚当上宰相的时候就跟皇帝讨论特别敏感的话题——册立太子，李忱也因此而格外看重他，夸他有先祖——魏徵——遗风。

像魏谟这样耿直的人需要一个极其清明的环境，宣宗时期虽然政治还算清明，但各种大大小小的问题非常多，环境算不上太好，别说一般奸佞之人容不下他，就连令狐绹这样的大臣也忌惮他，后来找个机会将其排挤出京，到地方去当节度使。

魏谟会被排挤出京城说明李忱用人尚未达到完美的境界，但并不能说明他用人水平不行，只要是人都不可能完美，跟绝大多数皇帝相比，李忱在用人方面做得非常好。

公元854年2月，有关部门跟李忱说谏官数量不足，应该再任命一些，李忱表示，谏官的数量并不重要，重要的是质量，现在这几位谏官做得非常好，朕想知道的事情他们都会跟朕说，朕的毛病他们也会毫无顾忌地指出来，尤其是牛僧孺的儿子牛丛更是尽职尽责。

李忱会亲自衡量官员的合格与否，还会抓住一切机会侧面了解官

员情况。有一次他出城打猎遇到一个樵夫，跟樵夫攀谈起来。得知这个樵夫是泾阳县人之后，李忱便打听起泾阳县令的情况，樵夫如实答道："县令李行言是个固执的人，严格遵守律法，有一次监狱中关押着几个强盗，一群太监来要人，因为没有正常手续，李行言丝毫不买太监的账，不但没放人，反倒把那几个强盗都砍了。"

李忱回宫之后把"李行言"这个名字写在小本上，没过多久将其提拔为海州刺史，李行言从一个县令升为刺史得到皇帝面前谢恩，李忱问他："你可知道朕为何升你？"

李行言确实不知道为何会被破格提升，李忱把那樵夫讲述的事情跟他说了一遍，勉励他以后继续尽职尽责作好百姓的父母官。

除了李行言外，也还有类似的情况发生，醴泉县令李君奭（shì）也是因为辖区百姓歌功颂德被李忱歪打正着听到，被破格升为怀州刺史。

像李行言、李君奭等人都是国家和百姓不可或缺的人才，正是有这些尽职尽责的基层官员，百姓才能过上幸福生活，但真正影响一个大唐走势的还是皇帝和那些位高权重的大臣。李忱即位以来对太监的打击力度一直不小，也取得不错的成绩，但还不够，为此，他跟翰林学士韦澳等人商量对策，试图找到让太监彻底不要参与朝政的方法。

不了解那段历史的人可能认为这难道很困难吗？在君主专制制度下，皇帝想要铲除哪个群体不就能铲除哪个群体吗？

实际情况远没有这么简单，盘根错节的利益关系让太监和大臣绑在一起，另外，多数禁军也都在太监掌控之中，即便皇帝能除掉几个，对这个整体影响也不会太大。

可能有人又要说了：那就彻底洗牌呗！

这话说起来简单，做起来可就难了，这需要皇帝有超强的能力和极大的魄力，这样才可能在朝廷内外都保持稳定的情况下解决问题，即便解决了问题，也很难根除，因为这里面还有制度的问题，恶太监被减除了，新太监也可能变成恶太监，所以制度不改，抓多少典型都解决不了问题。

以李忱的能力和魄力来说，确实不足以从根本上解决太监乱政的问题，再加上他当皇帝有些太监立有大功，那些有大功的太监若无大过的话也不好对他们下手，否则皇帝还要背上忘恩负义的骂名。由于这诸多因素的限制，李忱只能走一步看一步，太监乱政的问题也不能得以根治。

韦澳没办法帮助皇帝处理好太监问题，但其他方面还是不错的，他把各个州的风土人情等情况编成一本书，书名叫《处分语》，李忱通过这本书了解到很多地方的情况，把地方问题处置得井井有条。

韦澳是进士出身，工作能力毋庸置疑，更难能可贵的是工作态度，皇帝让太监传旨韦澳书写诏书，韦澳都会认真思考是否合适，如果不合适的话就会找各种借口不写，第二天见到皇帝跟皇帝当面探讨，多数情况下，李忱也都能虚心接受。

晚唐时期，社会长期处于动荡的状态，太需要像韦澳这样的人来治理国家，李忱也认识到韦澳的价值，因此于公元856年任命其为京兆尹，前文介绍过京兆尹的重要性，这里再赘述两句，京城的风气如何直接影响到地方城市，它的重要性可想而知，除了重要之外，京兆尹这个职位还有另外一个特点，那就是极其难当！京城遍地都是皇亲国戚、王侯将相，这些人以及他们的家属、奴才会犯罪，合格的京兆尹眼中是没有皇亲国戚和王侯将相的，王子犯法庶民同罪！不过，大多数京兆尹都做不到，之前说过几位做得非常好的，像柳公绰、薛元赏等，韦澳跟他们相比毫不逊色。

韦澳刚当上京兆尹没多久就遇到一个极其棘手的问题，国舅郑光手下一名得宠的官员狗仗人势，欠官府好多租税，想赖账，韦澳并未因为他是国舅的人就睁一只眼闭一只眼，立刻派人将其抓了起来。

事情很快闹到李忱那里，郑光是皇帝的亲舅舅啊，他的手下被抓，皇帝脸上也无光，李忱知道韦澳的脾气，除非撤他的职，否则别想徇私枉法，最终，韦澳还算是给皇帝面子，答应道："把欠的税补上，我就放人。"

那个国舅的走狗挨了一顿板子，把税也都乖乖交上，才爬出京兆尹的监狱。

再蹈覆辙

公元857年，李忱想去华清宫玩一玩，那可是皇帝们的温柔乡，谁会不想去呢？李忱也有七情六欲，也会想享受一下生活，因此安排了

华清宫的行程，谏官知道后极力劝阻，理由是现在还有很多问题，远未到国泰民安的程度，皇帝不应该去华清宫享受奢靡的生活。李忱很不甘心，最后还是听从谏官的劝谏，放弃华清宫之旅。

李忱对大臣很是尊重，接到重臣的奏疏之后都会焚香洗手，然后才打开阅读，对于谏官的劝谏只要合情合理都会尽量去接受，并鼓励大家探讨政事，但这个"大家"并不是所有人，例如陪皇帝娱乐的戏子就不在这个行列中。

宫廷教坊中有个戏子叫祝汉贞，此人头脑灵活，反应迅速，在皇帝面前表演脱口秀从不打草稿，因此得到宠幸。受宠之后的祝汉贞有些膨胀，在脱口秀的时候谈论很多朝政，李忱听到后严厉批评他，告诉他摆正位置，不要拿朝政调侃。刚好祝汉贞的儿子因贪赃被乱棍打死，祝汉贞受到牵连被发配充军。

按理说，皇帝喜爱的祝汉贞都能被发配充军，其他戏子就应该收敛一些，但是，偏偏有些人就喜欢玩火！

善弹琵琶的乐工罗程仗着皇帝的宠爱为所欲为，因杀人被捕入狱。

罗程的同僚想要请皇帝赦免他，在给皇帝表演节目的时候为罗程设置了一个座位，把他的琵琶放在那座位上，然后齐齐跪倒，痛哭不止，边哭边说："罗程辜负陛下，罪该万死，只是可惜了他那举世无双的绝技。"乐工们希望用眼泪让皇帝心软。

李忱看看乐工们，说道："你们珍惜的是罗程的琵琶技艺，朕珍惜的是高祖、太宗留下的律法！"

罗程的琵琶绝技并不能蛊惑一位明君，也不会借此保住性命，最终被乱棍击毙。

李忱本人十分热爱和擅长音乐（老李家的人都很有音乐天赋，当年的玄宗李隆基就是最典型的代表），仍然能不被乐工蛊惑，从这点来看，确实值得钦佩，不过他在这方面定力强，并不代表在其他方面定力也强。

李忱跟之前的几位皇帝一样都痴迷于神仙和长生不老，晚年的时候更加迷恋道教，听说罗浮山有个叫轩辕集的道士法力高深，专门派太监去把轩辕老道请到宫中。

轩辕集仙风道骨、鹤发童颜，还真有一些神仙的味道，李忱见到之后激动不已，连忙请教长生不老之术。

轩辕集手捋长髯，开口答道："帝王者，抛却杂念，崇尚道德，一心为国为民自然会有延年益寿的福气，若非如此，哪里还能求得长生不老之法！"

道士的答案可以说是完美的，不过皇帝对这个答案并不满意，虽然不满意，也没责备道士，李忱以为道士是在考察自己的诚心，俗话说"心诚则灵"嘛，李忱将轩辕集留在宫中数月有余，一直在表达诚心，希望能得到长生不老之术。这诚心并未感动道士，反倒让道士失望，最终，道士彻底放弃这个曾经英明无比的皇帝，坚决要求返回罗浮山。

轩辕集的离开没有打击到李忱追求长生不老的热情，近些年来，随着他年纪的增加，越来越惦记着怎样才能不死，他想一直当皇帝，当初宰相魏谟让他尽快册立太子，他没动作，后来宰相裴休让他册立太子，他仍然没动作，并且还说："如果立了太子，那朕不就无事可做了吗？"（《资治通鉴》记载，上曰，"若建太子，则朕遂为闲人。"）

可能在李忱的潜意识中是这样认为的吧：如果立了太子，太子总有一天要接替皇位，接替皇位那天，也就是自己死的那天。

当然，这也不完全是李忱不立太子的全部原因，另外还有一个原因就是他不喜欢长子郓王李温（后改名为李漼，李忱不喜欢他情有可原，各位很快便会见识到这个皇子有多不靠谱），喜欢三儿子夔王李滋，但长子无大错的话，没有理由让三儿子当太子。

这样一来，太子问题一直没有落实，不知道李忱是否着急，反正那些忧国忧民的大臣是很着急，他们不失时机地跟皇帝说这事。

公元 858 年，李忱想要在丹凤楼上搞个天下大赦的活动，令狐绹对他说："这个活动可没说的那么简单，有关部门要做很多准备工作，开销也会很大，搞这样重大的活动应该有个正当的名分。"

李忱连忙问道："什么名分最合适？"

宰相崔慎由在一旁答道："目前大唐最紧迫的事情就是尚无太子，举国上下都在盼着早立太子，如果举行太子册立大典的话，就可以在丹凤楼搞大赦。"

李忱当场并未表扬或者指责崔慎由，但是，几天之后崔宰相便被赶下宰相宝座。

此时的李忱吃了好长一段时间的长生不老仙丹，身体明显出现状

况，情绪烦躁，不过绝大多数的时候尚能控制住自己，基本上还能较好地处理朝政。但是，丹药不停，李忱的情况就会不断恶化，这种重金属含量极度超标的仙丹不管是在精神上还是在身体上都会给人造成极大损伤。

公元 859 年，李忱由于吃太医李玄伯、道士虞紫芝和山人王乐合练的仙丹而背生毒疮，卧床不起，宰相和百官根本见不到皇帝。

此刻的李忱终于明白：自己还是会死的，太子还是得立的。

但是，有一点儿他并不知道，那就是立谁为太子已经不是他说了算。虽然他下的圣旨是立三儿子李滋为太子，但此刻宫内宫外已经基本断绝联系，宫内的事情全部由太监说了算。公元 859 年 8 月，李忱驾崩，在此期间左神策军中尉大太监王宗实假传圣旨，立郓王李温为皇太子，掌管军事，并改名为李漼（cuǐ）。

说到这里，我不得不唠叨几句。自文宗之后，皇帝的废立都是由太监操控的，除了因为太监势力强大之外，也有些其他原因。文宗、武宗年纪轻轻就驾崩，那时他们的儿子都小，尚不适合立太子，宣宗是自己失误迟迟不肯立太子，等他临死之前，号令难以传到宫外，太监们才能伪造圣旨，按照自己的意愿册立太子。王宗实能立李温为太子，李忱要负很大责任。

宣宗李忱虽然晚年时期犯了些错误，并且在太子册立问题上有重大失误，但我们不能因此而抹杀他的功绩。

李忱优点非常多，有勤俭节约的美德，有虚心纳谏的胸怀，赏罚有度，爱民如子，在晚唐社会破败不堪的情况下仍然能基本保持政治清明、社会安定，多数老百姓能安居乐业，可以说是点燃了唐朝振兴的希望之火，在接下来的几十年间，人们还会经常想起这位乱世帝王，甚至称赞其为"小太宗"。

【第七章】 唐懿宗

主角：李漼

配角：裴甫、王式、高骈、庞勋、崔彦曾、杜悰、辛谠、路岩等

事件：跟懿宗李漼相比，之前的那些唐朝皇帝都不算昏庸，穆宗也好，敬宗也罢，都算不错的皇帝，因为李漼实在太昏庸了。昏君登场，预示着唐朝这个庞然大物将要迎来灭顶之灾，要想摧垮这个庞然大物需要多方努力。

首先，朝廷内部必然奸臣当道。这一点懿宗朝完全符合，不但奸臣当道、而且宰相都难以找出个合格的。

其次，要有外敌入侵。这一点懿宗朝也符合，南诏的入侵让岭南地区民不聊生。

最后，也是最主要的，国内要有大乱。裴甫的起义如同大草原上点燃的第一把火，这火刚刚熄灭，庞勋的造反再次让大唐焦头烂额。唐末农民起义的帷幕也就此拉开。

虽说上述三方面情况在之前几个皇帝身上也都发生过，但是，之前总会有人在系统崩溃之前挽回局面，这次，唐朝没有那么幸运，不但没有力挽狂澜的英雄出现，而且，接下来的一代又一代人更是把社会引向毁灭的深渊。

晚唐第一把火

公元 859 年 8 月 13 日，太子李漼即位，庙号为唐懿宗。

李漼刚即位就干了件大快人心的事——处死李玄伯、虞紫芝、王乐！另外，还把宰相令狐绹赶出京城，让他去担任河中节度使。

令狐绹刚当宰相那些年工作确实很出色，做了很多利国利民的事情，但身居高位时间久了就发生了变化，尤其是这两年排挤那些工作能力强的同事，猜忌下属，他的儿子还大肆收受贿赂，朝内朝外对此意见颇大，因此李漼才把他赶出京城。

大家看到这里可能会想：看来李漼是个英明皇帝嘛！

并非如此！唐懿宗是历史上出了名的昏君，他之所以上台能干出两件不错的事儿，那是因为他还不知道怎样当昏君，昏君也是需要一步一步养成的。

我们暂且不讨论昏君是如何养成的，此刻李漼有两件极其棘手的事情要处理：第一件，南诏叛乱；第二件，农民起义已经威胁到大唐政权，在接下来的几十年间愈演愈烈，现在这场起义就如同大草原上的第一把大火，已经烧了起来。

此时南诏叛乱的规模并不大，只是有些小摩擦，新的南诏王自称皇帝，跟唐朝分庭抗礼，但雷声大雨点小，只是在边境地区有些小规模冲突。

与南诏叛乱不同，农民起义实实在在地让李漼寝食难安，公元860 年正月，裘甫与官军在剡（yǎn）县（今浙江省嵊州市）的桐柏观前大战，官军浙东讨击副将范居植战死，讨击副使刘勍（qíng）落荒而逃，裘甫攻占剡县城池，打开库府招募壮丁，数日之间就拉起来一支几千人的队伍。

裘甫是何方神圣？

其实，他只是一个出身贫苦又不太本分的农民，没种几年地，就把主业改成贩卖私盐。盐税是当时主要税收之一，贩卖私盐属于严重偷税漏税，是朝廷打击的主要对象，因此，裘甫的日子并不好过，刚好赶上宣宗末年天下大乱，不本分的裘甫便想试试造反之路好不好走。公元

859 年 12 月，裘甫聚集一帮贫苦农民揭竿而起，转过年来就跟浙东军打了一场大仗，结局刚刚已经说过——官军大败。

裘甫这么一闹，两浙地区可就开了锅，因为这两个地区长期无战事，百姓只听说过战争，根本没见过，当地正规军只有几百人，武器、铠甲全部锈迹斑斑，刀枪还没有农民种地的锄头锋利，官军形势如此之差，将领竟然还很乐观，原因很简单，那就是他们根本没有作战经验，无知者无畏！

浙东观察使郑祗德（驸马郑颢的老爹）招募一群新兵就让部将带出来攻打裘甫，裘甫农民出身，也没啥文化，但不知在哪儿竟然还学了些战术，诈败将官军引至河水下游，等到官军渡河之时，让上游埋伏好的人开闸放水，然后一通冲杀，官军几乎全军覆没。

两战大捷，裘甫声威大震，四面八方慕名而来的追随者越聚越多，转眼之间这支队伍足足有三万余人，裘甫自称天下都知兵马使，并刻了一方大印。

裘甫这么一折腾，可吓坏了郑祗德，向朝廷告急的同时又到临近各道去搬救兵，浙西道、宣歙道立刻派来几百援军，然而，这几百援军不但没让郑祗德舒畅，反倒让他无比闹心，因为，这些人来不是为打仗的，而是为捞好处的。郑祗德拿出大量钱粮犒赏三军，数额足足相当于朝廷正常发放标准的十三倍之多，即便如此，这些士兵仍然不肯乖乖听命，装伤的装伤、装病的装病，作战还有条件——让非正规军打头阵。

老百姓一看这情况，知道官军很可能再次大败，于是收拾金银细软，背上粮食四散逃命。

朝廷知道郑祗德性格懦弱，能力有限，搞不定手下将士，也搞不定裘甫，只得商量找人替代他。宰相夏侯孜推荐了一个人——王式，一开始大家都不同意，王式生于书香门第，一家子都是读书人，让他带兵打仗实在不放心，万一像赵括一样是个纸上谈兵的夯货，后果不堪设想。但是，夏侯孜把王式担任安南都护时的一些政绩讲完之后，诸位宰相都认为王式并不是一个文弱书生，而是有胆有识的文武全才。于是李漼召回郑祗德，任命王式为浙东观察使。

公元 860 年 3 月，王式上任之前入朝面见皇帝，李漼问他关于讨贼的问题，王式答道："要给我足够的军队！"他说得没错，巧妇难为无米之炊！但买米得花钱啊，李漼身边的太监就怕花钱，对皇帝说："征调军队，开销极大。"

王式说："如果为省钱，征调的军队不足，一时半会儿平定不了叛军，等到叛军势力扩大，再因此而引发周边的叛乱，那花费会更大。"

李漼听王式这样说觉得很有道理，便下诏征调忠武、义成、淮南等地军队归王式指挥。

王式这边积极做着准备工作，裘甫那边也没闲着，继续攻城略地，虽然有些州县准备充分，没让他占到便宜，但还是有些地方陷入一片火海。

裘甫不是什么善良之辈，所过之处寸草不生，年轻力壮的被抓为壮丁，年老多病的全部杀死。

有人可能认为起义军不是应该善待农民的吗？

这样想的人那就错了，并不是所有的起义军都是为百姓服务的。宣宗末年虽然社会情况不是特别好，但大多数任劳任怨的农民还都能靠种地养家糊口，普通百姓并不会"揭竿而起"，剩下那一小部分人中大多数是游手好闲、或没有立业之地的人，他们听说裘甫做大做强，就立刻前来投奔。再加上此时起义军的首领缺乏对部下应有的约束，就难免会成为地痞无赖、亡命之徒的投奔之地。

运筹帷幄

当得知王式要来替代郑祗德的时候，裘甫正在跟部下喝酒，听到该消息后，这个酒也就喝不下去了，因为很多人知道王式的大名，"这个牛人带着大部队杀过来的话，我们能抵挡得住吗？"这是裘甫和他部分手下心中的疑虑。

裘甫的手下也并非都是无能之辈，他的天下都知兵马副使刘暀（wǎng）就是个能人，刘暀认真思考之后，说道："听说王式智勇双全，几十天内就会到来，但并不是说我们就得坐以待毙，只不过在这种情况下需要调整思路，现在裴将军您应该尽快攻取越州，占领那些坚固的城池，派人驻守西陵抵御王式的部队，另外，收集船只渡过长江，从扬州等地掠夺金银珠宝作为军费，继续招兵买马扩大队伍，等队伍够强大了，北面抵抗王式的同时，派兵南下攻占福建等地，这样就把朝廷东南主要纳税区收入囊中。至于我们的子孙后代能否守住这份基业我说不好，但足够我们这一辈安身立命了。"

简单概括刘旼的战略思想就是不畏惧王式，他打，我们就挡，同时再发展更大的队伍，占领更大的地盘。

信心不足的裴甫畏惧王式的名声，不敢跟他对抗，因此不赞同刘旼的战略思想。

裴甫的手下王辂（lù）看出裴甫的心思，说道："如果按照刘旼的思路，我们说不定能取得当年孙权占领江东的事业，但那时天下大乱，所以才有机会，如今中原无战事，我们想要割据江东谈何容易，不如固守坚城，守得住就守，守不住就找个海岛当海盗。"

说到这里不得不感慨一下，我们身边总会有王辂这样的人，"王辂"们察言观色、揣摩领导意图，他们提出的方案是为哄将领开心，而不是为把事情做好，当然对于那些像裴甫一样自以为聪明的将领来说，虽然被"王辂"愚弄，但仍然喜欢"王辂"。

小发一下感慨之后言归正传。

几十天的时间很快过去了，裴甫一直没拿定主意该如何行动，就在他不知如何是好的时候，王式的大军已经来到浙东。

王式恩威并举，管理手下部队，等到达越州的时候，他的部队已经井然有序。跟郑祗德交接完工作之后，王式为其设宴送行，因为工作开展的顺利，大家都很开心，准备大醉一场，王式却说："你们吃好喝好，我主管军政大事，在此特殊时期滴酒不能沾唇，监军以下的将领可以不醉不归。"

宴会一直持续到晚上，大家仍未尽兴，点起蜡烛继续喝。王式自己没喝酒，但说了这样一句话为大家助酒兴——有我王式在此，叛军怎能妨碍了我们饮酒作乐！

这话说得太霸气了，在场之人没一个觉得王式是在口吐狂言，王式强大的自信深深感染到各位。这就是一位合格的将领，他能用自信和魅力感染下属，收服下属，让下属各司其职做好本职工作，之前那些嫌军饷少的再也不提军饷的事儿，那些号称身染重病的也都披挂整齐准备开战。

两军尚未开战，在士气方面，王式已经胜出一筹，接下来的间谍战中，裴甫又没占到便宜，之前跟叛军有来往的官军全部被王式查出，斩首示众。

王式一直按部就班地做着战前准备工作，大家也都积极配合着，但是，当王式下令开仓放粮的时候，属下们不想配合了，纷纷表示：叛军尚未消灭，军粮本就紧张，哪有把军粮发给老百姓的道理？

王式的回答是："照办即可！这道理以后再跟你们说。"

除开仓放粮这事儿王式不按常理出牌之外，另外一件事也很蹊跷。手下人建议设置些烽火台，可以让大家迅速知道叛军攻打哪里。

在古代没有电话一类的通信设备，烽火可以非常方便地传递信息，哪里被打点哪里，援军便能及时赶过去增援。

但是，王式并未采纳手下设置烽火台的建议，而是挑了些瘦弱的士兵，带上简单的武器去当侦察兵，更奇怪的是，王式给这些侦察兵配的战马都是强健无比的优良战马。

手下人一头雾水，但也不好多问。

一切准备就绪，王式开始排兵布阵，但又有难题了，虽然李滽从几道给派了兵，但每道也就几百而已。不过王式有解决办法，他把当地民兵（当时称为土团民兵）分散到正规军中，扩充数量。然后，他让宣歙将领白琼、浙西将领凌茂贞率领本部人马和民兵，并让石宗本带领骑兵为先锋，从上虞县到奉化县，去解象山之围，这支队伍称为东路军；让义成将领白宗建、忠武将领游君楚、淮南将领万璘带领本部军队与台州军会合，这支队伍称为南路军。

派出两路部队之前，王式强调道："首先，自己完成好自己的任务，各军之间不得发生冲突；其次，不准跟老百姓发生冲突，更不能杀老百姓来冒领军功；再次，抓到的俘虏若是越州本地人都放回家去，缴获金银珠宝等战利品自己拿着就行，不用交公。"

没过几天，两路部队都送来捷报，频频斩杀叛军大将，收复城池。

唐军这边捷报频传，叛军日见窘迫，王式第一阶段工作开展得极其顺利，便开始下一阶段工作，他对众将说："裘甫无路可逃，定会找个海岛据守，如果真让他逃进大海，我们可就不好办了，必须要在陆地上将其解决。"

王式下令让水军沿海巡逻，裘甫万万没想到大海上有人等着他，又被打个措手不及，放弃全部战船，逃入深山。

这时，王式又说了："裘甫现在一定会从黄罕岭退回剡县，可惜我没兵驻守黄罕岭，即便如此，他也逃不出我的手掌心。"

裘甫这仗确实没法打，每一步都在人家预料之中。

公元860年6月，王式的东路军再次大败叛军，斩杀数千，生擒无数。命大的裘甫还是成功地从黄罕岭逃进剡县。

裘甫躲进剡县只不过是多拖延几天罢了，王式切断城中水源，裘甫试着几次出城拼命，都大败而归，不得不开城投降。

王式派人将裘甫押往京城，又消灭掉他的余党，这些小事不值一提，因为王式正在解答大家的疑惑，大家对这个太感兴趣了。

第一个问题：为何在军粮紧张的时候还开仓放粮？

王式的回答是："裘甫招兵的一个重要手段是用粮食引诱饥民，我给大家发粮食，大家就不会去投靠他，另外，我军军力不足，不是每个城池都有充足守兵，如果我不把粮食发给饥民，裘甫反倒会占领城池，用这些粮食收买人心。"

第二个问题：为何不设置烽火台？

对于这个问题，王式很无奈，他答道："设置烽火台是为方便救援，但我手里根本没有援军，就算看到哪个烽火台点燃，我也只能干瞪眼，这样反倒让军民心生不安，不战自溃。"

第三个问题：为何派出羸弱的侦察兵？

王式这样答道："侦察兵主要是用来刺探敌情的，如果让那些骁

勇善战的人担任，他们看到敌人就会冲上去拼杀，万一战死情报就带不回来了，那些羸弱的士兵骑着快马，看见敌人来了就会立刻逃命。"

诸位将领听完王式的回答无不佩服得五体投地，虽然听他说完觉得很简单，但事前却无人能想到这些。恐怕这就是高手跟一般人之间的区别，高手可以事前算好一切，运筹帷幄之中，决胜千里之外。

见到囚车中的裴甫，懿宗李漼开心加意外，没想到这么愁人的叛乱问题这么轻松地被王式搞定，当然，这里面也有宰相夏侯孜的功劳，他拍着胸脯打包票，说王式一定没问题，李漼才会在物质上和精神上全力支持王式。

不过，细心的读者会发现，李漼虽然全力支持王式，但也只能给他派出那点人马，可见当时的大唐已经落魄到何等地步。

南诏之乱

大唐日渐衰弱，周边的小政权也都伺机过来咬一口，之前雷声大、雨点小的南诏，现在可是动起了真格的。

公元 861 年 7 月，南诏出兵攻占邕州。李漼调兵遣将采取一些防御措施，但效果都不理想，转过年来，南诏又大规模入侵安南，安南经略使王宽多次向朝廷告急，李漼做出人事调整，派湖南观察使蔡袭取代王宽，同时调派多路人马交由蔡袭指挥，讨伐南诏蛮军。

南诏这群蛮军脑子很灵活，得知大唐派大军来剿，立刻收拾行李退回老家。

这样一来大唐的南部边疆算是可以安定下来，但是，不怕没好事就怕没好人，偏偏在这关键时刻杀出来个蔡京。

蔡京本是左庶子，左庶子也就是个五品左右的官员，在京城来说实在不算大，此人阴险狡诈，有些小聪明，蒙蔽了宰相，宰相认为他有才能，便推荐给李漼，李漼稀里糊涂地就将其任命为荆襄以南宣慰安抚使，没过多久又任命其为岭南西道节度使。

蔡京和蔡袭都姓蔡，但一点儿亲戚关系都没有，蔡京怕蔡袭立功抢自己风头，竟然不顾大唐安危，给李漼上奏说："南诏已经撤兵，边境彻底安宁了，一些武夫为获战功，向朝廷谎报敌情索取军费，陛下不能让那些恶人得逞，应该撤走安南的守兵，让各路人马回归本道。"

昏庸的皇帝采纳了蔡京的建议。

蔡袭多次向朝廷上奏，说南诏窥视安南已久，不得不防，就算撤回各道人马，也应该留下五千人驻守要塞。这样的奏疏蔡袭足足写了十份，并且以死担保南诏必会进犯。

昏庸的皇帝和糊涂的宰相考虑到军饷以及军需物品运输等问题，最终选择相信蔡京，无视蔡袭。

蔡京的好日子也没过几天，他这人太残忍，担任岭南西道节度使期间以用烙铁烙人为乐，没过多久就被愤怒的邕州将士驱逐出境。蔡京不甘心，跑到滕州假造圣旨招募壮丁和民兵攻打邕州，这群乌合之众哪打得了仗啊，刚遇到邕州军就四散逃命。蔡京继续逃亡，但根本没人肯收留这个混蛋。

李漼得知蔡京把邕州等地搞得一团糟，便将其贬为崖州司户。

崖州在遥远的海南岛上，如今是旅游胜地，当时可是鸟不拉屎的蛮荒之地，蔡京不想去崖州受罪，准备回京城再靠自己的三寸不烂之舌和各种阴谋手段打个翻身仗，他这行为可是抗旨不遵啊，李漼不允许自己的皇权受到藐视，下旨赐死蔡京。

蔡京死了，他给安南造成的影响却并未因此而消失。安南的大部队撤走之后，南诏又派兵入寇，兵士足足有五万之多，安南都护蔡袭连忙向朝廷告急，告急文书雪片般飞往京城，李漼也慌了，仓促之间调派荆南、湖南等道人马前去邕州，由新任岭南西道节度使郑愚指挥。

李漼虽然调派了一些援军，但他们还是来晚了，此刻，南诏大军已经将蔡袭团团围在交趾（今越南的河内）城中，公元 863 年，交趾城破，蔡袭的护卫全部战死，蔡袭孤身一人身中数箭，依然奋勇厮杀，最后乘船赴海而死。

就在大唐跟南诏打得如火如荼的时候，李漼仍然有心情娱乐，并且无节制地宴饮，谏官劝他先把心思放在军国大事上，等平定叛乱，国家安定，再喝酒吃肉也来得及，但谏官的话对一个昏君不会有任何影响。

交趾失守，安南告急，李漼不得不在宴饮之余布置一下安南的工作，重新设置安南都护府，任命经略使，派部队镇守，保障军事物资的供应。其实这些运输并没有皇帝和宰相认为的那么复杂，福建的粮食通过海上到广州还用不了一个月，因此，岭南的粮食很快便供应充足。

在一个混乱的社会，什么样的事情都能办走样。官府以运粮为借口，

抢夺商人船只，如果运粮船在海上发生意外，负责运输的人没有补偿，还要受到惩罚，根本不管这原因是否是不可抗力的。粮食没运多久，沿海一带便怨声载道。

后勤保障频频出错，前线战事也是如此，公元864年，新任的岭南西道节度使康承训在邕州偷袭南诏军，一共杀了几百人，就敢向朝廷谎报说大破蛮军，皇帝和大臣不知道真相，还以为很快就可以把南诏打回老家了呢，朝廷内外都洋溢着喜庆的气氛，并且大肆赏赐邕州将士。朝廷的赏赐发到邕州的时候又出了问题，那些拼死杀敌的将士没有得到任何奖赏，好处都让康承训的亲信给捞走了，军中积怨越来越深。

岭南东道节度使韦宙对康承训的所作所为一清二楚，上报给宰相。康承训欺瞒朝廷，自己心中也很不踏实，多次以生病为由请求辞官，李漼并未追究康承训的责任，任命其为右武卫大将军，让张茵担任岭南西道节度使。

张茵同样不给力，只是龟缩在邕州城中，根本不敢去收复安南。

就在朝廷一筹莫展的时候，善于识别人才的夏侯孜又推荐了一个牛人——高骈！

高骈是南平郡王高崇文的孙子，高崇文在宪宗时期为平定藩镇立有大功，现在他的孙子已过不惑之年，更重要的是练就了一身本领，差的只是一个慧眼识英雄的人，刚好夏侯孜就是他的"伯乐"。

公元865年，高骈在海门休整部队，监军李维周很讨厌他，不断催他速速进兵，高骈无奈只得带领五千人匆匆出发，出发前跟李维周约好，让他带领部队随后赶上，但是，这群祸国殃民的太监根本不管战争输赢，也不顾国家安危，带着队伍在海门一动不动。

同年9月，高骈的部队遭遇到正在收割水稻的南诏兵，唐军发动突然袭击打了敌人一个措手不及，五万南诏兵丢下水稻落荒而逃。

首战告捷！鼓舞了士气，还解决了军粮问题。

随后，高骈屡战屡胜，捷报频传，但是，这些捷报都没传到朝廷，所有奏表都被李维周扣在海门。

李漼那边很久没收到高骈的消息，感到很是奇怪，不管输赢总要汇报个战况啊，李维周趁机上奏说高骈惧怕蛮兵，不敢交战，迟迟没有开战。李漼听完大怒，派右武卫将军王晏权替代高骈，召高骈回京。

就在李维周诋毁高骈的时候，高骈又数次大败南诏兵，包围交趾城。

高骈这边眼瞅着就拿下交趾城了，忽然收到朝廷的文件，说他被撤了职，新任安南主帅是王晏权。高骈不敢有丝毫怠慢，把军政大权交给手下，带着一百多人往京城赶。

几天之前，高骈派出使者进京汇报战况，没过多久使者几经周折来到长安，李漼听说高骈正在围攻交趾的时候，乐得差点从龙椅上摔下来，立刻给高骈封了个工部尚书的头衔，之前的那些军职也全部恢复。当高骈到达海门的时候得到朝廷将其官复原职的命令，又掉头回到交趾城下。

战场的形势瞬息万变，在高骈离开这段时间，王晏权和李维周把部队搞得一团糟，南诏军趁机逃走大半，高骈回来后，重新组织攻城，没过多久交趾再次纳入大唐版图。

高骈大胜，唐朝有了谈判的资本，李漼下诏大赦天下，派使者跟南诏谈判，表示如果两国能重归于好，唐朝将既往不咎。

南诏王看了一下这仗再打下去也没啥好处，于是暂时获得和平。

糊涂皇帝

高骈及将士们的努力使得南部边疆重归安定，虽然不管外部局势如何恶劣，都不会影响懿宗李漼的娱乐生活，但毕竟在没有战争威胁的情况下，他玩得会更开心。

李漼跟他的父亲、祖父、祖父的祖父……一样，酷爱音乐，老李家的人都有音乐天赋，李漼更喜欢大规模演出，一个演奏会的乐工就有五百之多。除了酷爱音乐，他还酷爱美食，每个月大型宴会都有十几次，也就是说平均不到三天就有一次，另外，李漼的耐力非常好，这样高强度的娱乐也不会使他疲倦，基本从坐上龙椅就开始这样的日子。

在娱乐生活方面，李漼跟隋炀帝杨广非常相似，为方便游玩，到处设置行宫，要想去哪儿玩根本不用提前做准备，抬脚就走，行宫之中各种生活、娱乐设施跟皇宫相比毫不逊色，这跟有关部门认真细致的工作是分不开的，那些陪皇帝玩的太监、大臣们时刻准备着满足皇帝出游的要求，乐工们时刻准备着上场演出。当然，李漼也不亏待这些人，赏赐的时候从不吝啬。

李漼如此挥霍，再富裕的国家都得折腾穷，何况此时的大唐根本谈不上富裕。跟挥霍钱财相比，另外一些做法对大唐危害更大，那就是胡乱用人。公元867年3月，李漼封李可及为左威卫将军。

李可及是什么人？

只不过是个擅长作曲的乐工而已，客气点儿说是个作曲家。

左威卫将军是什么样的官？

左威卫是禁军的一个机构，左威卫将军大概是个从三品左右的官职。

让个作曲家当将军，可真是天大的笑话！（这确实是个笑话，我们不能因为这样的做法可以持续千百年，就认为他是合理的。）

不但我们认为让作曲家当将军不合理，李漼的大臣也认为不合理，宰相曹确说："当初太宗皇帝确定朝中文武官员六百多个职位，特意对房玄龄说'朕的官职爵位都是授予天下贤能之士的，工匠、商人等不可授予'。几十年前，文宗皇帝要给乐工尉迟璋封官，有大臣劝谏，文宗当场就把尉迟璋派到地方。臣希望陛下能效仿太宗和文宗两位圣皇。"

曹确的话有理有据，但李漼丝毫不加理会。

这样的昏庸皇帝只有被愚弄的份，会被愚弄到什么程度呢？

看看下面这件事诸位就能明白。

公元868年6月，李师望向李漼上奏道："嶲（xī）州是西川地区抵挡南诏的关键，应该在那设置定边军，驻扎重兵，并且把定边军的治所设置在邛（qióng）州。"

李漼同意李师望的建议，任命他为嶲州刺史、定边军节度使。

诸位可能认为李师望不是挺好的嘛，考虑国家安危，主动请缨防御南诏。

其实不然，原本邛（qióng）州（今四川省邛崃市附近）和成都驻扎的军队就是防御南诏的，两地距离大概一百六十里，但这个嶲州距离邛州有一千多里，根本谈不上协防，李师望是为获取割据一方的权力，才把嶲州和邛州扯上关系的。

叛乱再起

因为南诏而引发的问题远不止李师望愚弄皇帝这么简单，当初为支援安南，李灌从多地调派援军，但士兵们都不愿背井离乡，因此约定三年轮换一次，结果在桂州（今桂林市）驻守的士兵（原徐州地区的士兵）已经在那待了六年也没人来换，怨气非常大。

公元868年，原桂管观察使被调走，新观察使尚未到任，就在这青黄不接的时候，都虞候许佶等人带领愤怒的士兵杀死守将，推荐庞勋为主帅，闹起叛乱。

许佶原本是徐州地区占山为王的强盗，当地官军数次征讨无果，没办法才将其招安，许佶穿着官衣，骨子里并不安分，外界条件一刺激就重新走上造反的道路，他知道自己领导不了这群将士，才跟兄弟几个捧有一定威望的粮料判官庞勋为老大。

庞勋当上老大之后肯定得满足大家归乡的愿望啊，于是带着部队向徐州进发。路过淮南的时候，淮南节度使令狐綯不敢发兵征讨，反倒送去酒肉粮草慰问。

淮南镇都押牙李湘劝令狐綯应该为国家着想，趁着叛军没回到徐州就把他们剿灭，等他们回到徐州后必然会发展壮大，到时想要平定可就没那么容易。懦弱的令狐綯是这样回答李湘的："他们只要不在我的辖区内闹事就行，至于其他的一概不管。"

庞勋顺利回到徐州，一路上没发生任何冲突，朝廷派来的不是平叛军队，而是一个又一个招抚的使者，庞勋也会演戏，每次都说自己不是造反，是在桂州受了欺负才想回家的。

到了徐州，庞勋终于不用再跟朝廷演戏，但还得跟士卒演戏，他跟士卒说："我们擅自回到家乡只是因为思念妻儿，现在皇帝已经下旨让官军消灭我们，还要诛杀我们的家人，大丈夫如果这样死掉，岂不被天下人耻笑，大家干脆干一番大事业吧，城中军民都是我们的父母兄弟，我们只要招呼一声，他们自然响应。"

这些士卒从桂州往回走时心中已然有数，此刻听完庞勋的煽动一个个热血沸腾、摩拳擦掌，准备造反。这些将士中也有几个不想造反的，他们试图逃跑，结果都被庞勋抓，砍头示众。

这下徐州观察使崔彦曾可乱了阵脚，他的部下多数建议应该趁庞勋立足未稳之时主动出击，崔彦曾将城中的四千三百士兵派出三千，由

都虞候元密带领出城讨伐庞勋。

元密带着三千人杀气腾腾来找庞勋，虽然他的实力强于对手，但还是想采取些战术减少伤亡，准备等庞勋的部队住宿之时发动偷袭。可惜的是元密的计谋被识破，庞勋使了个金蝉脱壳顺利逃脱。

庞勋避开官军主力寻找落脚点，他听说宿州没有刺史，也没有军队，便来到宿州，并轻而易举攻破城池。

庞勋进城之后打开库府，把金银布帛堆在一起，让百姓随便来拿。老百姓拿完东西之后发现这是个陷阱，精壮男子全部被强行征兵，不肯当兵的就地正法，一天时间庞勋的队伍增加数千人之多。

第二天，元密的部队才赶到宿州城下，结果一时大意被叛军火烧军营，突袭营地，死伤数百。最终官军还是稳住了阵脚，叛军退回城中。

元密认为叛军一定会固守宿州城，一门心思地考虑攻城问题，结果当天晚上叛军就弄了三百艘大船载着粮草物资弃城而逃。

第二天早上，元密才知道叛军已经逃跑，早饭都没吃就匆匆忙忙地全速追赶，等见到叛军影子的时候，官军已经疲惫不堪。

庞勋一看元密追来，不想打也得打，只好硬着头皮走下战船，列阵迎敌。

官军虽然又饿又累，但盔明甲亮依然很唬人，阵前的叛军看官军冲过来的时候一哄而散，元密一看叛军不过如此，下令全线追击。

就在元密放开缰绳专心致志地追赶叛军的时候，战船上冲出一千多叛军，排着整齐的冲锋队形杀向官军。

与此同时，刚刚那些逃跑的叛军掉过头来狠狠地杀了个回马枪，元密在队形不整、又累又饿的情况下被前后夹击，全军覆没，一千多人战死——这其中也包括元密，剩下的全部投降叛军。

庞勋设计大破官军，声威大震，也有了正面攻打徐州城的胆子。

当崔彦曾听说元密全军覆没后，手下劝他赶紧弃城逃命，但崔彦曾说："我身为元帅，誓死与城共存亡。"

两天之后，庞勋带着一支六七千人的队伍包围徐州城，没费什么力气就攻破城池。

庞勋没杀崔彦曾，只是把他关押起来，但对其他官员可没这么客气，甚至把他们的家属也杀得一干二净。

庞勋攻城之前和进城之后对百姓都秋毫无犯，那些吃不饱穿不暖的百姓纷纷前来主动投靠，叛军的队伍实现爆炸式增长。

泗州之围

庞勋占领徐州城的第二天便准备给朝廷上表，此时他的愿望只是割据一方，他看看身边都是行军打仗的，没什么文化人，只好把崔彦曾的手下温庭皓叫来，让他执笔。

温庭皓对庞勋说："这份表疏关系重大，我不敢乱写，让我回家整理思路慢慢起草吧。"

第二天，温庭皓倒背双手来见庞勋，对他说："昨天我没当面拒绝你，只是为了回家看一眼妻儿，现在已经告别过，人头在此，尽管拿去。"

庞勋虽然很生气，但还是控制住情绪，杀这个书生对他没有好处，只会让大家产生仇恨而已，于是大大方方地放走温庭皓，并对他说："我连徐州城都能拿下，还怕找不到人写表疏吗？"

庞勋确实能找到人为其执笔，只不过水平相当差劲，稀里糊涂写了一份表疏送到朝廷，请求担任节度使。

庞勋在跟朝廷要旌节的时候，派出手下将领分别攻打濠州、泗州等重要城池，除此之外，还进行强有力的舆论宣传，声称朝廷很快就会把节度使的旌节送过来，这个消息像长了翅膀一样很快飞到各地，周边以及较远的州县也都知道此事，各种难民、强盗、浑水摸鱼者、郁郁不得志者等纷纷来到徐州。

濠州刺史卢望回是个窝囊货，没做丝毫抵抗就把叛军将领刘行及接入城中，但泗州刺史杜慆（tāo）可没那么好欺负，叛军将领李圆在城外折腾数日，除丢下数百尸体之外，什么结果都没有，泗州的地理位置非常重要，庞勋又派出一万多大军前来攻城，泗州城依旧岿然不动。

泗州能够抵挡强敌最主要的原因肯定是刺史杜慆忠君，有决心、有魄力，但也有其他重要因素，那就是杜慆有朋友相助。

杜慆的朋友叫辛谠，辛谠是辛云京的孙子，辛云京可是在"安史之乱"时打败过史思明的人，他的孙子依然骁勇，只是不愿入朝为官，一直仗剑闯江湖，四处行侠仗义。

之前庞勋叛乱的时候，辛谠来泗州劝杜慆赶快逃命，杜慆表示大唐太平无事的时候自己拿着丰厚的俸禄，大唐有难的时候怎能一走了之？

辛谠被杜慆所感动，留下来跟他一起守城，最终官民齐心协力使得泗州城固若金汤。

道高一尺，魔高一丈！

泗州城虽然固若金汤，但也架不住众多叛军轮番攻击。自从庞勋占领徐州之后，老百姓们贪图财物都争先恐后参加叛军，甚至有些农民把自家种地的工具磨锋利，拿着当武器去投军。（《资治通鉴》记载，庞勋募人为兵，人利于剽掠，争赴之，至父遣其子，妻勉其夫，皆断锄首而锐之，执以应募。）

庞勋实力越来越强大，攻打泗州的火力也越来越凶猛，泗州危在旦夕，辛谠经过艰苦卓绝的努力，终于从洪泽搬来五百救兵，暂时压住叛军势头。

泗州渡过一个又一个难关，前来救援的部队被一支一支地打败，数千官兵战死于城外，当地局面完全被庞勋掌控。

公元868年12月，泗州已经没了援军，附近的城池要么被叛军占领，要么无兵可派，辛谠再次带领十人的敢死队突出重围到更远的地方搬救兵。叛军派出五千人围追堵截这十人小队，辛谠拼死冲杀终于到达润州，见到镇海节度使杜审权。

之前大家没有徐州地区的消息，以为泗州也被叛军占领，辛谠的出现给大家带来很大惊喜，让大家知道在叛军心腹地带仍然有坚守阵地的将士。

杜审权了解完情况之后，派手下大将赵翼带两千精锐和大量粮草救援泗州。

公元869年正月，辛谠率领援军回到泗州城下，此时，庞勋的水军已经封锁淮河，经过一番鏖战，辛谠依靠不怕死的精神，　船当先杀出一条血路，使得援军船队进入城中。

泗州得到增援，又能继续跟叛军对抗。

叛军在泗州是吃了不少苦头，但在其他地区却是占尽风头。

李灌派戴可师带领三万大军讨伐庞勋，结果三万大军惨败，戴可师的脑袋也搬了家。

这样一来，庞勋更有了吹牛的资本，把自己的战绩写成材料四处散发，整个淮南地区都因此而震惊，那些不想加入叛军的百姓不得不跑到江南去避难。淮南节度使令狐绹跟庞勋说愿意替他向朝廷申请节度使旄节，庞勋信以为真，停下进攻的步伐，淮南才得以喘息。

庞勋本来就不是什么谦虚的人，现在又取得如此骄人的战绩，自然嚣张得不得了，天天大摆酒席宴，吃饱喝足之后进行各种娱乐活动，手下人劝他必须继续努力，不能贪图安逸，他根本听不进去，依然过着骄奢淫逸的生活。

骄奢淫逸的不仅仅是庞勋，还有最早跟他一起造反的那些人，他们仗着资格老，也开始肆无忌惮地干起欺男霸女的勾当。

唐军不断集结过来，叛军开始害怕起来，来参军的人越来越少，庞勋让人到各个村去抓兵以保障部队的数量，这数万大军日常生活要消耗大量钱粮，庞勋又开始打劫富商和大户人家，这样一来，叛军的百姓基础越来越差，形势日渐窘迫。

叛乱终结

在另外一片战场上，庞勋的大将王弘立因为之前破了戴可师的三万大军而目空一切，认为这世上再无对手，向庞勋申请带领三万大军攻打康承训带领的官军。

结果再次印证那个规律——骄兵必败！

王弘立的三万人死了两万多，剩下的多数被俘虏，少数不知流窜到哪里，最终只有几百人回到王弘立身边。

庞勋想杀王弘立，手下劝他说这样做会影响士气，王弘立因此才保住一条小命，准备戴罪立功。

康承训大破王弘立后，又击败庞勋的另外一位大将姚周，这时，庞勋才开始真正害怕起来。有个术士叫曹君长，他说："一山容不得二虎，现在徐州有两位统帅，所以您才时运不济。"

曹君长说的另外一位统帅就是原来的徐州观察使崔彦曾，庞勋听

术士这样说，立刻把崔彦曾和那位不肯给他写奏疏的温庭皓从监狱里拉出来，一并杀掉，同时还有几位忠贞的官员以及家属也全部命丧黄泉。

为扭转局势，庞勋决定亲自出征，此时对他影响最大的是魏博的军队，公元869年4月，庞勋带队从徐州出发，当夜到达魏博军驻扎的丰县，魏博军并未想到庞勋会主动出击，没有采取任何防备措施，被叛军偷袭得手，死伤数千，剩下的部队全部逃走。

打跑魏博军后，庞勋又开始大肆宣传，并且给自己和朝廷重新定位，称官军为国贼，这样一来自己就成为正义的化身。

庞勋偷袭魏博军大获全胜，在另外一片战场上却是惨败，并且这个惨败对整个战局产生重大影响。

徐州南面招讨使马举率领三万官军增援泗州，杀死王弘立以及数千叛军，叛军一看无力再围，只好撤走。泗州足足被围困七个月，城内艰苦程度难以用文字描述，饥饿、疾病、战火等几乎压垮将士的身体，但他们的意志却磨炼得如同钢铁一般。

庞勋在丰县休整军队，制订下一步作战计划，有人劝他先回徐州养蚕收麦，兵精粮足再做打算，也有人表示应该继续进军攻打康承训，如果能把唐军主力击垮那就会打开一片新天地，最终，庞勋禁不住诱惑决定找康承训决斗。

在庞勋快要遇到康承训的时候，一个俘虏从叛军营中逃了出来，把庞勋的进攻日期告诉了康承训。

康承训设好埋伏以逸待劳，一战便把叛军的五万多人消灭殆尽，庞勋逃回彭城的时候身边只有数千散兵游勇。

庞勋自己吃了败仗，叛军整体也呈现全线溃败的趋势，多个原来依附于他的农民起义军投降了朝廷，另外，马举解除泗州之围后又去收复濠州。

镇守濠州的叛军将领是刘行及，自从叛乱以来从未吃过败仗，这次依然没把官军放在眼中，当他看到马举的一小撮轻骑兵的时候，立刻兴奋起来，叛军争先恐后地冲出营寨，就在他们胡乱冲杀的时候，马举的数万大军从另外一侧杀出，叛军大败，龟缩在濠州城中再也不敢出来。

庞勋的地盘不断缩小，他实在不想再失去濠州这座重镇，便派大将吴迥前去支援，吴迥刚刚扎好营寨，马举的部队就杀到了，吴迥丢下数千尸体后逃入濠州城中，他的营寨也被彻底踏平。

同年7月，康承训的大军继续高歌猛进，并且不断招降叛军将领。

此时的庞勋已经感受到失败即将来临，唯一能帮他的可能就是神仙了，于是整天烧香拜佛，请和尚吃饭。

庞勋诚心诚意求神拜佛，但并没有哪路神仙肯替他挡一挡康承训的进攻，一个月后，康承训的部队又攻克宿州城，这样一来，徐州周边的大型城池——除了被马举包围的濠州城——基本都已在官军手中。

叛军根本没有实力也没有信心坚守徐州城，再加上朝廷也出了好政策——主动投降，既往不咎。

一位叛军将领带着手下打开徐州城门迎接官军进城，只有庞勋的老爹庞举直和死党刘佶没有退路，他们投降也是死路一条，只好负隅顽抗，但负隅顽抗也是死路一条，最终庞举直和刘佶被砍头示众，另外那些在桂州叛乱的将士以及家属也全部被斩。

徐州城破之时，庞勋正带着两万人马四处烧杀抢掠，上演着最后的疯狂。

康承训得知庞勋动向后，亲率八万大军追击，并任命沙陀部落猛将朱邪赤心为先锋带领数千骑兵火速进军。

朱邪赤心穷追猛打，庞勋无处可逃，最终命丧蕲（qí）县。

庞勋死了，叛乱也基本平息，唯一还在跟官军对抗的只剩下一座濠州城，城中粮食早已吃光，当叛军把草根树皮消灭干净之后，只能开始吃人。

没过几日，濠州城破，庞勋的叛乱宣告结束。

懿宗李漼封赏各位有功的将士，严惩有过之人，沙陀将领朱邪赤心得到丰厚奖赏，还被赐名为李国昌。

满头包的宰相

在平息庞勋叛乱的过程中，朝廷开销巨大，李漼觉得钱有些不够花，至德县县令陈蟠叟借此机会上疏说："请陛下抄边咸的家，得到的财物足够全国军队两年的开销。"

李漼一听有钱花当然高兴啊，便问边咸是谁？为何这么有钱，难道是财神爷的亲戚不成？

边咸当然不是财神爷的亲戚，只不过是宰相路岩亲手提拔的一个

亲信，陈蟠叟也不是要帮皇帝解决资金问题，只是要借此揭露宰相的罪行而已。

李漼搞清状况之后勃然大怒，但怒火不是烧向路岩，而是烧向陈蟠叟，陈蟠叟被流放之后，几乎再也没有官员敢说真话。

诸位可能觉得我搞错了，被流放的不应该是陈蟠叟，而应该是边咸或者路岩啊。

有句话我忘了之前是否说过，如果没说过，必须说一遍，如果说过了，那也必须再强调一遍——"唐懿宗是历史上出了名的昏君！"

昏君都是颠倒是非的高手，根本不能用常理衡量。

路岩是李漼手下四大名宰相之一，遗憾的是这个名不是善名，而是恶名，他的生活极度腐化堕落、结党营私、收受贿赂、卖官鬻爵，跟其他一些奸臣恶相协助皇帝一起把唐朝推向毁灭的边缘。跟路岩齐名的另外三位宰相分别是曹确、杨收和徐商，有人编了个顺口溜叫《嘲四相》："确确无余事，钱财总被收。商人都不管，货赂（路）几时休？"

由于本书篇幅关系，在这不对几位宰相一一作详细介绍，虽然曹确在给乐工封官问题上劝阻过皇帝，但他当了六年宰相也只有这么一件好事值得载入史册，由此可知这是一个多么没用的宰相。

宰相尚且如此，其他大臣也好不到哪儿去，谏官的嘴如同贴了封条一样，基本不会发出任何声音。

公元 870 年，同昌公主病逝，李漼悲痛欲绝，把太医韩宗劭等二十余人全部杀死，杀完太医还不够解气，把太医的家属——足足三百多人——也全部关押起来。

此时朝中敢于维护正义的大臣屈指可数，中书侍郎、同平章事刘瞻让谏官劝谏，谏官以各种理由推辞，没一个人肯开口，刘瞻无奈只得自己上言，他对李漼说："死生有命、富贵在天，公主病逝大家都很痛心，几位医官也都竭尽所能，可惜最终不能妙手回春，现在医官已被处死，他们的家属老老幼幼足足三百多人实在没理由受牵连，朝廷内外对此议论纷纷，希望陛下大发慈悲放了他们。"

李漼看完刘瞻的奏疏很不高兴，但刘瞻依然坚持劝谏，还跟京兆尹温璋一起来劝，惹得李漼暴怒，把两位大臣赶出朝堂。

几天之后，李漼下诏，让刘瞻戴着同平章事的头衔担任荆南节度使，温璋直接被贬为振州司马。

温璋见到诏令后，长叹一声："生不逢时，死何足惜！"然后服毒自尽。

温璋的死并未让皇帝醒悟，反倒惹得皇帝说："他心中没鬼，为何会自杀！"

跟温璋比起来，刘瞻受到的惩罚确实轻了些，路岩和他的同党韦保衡也是这样认为的，于是跟李漼说刘瞻跟医官串通投毒杀死同昌公主，李漼根本没核实情况是否真实，或者说他认为没必要去核实，就直接下旨将刘瞻贬为康州刺史，没过几天再次下旨继续贬谪。

韦保衡是同昌公主的老公，同昌公主又是李漼极其宠爱的公主，因此韦驸马也就可以狐假虎威，仗着自己是皇亲国戚无恶不作，他跟路岩沆瀣一气、互为表里，但是，当他们达到权力高峰之后开始有了隔阂。韦保衡先下手为强大肆揭露路岩罪行，公元871年4月，李漼让路岩出任西川节度使，当他离开京城的时候，令人难忘的一幕上演了。

京城百姓在没有任何组织的情况下，放下手中重要的和不重要的事情纷纷走上街头，夹道欢送宰相出京，热情的百姓们带来精心准备的礼物，主要有臭鸡蛋、烂白菜、砖头、瓦块……路岩被打得满头是包。当时的京兆尹薛能是路岩提拔的，路想让薛帮忙派点保安维持秩序，薛的回答是："古往今来都没有宰相出城京兆尹派兵保护的先例。"

（《资治通鉴》记载，门下侍郎、同平章事路岩与韦保衡素相表里，势倾天下。既而争权，浸有隙，保衡遂短岩于上。夏，四月，癸卯，以岩同平章事，充西川节度使。岩出城，路人以瓦砾掷之。权京兆尹薛能，岩所擢也，岩诮能曰："临行，烦以瓦砾相饯！"能徐举笏对曰："来宰相出，府司无例发人防卫。"）

瑶池宴罢归来醉

公元873年3月，李漼派太监到法门寺迎取佛骨，很多大臣不赞同这样做，但迎接佛骨的队伍还是出发了，同时还建造了大量佛塔、宝帐等，用金、银、珍珠、玛瑙、翡翠等进行修饰。

法华寺距离长安城大概有三百里，在这三百里的道路上皇家车马络绎不绝，几十天后，佛骨被接回长安。公家和私人的迎接队伍绵延数十里，音乐之声不绝于耳，场面远超宪宗开创的"元和中兴"。

官方想尽办法把场面搞得更热烈，民间的土豪也借此机会竭尽所能地炫富，道路两旁的彩楼鳞次栉比，能工巧匠毕生的作品修饰其中。

越是在乱世，有钱人才会越有钱，只有乱世才会产生巨大的贫富差距，全社会共同创造的价值集中到少数人手中，社会底层的百姓衣不遮体、食不果腹，他们劳动所创造的财富最终都流到贪官、奸商手中（当然，贪官和奸商一定是勾结在一起的）。因此，晚唐社会在没落不堪的情况下才能见到上述盛况。

李漼看见佛骨激动得热泪直流，赏赐相关人员金银财宝无数。佛骨在皇宫待了三天之后被送到安国崇化寺供奉起来，诸位王公大臣争先恐后进行布施，和尚们赚得盆满钵满。

这次迎接佛骨活动使得李漼风光无限，然而，他的好日子也到了头，公元 873 年 7 月，李漼病危，此时太子尚未册立，神策军左军中尉刘行深、右军中尉韩文约两个太监立李漼的第五个儿子普王李俨（后改名为李儇）为太子，由其掌管军国大事，太子册立之后的第二天李漼驾崩。

懿宗李漼在位十四年，不思进取、不辨忠奸、骄奢淫逸、昏聩无能，是著名的大昏君，后世之人如此痛恨他不仅仅是因为他昏庸，还有一个重要原因就是他熄灭了宣宗李忱点燃的大唐复兴之火，虽说宣宗末年社会已经出现很多问题，但底子还算不错，如果新皇是位明君说不定历史会被改写。

李漼本身的问题姑且不说，就先说说他手下的宰相。他在位期间，共有二十多位宰相，只有刘瞻没什么劣迹，但他当宰相时间太短，根本没有施展本领的时间和空间。剩下的宰相中白敏中、令狐绹、夏侯孜、杜悰还算凑合，这个凑合也只是相对而言，他们跟名相相去甚远。例如夏侯孜，据野史记载他迷恋上一个妓女，淫欲过度，最终累死在床上。虽然野史不见得可信，但正史对一位宰相的生卒都不记载，可见生得一定不会"光荣伟大"。

难道李漼在位期间普天之下就没有人才吗？

必然不是！

古往今来从没有缺少人才的时候，韩愈在《马说》中写的"千里马常有，而伯乐不常有"是一个重要原因，还有另外一个原因是很多有大才之人非明主不投，也就是说"主"想用人家，人家根本就不搭理"主"，原因很简单——"主"的德才不足！

没名臣辅佐是懿宗朝没落的重要原因，更重要的原因还是李漼太混蛋，把他父皇辛苦积累的资本挥霍一空，同时还在不断榨取民脂民膏，使得大唐千疮百孔。根据《资治通鉴》记载，李漼出游极其频繁，费用更是夸张得离谱，大规模的出行一次需要十几万人参与，那费用少了吗！

晚唐诗人韦庄有这样一句诗，是当时皇帝生活最真实的写照——瑶池宴罢归来醉，笑说君王在月宫！

主角：李俨、黄巢

配角：田令孜、郑畋、李克用、朱全忠、王仙芝、赵犨（chōu）、王重荣、秦宗权、李昌符、朱玫等

事件：唐朝想要找出一个比懿宗李漼昏庸的皇帝并不容易，但也并不是说没有，接下来的小皇帝——僖宗李俨——就是比先皇更昏庸的皇帝。

昏庸的李俨完全受制于大太监田令孜，田令孜是恶太监的典型，把原本腐败的朝廷推到死亡边缘，社会更是混乱不堪，吃不饱、穿不暖、没有活路的百姓只好造反。

在这些造反的人中，最有学问的就是黄巢，他为表达志向，写下反诗：

待到秋来九月八，我花开后百花杀。

冲天香阵透长安，满城尽带黄金甲。

那么，黄巢最终是否实现了自己"冲天香阵透长安，满城尽带黄金甲"的目标呢？

小皇帝难当家

就在懿宗李漼驾崩的当天，太子李儇即位，庙号为唐僖宗。

年仅十二岁的李儇不是神童，也不是天生的政治家，理论上不可能有什么惊人之举，但实际上还真有，他刚刚即位就处置了那个李漼极其宠爱的乐工——李可及，不过此举并不能说明李儇英明，只能说明讨厌李可及的人有让皇帝下旨的能力。

神策军右军中尉西门季玄是唐朝为数不多的好太监之一，当初他屡次劝李漼不应如此宠信李可及，李漼不听，现在李漼死了，李可及自然就会遭殃。

另外，李儇还赐死奸臣韦保衡，但此举同样不能说明李儇善辨忠奸，只能说明韦保衡作恶太多，大家都很恨他，他的靠山——李漼——一倒，就会大难临头。

跟韦保衡享受同样待遇的还有他曾经的搭档——路岩，路岩及其提拔的一干手下多数也都先后被赐死。

当然，要想治理好江山，靠杀几个贪官是不行的，关键要有一位德才兼备的圣主，君臣一心，以民为本，这样才可能化腐朽为神奇。

大多数人对晚唐这段历史也有一定了解，都知道这时期只有腐朽，没有神奇，我在这里也不卖关子，就直截了当地跟诸位说说晚唐的腐朽。

李儇还是普王的时候，有个叫田令孜的太监一直陪他玩，李儇登基之后任命田令孜为知枢密使，没过多久又提拔他为神策军中尉，掌管禁军。十多岁的小皇帝只知道玩，军国大事均由田令孜管理，小皇帝甚至还称呼田令孜为"阿父"。

田令孜非常有心计，很快便掌管生杀予夺大权，赏赐官员什么的根本不跟李儇商量，李儇只是傻了吧唧地吃喝玩乐，田令孜还让他把长安城东、西两市的宝物全部没收，供自己使用，谁要是敢不交就让京兆尹乱棍把谁打死。

满朝文武敢怒不敢言，只能看着大唐这样乱下去。

为满足宫廷之中挥金如土的生活，百姓的负担日益加重。公元874年，翰林学士卢携对李儇说："陛下刚刚登基，应该多关心百姓生活，百姓是国家的根本！臣去年看到关东地区发生旱灾，粮食收成很差，冬天更是没有食物储藏，很多百姓只能把草籽捣碎当面粉，把槐树叶收藏起来当菜，更可怜的是有些百姓由于体弱多病，连草籽和槐叶都弄不到，只能四处乞讨。在这种情况下官府仍然要收各项苛捐杂税，贫苦的百姓除了卖儿卖女别无选择，如果朝廷再不采取措施，老百姓就真的没有活路了。请陛下减免灾区租税，开仓放粮，救百姓于水火，救国家于水火！"

对于一个十几岁的皇帝来说，不管能否听懂卢携的话，同情心总是有的，于是传下圣旨按照卢携说的办，但是，此时皇帝的权威已经丧失殆尽，这道圣旨最终只是一纸空文，完全没执行下去。

皇帝威严不足，但工作还得开展，还得有得力助手来辅佐，之前被路岩等人排挤走的刘瞻再次被召回京城，担任刑部尚书。当京城百姓得知该消息后欢欣鼓舞，还准备自掏腰包凑钱请戏班迎接刘瞻。刘瞻知道百姓不容易，不想让他们破费，便更改回京日期，走小路悄悄进城。

同年5月，刘瞻再次被任命为宰相，不幸的是，三个月后他便病逝了。

李俨来不及为刘瞻的死而伤心，因为南诏再次起兵。

南诏的第一波士兵被黎州刺史黄景复给打了回去，那群士兵在回去的路上遇到援军，两军合兵一处再次来犯，这下黄景复可撑不住了，唐朝军民惨遭践踏，朝廷几经商议最终再次派出南诏的克星——天平军节度使高骈——前往西川抵御南诏。（前些年朝廷将淄青的几个州划分出来，赐号天平军。）

此刻西川百姓战战兢兢，都不知道南诏兵什么时候会杀到，高骈要到成都的时候，派使者先行进城，让守城之人打开城门，但大家都不敢开，怕南诏兵趁机杀进来。

高骈很是看不起这些被南诏兵吓破胆的成都军民，他说："当年我在交趾大破二十万南诏兵，南诏兵听说我来成都的话，逃跑都来不及呢，难道还敢来送死？"说完之后派使者去成都打开所有城门。

成都恢复了正常的生产生活，紧张的空气也随风消散。

果然，南诏听说高骈杀到，也就不敢打了，商议着跟大唐谈判。

高骈到达成都后就给南诏来了个下马威，他只在城中休息一天，便派出五千人马袭击南诏，斩杀大量南诏兵，还抓到酋长等几十个大官，全部送到成都砍掉脑袋。

这样一来南诏人更怕高骈,加大讲和力度,跟大唐往来数次进行谈判,谈判过程中军事摩擦仍然不断,不过每次都被高骈一顿暴打。

高骈稳稳压住南诏,但成都百姓并不满意,高骈用法十分严厉,百姓人人自危,更不满意的还有成都本地将士,因为高骈歧视他们,说他们是胆小鬼、窝囊废,每次出兵之前,高骈都会摆开祭坛,焚烧纸人纸马,口中还念念有词:"蜀中将士懦弱,我派玄女神兵前来助阵!"一边念叨一边还会撒出很多豆子,玩撒豆成兵那套姜子牙才会的神通,当然,高骈撒出的豆子并不会变成兵,只会激怒成都将士而已。(《资治通鉴》记载,骈好妖术,每发兵追蛮,皆夜张旗立队,对将士焚纸画人马,散小豆,曰"蜀兵懦怯,今遣玄女神兵前行。")

来自南诏那边的压力一小,成都将士就有精力把矛头指向高骈。公元 875 年 4 月,一群成都将士冲入节度使府来杀高骈,慌乱之中高骈藏进茅房,躲过一劫。等成都将士走后,高骈在节度使府周围安排大量之前带过来的天平军保护自己安全。

数日之后,高骈派人突袭那些偷袭他的成都将士的家,老弱妇孺全部杀死,甚至连婴儿也不放过,一夜之间数千人惨死,成都城血流成河。

一个跟随高骈多年的老部下实在看不下去,讲了一通大道理,高骈想了想,终于放下屠刀。

待到秋来九月八

高骈杀了很多南诏兵,局面总算基本稳定下来,不过大唐内部的局面可是越来越糟糕,有官军造反,也有百姓起义。

王郢(yǐng)本是浙西的将领,为大唐立过不少战功,本应得到丰厚奖赏,令人发指的浙西节度使把好处都给独吞了,不仅王郢自己受到这样的待遇,还有数十人也都是如此,因此他们联合起来打劫库府,召集数千人开始作乱,在浙东、浙西一带引起极大骚乱。

另外,此时各地起义不断,这些起义军中影响最大的就是王仙芝。

跟之前的裘甫一样,王仙芝也是农民出身,后来也改行贩卖私盐,再后来跟官府冲突越来越严重,于是揭竿而起。当时的唐朝社会已经跟隋炀帝杨广那阵不相上下，到处都是吃不饱、穿不暖的农民，王仙芝振臂一呼，立刻应者云集。公元 875 年 6 月，王仙芝和他手下大将尚君长攻占濮州（今山东省鄄城县）和曹州（今山东省曹县），把队伍发展至数万人。

没过多久，王仙芝又得到一员肱股大将——黄巢。

黄巢是冤句（今山东省菏泽市）人，起义之前也是贩私盐的，再之前是书生，多次参加科举考试，虽然不缺才华，但当时官场黑暗，一个穷书生不可能有出人头地的机会，经历多次失败，黄巢终于在一次落榜之后写下《不第后赋菊》：

待到秋来九月八，我花开后百花杀。

冲天香阵透长安，满城尽带黄金甲。

这诗看着是写菊花，实际是一首反诗，诗的大概意思是这样的：

九月九日是我国重要传统节日——重阳节，大家会在这一天秋游、登高望远、插茱萸、吃重阳糕等，还有一项重要活动是赏菊，黄巢在诗中说的却是九月八，有人说是为了押韵，这说法着实不靠谱，在诗词泛滥的唐朝，读书人基本都是出口成诗，韵脚对诗人来说从来就不是问题，黄巢之所以说九月八，是为了体现他急于绽放的迫切心情，甚至仅仅一天都不想多等，在九月八就要怒放，菊花怒放之后百花凋敝。农历九月已是三秋，百花凋敝乃自然规律，黄巢借此规律来表达自己可以杀"百花"的气势。接下来的两句更直白，虽然写的还是自然规律，金黄的菊花开遍长安城，满城都是菊花香，但任何人都能看出来，这是黄巢在表达自己入主长安的志向。

说到这首诗，不得不感慨一下黄巢另外一首借菊咏志的诗——《题菊花》——同样精彩：

飒飒西风满院栽，蕊寒香冷蝶难来。

他年我若为青帝，报与桃花一处开。

菊花在瑟瑟秋风中盛开的时候，天气已然寒冷，难以看到翩翩起舞的蝴蝶。一般来说，春夏才是百花盛开之季，菊花开在深秋可以说是

生不逢时，所以黄巢说假如我当上青帝（传说中主管万物生发的神仙，也有说是司春之神），要让菊花像桃花一样在春天绽放。

黄巢写的是菊花，感叹的却是自己生不逢时、怀才不遇，简直跟菊花融为一体。反诗写得这么好，也就不可能再惦记着参加科举考试往官员的队伍里混了，因此拉起一支数千人的队伍响应王仙芝。

黄巢诗写得好，功夫也相当了得，骑马射箭虽说不上百步穿杨，但也例无虚发，再加上性格豪爽，因此很有影响力。他宣布响应王仙芝之后，声威更是大振，几个月时间足足招来数万小弟。

各路农民起义军已经闹腾到这地步，朝廷却还有闲心瞎扯。公元875 年 7 月，唐朝闹蝗虫灾，遮天蔽日的蝗虫吃光所过之处的一切东西，京兆尹杨知至竟然跟李儇说："恭喜陛下，贺喜陛下，蝗虫来到京畿地区了。"群臣很纳闷，皇帝也很纳闷，虽然皇帝小，但也知道蝗虫吃庄稼。君臣正纳闷的时候，杨知至继续说道，"那些蝗虫不吃庄稼，全都落在荆棘上死了！"

大家应该还记得，当初安禄山也用蝗虫的事跟玄宗李隆基说过谎，跟这个相比，那个也就是个小谎。

京兆尹尚且如此，其他官员能好到哪儿去？包括宰相在内的文武百官纷纷上表称贺，说是有神仙庇佑大唐，蝗虫竟然丧失天性，看着嘴边的庄稼不吃，趴在荆棘上饿死。

此时的李儇差不多当了两年的皇帝，已经会当昏君了，整天只知吃喝玩乐，不管蝗虫吃多少庄稼，都不影响他享乐，百官称贺他就表示可喜可贺。不过，各地涌现出来的农民起义军却会严重影响他的生活，不但影响税收，而且影响社会治安，还会威胁到皇权，李儇下旨让淮南、忠武、宣武、义成、天平的节度使迅速出兵平叛，并且鼓励用招安的办法，总之让闹事的不闹就行。

朝廷使出浑身解数平叛，起义军的数量非但没有减少，反倒越来越多，因为朝廷越来越腐败，走投无路的农民越来越多。

仙芝之败

公元875年底，王仙芝带兵攻打沂州（今山东省临沂市），李俨派天平军前去增援，结果天平军还没遇到起义军呢，内部先打了起来，还好唐朝有几位将士识大体，把一场哗变消灭在萌芽之中。

这样的队伍能平叛吗？

能！

而且还能很彻底地平叛！

公元876年7月，朝廷终于迎来好消息：平卢节度使宋威在沂州城下杀死王仙芝，大破叛军。

王仙芝一死，这一带就没有大规模的造反武装势力了，各路人马全部打道回府。然而，几天之后，王仙芝死而复生！并且战斗力基本没受什么影响，继续四处作乱。

原来，宋威只是击败起义军，并未杀死王仙芝，宋谎报军情是为多讨些封赏。他谎报军情是得到了好处，但带来的后果非常严重，因为各路人马刚刚返回驻地又要出征，将士们对于这样的折腾异常气愤，使得军心涣散，未战而势先衰。

数日之后，王仙芝率领起义军攻占阳翟（今河南省禹州市）、郏城（今河南省中牟县）等地，没过多久又攻占汝州（今河南省汝州市）。这下朝廷可慌了，连忙调兵遣将加强东都洛阳的防守，同时也往洛阳周边的陕州、潼关等地增兵，汝州距离洛阳只有一百多里，若是再有闪失，洛阳可就又不姓李了。

就在王仙芝势头正猛的时候，昭义的监军判官雷殷符在郑州附近大破起义军，王仙芝带兵撤走，休整一番之后调转方向，向官军武力薄弱的南部地区杀去。

王仙芝的部队很快进入淮南地区，朝廷不停更换各个将官，但没有一个能阻挡起义军的步伐。公元876年12月，王仙芝率军来到蕲州，刚好王仙芝之前俘虏的汝州刺史王镣跟蕲州刺史裴渥有一些渊源（裴渥是王镣的哥哥王铎主考科举时录取的进士），王仙芝便让王镣给裴渥写信看看能否和平解决问题。

裴渥不想打仗，尤其是不想跟势头如此之猛的王仙芝打仗，他跟王说："我帮你向朝廷讨个官职爵位，不是比当强盗头子强吗！"王也正有此意，二人一拍即合。

裴渥为表诚意，将王仙芝、黄巢等几十人请入蕲州城中喝酒，还献上大量宝物。

裴渥、王仙芝等人在这边大口喝酒、大块吃肉，朝廷那边正在开展激烈的讨论——招安王仙芝？还是武力征服王仙芝？

很多人认为不能招安，招安的话实在太助长叛军士气了，但更多的人不想打仗，这更多的人还包括皇帝和那几个太监，最终李儇下旨封王仙芝为左神策军押牙，兼任监察御史，派人到蕲州去送委任状。

王仙芝见到金光闪闪的委任状，万分欢喜，您想啊，原本会被诛九族的叛贼摇身一变就成了朝廷官员，而且还是不小的官员，左神策军押牙那可是禁军中管理仪仗侍卫的头目。

王仙芝是万分欢喜，手下人却勃然大怒，因为只有王仙芝一个人的委任状，其他人还都是叛贼呢！

要说这事也是朝廷的疏忽，诏安起义军哪能就给带头人封官，那些主要将领应该人手一张委任状，并且还得有赦免全军的诏令，这样大家才能踏实地被招安。

黄巢一看王仙芝拿着委任状乐得合不拢嘴，立刻上前吼道："你还记得咱们曾经立下的誓言吗？同生死，共患难，横行天下，现在你是高官得做、骏马得骑，跟你一起来的这五千兄弟怎么办？"黄巢骂完还觉得不过瘾，冲上来暴揍了王仙芝一顿，王被打得头破血流，也不敢发飙，因为他看手下的兄弟们都跟黄巢一条心，只好拒绝招安，起义军在蕲州城内大肆劫掠，然后，黄巢跟王仙芝分道扬镳，带着两千多人北上。

（《资治通鉴》记载，因殴仙芝，伤其首，其众喧噪不已。仙芝畏众怒，遂不受命，大掠蕲州，城中之人，半驱半杀，焚其庐舍。）

朝廷对王仙芝和黄巢无可奈何，不过还好在对付另外一伙起义军的时候取得完胜。

公元876年，另一支起义军首领王郢向温州刺史鲁寔（shí）请降，鲁寔把王郢的情况向朝廷作了汇报，朝廷让王郢进京朝见，王郢并不傻，他是不会轻易放弃军队到长安任人宰割的，于是拖了半年，最后朝廷许诺给他加封重要官职，赦免所有罪责。即便如此，王郢仍然不想入朝为官，公元877年正月，他将鲁寔骗到自己船上抓了起来。朝廷得知此事后立刻派兵征讨。

朝廷征讨的大军尚未到达，王郢已经顺利攻占望海镇，又拿下台州。浙西眼瞅着就成了王郢的天下，这下可惹恼了镇海节度使裴璩，但他手头那点兵力根本没办法跟起义军对抗，不过打仗不一定非得靠人多，裴璩并未直接跟王郢交战，而是暗中招揽他的手下朱实，朱实是王郢最得力的助手，手中掌握的资源也是极其丰富。

朱实的投降使得王郢平白无故损失了六七千人和大量粮草军事物资，除此之外还有更严重的后果，那就是人心散了，王郢带着为数不多的小弟到处流窜，最终在明州（今浙江省宁波市）被乱箭射死，一伙农民起义军也烟消云散。

王郢烟消云散了，另外一伙农民起义军却越战越勇。王仙芝跟黄巢兵分两路后，王攻占鄂州，黄北上攻占郓州，杀死节度使薛崇，随后又攻占沂州。

有了这样的资本，黄巢可以暂时休整一下，和尚君长的弟弟尚让合兵一处，驻守在查牙山（今河南省嵖岈山）。

没过多久王仙芝和黄巢合兵一处进攻宋州（今河南省商丘市）。此时在城中驻守的正是那个曾经吹牛说杀了王仙芝的宋威，宋威被困在城中，眼瞅着就要成为阶下囚，这时左威卫上将军张自勉率领七千忠武将士前来救援，斩杀起义军两千多人，王仙芝和黄巢带兵撤走。

张自勉立了功，又解了宋威的围，非但不能得到奖赏，反倒要担心脑袋不保。宰相王铎和卢携想让张自勉归宋威管，另外一位宰相郑畋认为万万不可，宋威必然会想方设法除掉张自勉，虽然人家救了他的命，但为抢兵权、抢功劳，他会毫不犹豫地杀掉人家！

王仙芝这边继续攻城拔寨，朝廷内部还处于乱哄哄的状态，郑畋跟王铎、卢携争论不休，最终也没结果，虽然郑畋提出在既有情况下的万全之策，但李儇并未采纳。

这种情况下，朝廷就只能听天由命了，各路人马各自为战，打赢

最好，打输就认命了。在接下来的一段时间里，官军和起义军互有胜负，总体来说，起义军在不断成长壮大。虽然如此，王仙芝还是想被招安，其实对于大多数人来说都想过安定的日子，跟官府对抗的人多数都是被逼得实在走投无路，但凡有点儿出路的谁想过提心吊胆的日子！刚好此时招讨副使太监杨复光派人前来招安王仙芝，于是，王派得力大将尚君长代表自己去杨处投降。

本来这次招安可能会很顺利，但是，半路杀出个宋威。这个宋威为了抢功劳不择手段，当他得知尚君长去杨复光那里投降的时候，立刻派兵半路拦截，把尚君长等人生擒活捉，向朝廷汇报佳绩。

杨复光再三强调尚君长是代表王仙芝来投降的，宋威坚称是两军阵前捉拿的，朝廷派人来调查，最终竟然拿不出个调查报告，宋威怕夜长梦多，下令斩了尚君长等人。

跟自己一起出来打天下的老哥儿们让朝廷给杀了，王仙芝再也没必要惦记招安的事情了，还是踏踏实实做好目前这份很有前途的事业吧。

跟一般的起义军不同，王仙芝喜欢四处游荡，不喜欢建个基地慢慢扩大地盘，公元 877 年底，他又来到荆南。

荆南节度使杨知温是个彻头彻尾的书呆子，手下人来汇报说叛军已经进入辖区，他还不信，丝毫不设防，转过年来，王仙芝的部队就到了江陵城下，即便如此，杨知温仍然不急不躁，还是在大家强烈要求下才肯走出节度使府给诸位将士作个战前动员。

杨知温如此淡定并非胸中有退敌妙计，而是傻，并且是真傻，不过傻人有傻福，山南东道节度使李福得知王仙芝围困江陵后，带兵前来解围，把叛军打得大败。

王仙芝一看此处有高手，也就不再继续纠缠，带着队伍在江陵附近劫掠一番，然后扬长而去。

可能很多人会有这样一个疑问：王仙芝到底是强盗？还是解救百姓于水深火热之中的救世主？

这个问题并不难回答，大家看看他在江陵干了什么。

江陵本来有三十多万户，经过王仙芝这次洗劫，也就剩下二十万户左右。

通过这组简单的数据，我们能够得出一些答案！

不过，江陵百姓的仇很快就有人给报。数日之后，招讨副使曾元裕在申州（今河南省信阳市）大破王仙芝军，斩杀万余人，招降万余人。

朝廷借着曾元裕立功之机，以招讨使宋威身体欠安为由将其罢免，任命曾元裕为招讨使。

曾元裕这个官没白升，公元878年2月，曾元裕带兵再次大破王仙芝军，足足砍了五万多个脑袋，这其中还包括王仙芝的。

又一颗农民起义军首领的人头被送到京城，但是这伙儿势力并未被全部消灭，因为他带的小弟——黄巢——已经成长起来，足以扛起造反的大旗。

死里逃生

王仙芝被砍脑袋的时候，黄巢正在围攻亳州，两地相距二百多里，王仙芝的部分将士很快便赶到亳州投靠黄巢。

没了王仙芝，黄巢就是最大的起义军势力，大家合兵一处，拥护黄巢为盟主。黄巢号称冲天大将军，还起了一个更加霸气的年号——王霸！分封百官，形式上越来越完善，实际战斗力却没什么增加，接下来几乎屡战屡败。

虽然如此，黄巢还是觉得当大将军比较好，当大将军老打败仗也不行啊，为解决这个问题，黄巢想采取点儿策略。

现在篮球比赛时，如果教练发现己方士气不振毫无手感，对方士气高昂并且手感滚烫，就会叫暂停，这个暂停的目的除布置战术之外，还有很重要的作用就是喘一口气，缓解一下形势。

黄巢没当过教练，但也会这招。他给天平军节度使张裼（xī）写信请降，朝廷听说黄巢要投降，立刻下旨赦免他以往一切罪责，封其为右卫将军。这官可不小，是禁军中的一个统领，实际上黄巢根本没想投降，因此也没有遵照朝廷的旨意，而是整顿好人马之后继续闹革命。

经过休整之后，黄巢部队的战斗力有了大幅度提升，连续几场胜利之后，兵锋直指东都洛阳，朝廷连忙调兵遣将增援洛阳。

黄巢自知此时的力量尚不够撼动大唐根基，攻打人家的东都必然凶多吉少，所以只是佯攻洛阳，实际上指挥大部队渡过长江，攻占虔州、吉州、饶州、信州等地。

黄巢在长江南岸攻占几个州县后，继续挥师南下，公元878年12月，占领福州。

此时的黄巢偶尔还会有些小败，但他席卷唐朝的势头已经不可阻挡，朝廷只能手忙脚乱地调兵遣将疲于应对，不过还好有几员大将可用，南诏那边基本消停后，高骈被调回中原担任镇海节度使，黄巢的大军渡过长江后，二人就不得不发生冲突。

公元879年，高骈派遣大将张璘和梁缵围剿黄巢，多次取得胜利，黄巢损兵折将，决定绕开这根钉子去别的地方谋求发展。

黄巢之所以能在大唐土地上任意驰骋，是因为当时各地作乱的太多，且不说小撮儿占山为王的强盗，就是官军作乱的也是数不胜数。之前立有战功的李国昌（沙陀的朱邪赤心）父子一起作乱，李国昌的儿子李克用被手下一撺掇就开始闹事，占领了大同，此时，李国昌上表表达自己的忠心，还说不会为保护儿子而伤害大唐利益，朝廷信以为真，任命振武节度使李国昌为大同节度使。但是，李国昌不想把振武交出去，而是想父子二人割据两镇，于是把李俨送来的任命他为大同节度使的制书撕得粉碎，杀死监军，这几乎就是跟朝廷闹翻了。李国昌父子割据振武和大同，而且还严重影响到周边地区。

除了像李国昌父子这样的朝廷大员闹事，还有下层士卒闹哗变。例如河东军杀了节度使崔季康跟朝廷对抗，好在新任节度使李侃水平较高，软硬兼施，最终才使河东军安定下来。

黄巢正是在这种形势下发展壮大起来的，在江南转悠这一圈之后实力大增。随着实力的增强，要实现"冲天香阵透长安，满城尽带黄金甲"的愿望也更强烈，因此，他开始酝酿北伐。当然，要想实现这个愿望并不容易，挡在他面前的人太多了。宰相王铎主动请缨，跟僖宗李俨说："身为宰相不能不为朝廷排忧解难，此时盗贼蜂起，我愿率兵平叛。"李俨也不管王铎是否懂得军事就满足他的要求，任命他为荆南节度使、南面行营招讨都统。

王铎不但没有军事才能，而且眼光也极差，根本不知道谁的战斗力强，最终选择既无勇、又无谋的李系为副都统，让他带领五万大军驻守在潭州抵挡黄巢。

李系之所以能被王铎看重，只是因为出身好，他是李晟的曾孙，老李家这几代出了不少良将，王铎就以为李系也是。

黄巢羽翼已丰，但仍然小心谨慎地跟朝廷斗智，为让朝廷放松警惕，他又两次上表请降，先后请求担任天平节度使和广州节度使。估计朝廷也看出黄巢不会真的投降，即便投降也得担任割据一方的节度使，到时会继续作乱，因此拒绝黄巢的要求。

就在黄巢请降的同时，镇海节度使高骈向朝廷汇报自己主动出击的作战计划，简单概括就是兵分多路发动突然袭击，由高骈亲自率领部队直插黄巢心脏。这个计划要是能够执行的话，说不定黄巢还真就凶多吉少，但是李俨否定了高骈的计划，原因可能是信不过高骈，怕他战败，还是据城固守更安稳一些，可是，守城就真的安稳吗？

公元 879 年 10 月，黄巢北伐的部队来到潭州城下，李系手握数万大军却不敢出城迎战，只是龟缩城中消极防守，但防守也只坚持了一天，李系实在是菜鸟中的菜鸟，根本不知如何守城，黄巢仅用一天便攻陷潭州，杀死官军无数，尸体填满湘江。

此战过后黄巢实力再次暴涨，派大将尚让带领大军攻打江陵，这支大军号称有五十万之众，还没等到江陵就把王铎给吓跑了，王铎声称自己去襄阳跟另外一支部队会合，留下部将刘汉宏驻守江陵。

王铎前脚刚走，刘汉宏后脚就带着将士在城中劫掠百姓，把能抢的都抢了，然后带着官军向北逃窜，变成一群彻头彻尾的强盗。

确实，人家刘汉宏又不傻，又没什么节操，当然不会等着被几十万起义军碾压，大捞一笔之后落草为寇也在情理之中。

十几天后，黄巢的大军到达满目疮痍的江陵城，暂作休整之后向北攻打襄阳。

令黄巢没想到的是，此时等在襄阳城外的山南东道节度使刘巨容和淄州刺史曹全晸（zhěng）可不像刘汉宏那么好欺鱼，他俩提前设好伏兵，诈败将起义军引入包围圈，然后就是无情地屠杀，最后乘胜追到江陵。

黄巢的几十万大军一战损失掉十之七八，并且还要面临灭顶之灾，按照这个架势，刘巨容穷追不舍，那黄巢的人生多半也就会画上句号。

但是，刘巨容没有追，他的理由是："国家干惯了'狡兔死，走狗烹；飞鸟尽，良弓藏'的勾当，经常有立功之人受奸人陷害，如果平定了黄巢的叛乱，说不定大家就再没好日子过了，不如放黄巢一马，我们可以继续以平叛为由享受荣华富贵。"

刘巨容停下追击的步伐，只有曹全晟一门心思地要把黄巢置于死地，但很快他就没机会了，因为，朝廷派来新人替代他的职务，曹全晟无奈，只好鸣金收兵，眼睁睁看着黄巢溜走。

黄巢死里逃生，雄心不减，不断扩充队伍，没过多久又聚拢了二十万大军，在饶州、信州、宣州、杭州等地肆意驰骋。

北 伐

黄巢这边打得热火朝天，僖宗李儇也没闲着，天天吃喝玩乐，从没把时间浪费在包括政务在内的其他事情上，皇权基本都掌握在大太监田令孜手中，左拾遗侯昌业直言劝谏，被赐死！

要说李儇也真是个极品，从某些角度来看，他其实是非常聪明的，除了政务之外几乎所有事情都涉猎，并且做得都相当不错，音乐就不用说了，老李家的人没有不擅长的，另外，他还研究五行八卦、阴阳算数，各种赌博游戏无不精通。除这些智力方面的之外，他还喜欢骑马射箭、舞刀弄棒，打马球、玩蹴鞠、比斗鸡等，在这些游戏中，李儇认为自己的强项是马球，他甚至跟一个宠爱的艺人说："若是有马球的进士考试，朕定是状元。"这个艺人叫石野猪，是个口无遮拦的人，仗着皇帝宠幸，竟然答道："要是尧、舜这样的人当礼部侍郎，恐怕陛下会被放逐。"

刚好赶上李儇心情好，再加上他也没个皇帝的威严，石野猪这样调侃他都不生气，竟然还哈哈大笑。

李儇傻乎乎地不知道发愁，不管黄巢等人的叛乱，那包括宰相在内的其他大臣呢？难道他们就不担心吗？

大臣们虽然没有李儇那么傻，但也好不到哪儿去，各地将领给朝廷汇报的战果几乎都是虚报的，大败说成战平，小败说成胜利，战平说成大胜，如果真的打赢的话，就会把牛吹得满天飞。在这些战报中，可能只有高骈的部将张璘的是真的。

张璘屡屡得胜，高骈的士气不断增长，队伍也随之而壮大，朝廷对他也越来越依赖。

黄巢屡战屡败，但并未伤到元气，可是，一场传染病使他岌岌可危，将士病死很多，张璘趁机展开猛烈进攻。生死存亡之际，黄巢再次使出缓兵之计，用重金贿赂张璘，暂缓他的攻击，同时给高骈写信请降。

黄巢这次请降跟前几次不同，前几次的时候他正处于事业上升期，这次危在旦夕，高骈认为他是为活命而真心投降，便信以为真。

就在此时，昭义、义武等地的部队也来淮南增援，高骈一看这都是来分蛋糕的啊，自己可不能吃这个亏，必须独享这份功劳，于是上奏朝廷说战争马上就会结束，自己可以搞定黄巢，不用麻烦其他人。朝廷不好驳高骈的面子，把各道人马撤了回去。

很快，黄巢军中的流行病结束了，经过这段时间的喘息，部队也休整得差不多了，当他得知朝廷的各道部队已经撤走的时候，立刻跟高骈说了——逗你玩儿！

高骈气得七窍生烟，命令张璘火速进军，结果因轻敌而大败，张璘战死阵前，黄巢的元气彻底恢复。

军威大振的黄巢继续攻城夺寨，先后占领婺州、宣州等地。

与此同时，从江陵逃跑的刘汉宏在北上的过程中不断壮大，沿途造成的破坏触目惊心，朝廷还要分散出部分兵力对付他。另外，西川等地内乱不断，根本原因都要归罪于朝廷，皇帝的昏庸、大臣的奸佞使得政治昏暗、道德沦丧，全社会也到达崩溃的边缘。

所有的一切都成就了黄巢，公元 880 年 7 月，黄巢带着无比强大的军队渡过长江，展示出横扫中原之势。恐怕此时能够阻挡他的只有手握重兵，为朝廷所倚重的高骈。但是，此时的高骈也怕了，尤其是张璘的死让他看到黄巢的杀伤力，现在别说主动出击，就是据城坚守的信心都不足，甚至给朝廷上表说黄巢的六十万大军势不可挡，希望朝廷派兵增援。

当表疏送到京城后，举朝震惊，之前那些假战报带给大家的喜悦荡然无存，大家再傻也能明白高骈的告急代表什么，因为几乎对付黄巢

的所有希望都集中在他一个人身上，现在他竟然都说撑不住了，那接下来将会发生的事情可想而知。

李儇下诏谴责高骈讨贼不力，高骈上表辩解，然后干脆声称自己有病，不再出战。

高骈高挂免战牌，朝廷也不能放弃抵抗啊，只好让河南各道调派军队驻扎在重要城池内抵挡黄巢的军队，又任命曹全晟为天平军节度使，兼任东面副都统，希望他能像之前一样再次击溃黄巢。

曹全晟刚刚上任就跟黄巢战在一处，不过这次跟上次不同，曹的六千人要面对的是十五万起义军，虽然杀了不少，最终还是寡不敌众，被黄巢杀得大败。更可恨的是高骈，眼睁睁看着曹孤身奋战，竟然没出动一兵一卒给予支援。

随后，黄巢趁着几路官军内乱之机率军渡过淮河，继续北上。

值得强调的是，此番北伐，黄巢发生重大转变，尤其是渡过淮河之后，所到之处秋毫无犯，规规矩矩接纳青壮年补充兵员，终于将这支出身草莽的队伍培养成救苦救难的农民起义军。

满城尽带黄金甲

没有高骈的对抗，没有各路官军的牵制，黄巢的北伐基本只是走个形式而已，就在他快要到达东都洛阳的时候，给那些手头有些部队的诸道将领写了信，内容很直白，就是告诉那些人管好自己的队伍别出来捣乱，我只是去京城找朝廷问罪，跟你们井水不犯河水。

这些信多少还是有些意义的，虽说诸道将领没谁想找黄巢麻烦，但他们怕黄巢来找他们的麻烦，现在这封信就是定心丸，大家可以安安静静待在家中。

此刻，僖宗李儇正在跟宰相们商讨退敌良策，不过说实话，事情到这个地步真的不可能再有什么退敌良策了，现在的情形跟当初安禄山攻打洛阳逼近长安完全不同，那时唐朝有极好的百姓基础，有大批忠臣良将，还有骁勇的士兵，只要皇帝能幡然悔悟，制订合理策略，还是有可能坚守长安的。但是，今非昔比，现在的唐朝已经没有百姓基础、没有忠臣良将、没有骁勇士兵，只能眼睁睁看着黄巢一步步逼近。

不过，有人并不认为黄巢有多厉害，在他看来皇帝都可以玩弄于股掌之间，还有什么事情搞不定呢？大太监田令孜对李儇说："请陛下从神策军中选拔些高手，由我亲自指挥，定能把贼军挡在潼关之外。"

之前说过，从某个角度来看李儇其实很聪明，这会儿他的聪明劲又上来了，苦笑一声，对田令孜说："别闹了，神策军是些什么货色难道朕不知道吗？恐怕还没真的打过仗，怎么可能指望他们在战场上有所作为！"

其他大臣也赞同李儇的观点，他们把眼下形势跟"安史之乱"时对比，名将哥舒翰带十五万大军尚且无法坚守潼关，何况现在一无良将、二无大军，如何对抗黄巢的六十万叛军。

虽说大家都认为不可能把黄巢挡在潼关之外，但也不能不挡啊，最终，在田令孜的推荐下，神策军将领张承范等人带着部队向潼关进发。

正如李儇所说的一样，神策军确实没什么战斗力，士兵大多是长安的富家子弟，为到神策军镀金，重金贿赂太监才入的伍，入伍之后也不怎么参加训练，都是穿着名贵衣服，拿着华丽的武器，骑着快马四处耀武扬威，欺负老百姓的时候绝对都是威风凛凛、杀气腾腾，现在听说要上前线，全都吓得体若筛糠，他们有钱的老子再次拿出巨款收买穷人家的孩子顶替上阵。当然，这些穷人家的孩子同样也不会打仗。

除此之外，还有其他情况对他们非常不利，那就是皇帝根本没指望他们能守住潼关，对于粮草、军饷的供给并不上心，这使得张承范十分为难，俗话说"皇帝不差饿兵"，不给人家饭吃，人家怎么会听你的话，甚至为你卖命呢？

公元 880 年 11 月，朝廷收到黄巢已经进入东都洛阳的消息，这个消息并未让大家感到吃惊，也没引起什么震动，因为这样的结果在他们预料之中，反倒是如果洛阳未被攻破他们才会吃惊。

李儇、田令孜以及一干大臣垂头丧气地调兵遣将的时候，黄巢正在洛阳城中欢天喜地地庆祝取得阶段性胜利，那庆祝的场面无比盛大，不过对百姓日常生活几乎没有影响，起义军依然秋毫无犯。

黄巢取得了巨大的胜利，丝毫没有松懈之心，他知道只要没攻破长安，没赶走李家皇帝，他的造反就不算成功，因此黄巢在洛阳做了简单休整和庆祝之后，继续挥师西进，并且同样顺利地拿下沿途城池。

张承范进入潼关的时候，部分部队已经断粮，可以说没有丝毫斗志，就在同一天，斗志高昂的起义军也来到城外，漫山遍野的旗子和隆隆的战鼓声让城中将士原本低迷的士气跌入谷底，不过官军还是选择主动出击，希望能打个胜仗鼓舞一下士气，好利于接下来的守城。

主动出击的官军开始取得一定优势，可是刚才他们看到的漫山遍野的起义军仅仅是先头部队，当黄巢亲自率领大部队杀到的时候那气势更是压得人透不过气来，再加上官军将士打了大半天的仗，水米未进，五脏庙未祭，根本无心恋战，于是乱哄哄地退入潼关城。

张承范拼死守卫潼关的时候，李儇作出一个英明的决定——学他的祖宗玄宗李隆基入蜀避难。这应该算是个英明的决定，之前已经说过此时的朝廷确实没能力对抗黄巢，与其死在这里，还不如找个安全的地方避一避，等黄巢出了破绽再发动反攻。

这个英明的决定对张承范来说实在不利，如果皇帝离开京城就相当于把他扔到潼关不管了，且不说他是否有坚守的决心，军中将士肯定会不战自溃，这占据各种地理优势、一夫当关万夫莫开的潼关跟纸糊的也就没什么区别。张承范上表劝皇帝不能离开京城，要稳住军心，调动部队增援潼关共同打击叛军，表疏中还声称，如果能这样，自己即便战死也比当初的哥舒翰要幸运。

所有人都知道，皇帝一定会逃出京城避难的，潼关也一定会被黄巢攻破的，既然结局都已注定，那么，大家也只是像模像样地走个过场而已。不过这个过场还是很有戏剧性的，黄巢攻破潼关，张承范带着残兵败将向长安败退，在长安城外遇到田令孜刚刚招募的新兵，这些新兵都穿着崭新的皮袄，这可气坏了衣衫褴褛的败兵，他们愤怒地说："我们拼死拼活都没口饭吃，你们哪有资格穿皮袄！"于是抢了新兵的皮袄，投降黄巢，主动当起向导。

在黄巢进入长安之前，被占了大屋夺了田的李儇带着一群王爷、妃子，还有部分大臣和太监逃出京城。

这样一来，黄巢没费任何力气便进入毫无抵抗的长安城，经过多年努力，他终于实现自己当初的愿望——冲天香阵透长安，满城尽带黄金甲！

屠　杀

黄巢被镶满黄金的轿子抬进京城，随后是绵延不绝的数十万大军，长安百姓全都跑出来看热闹，尚让趁机做了一下宣传，对大家说："黄王起兵为的是救百姓于水火，不像唐朝皇帝不管大家死活，大家不用担心，安心生活便是。"

尚让说得好听，做起来可就不是这样了，开始几天还好，没过几天起义军中的流氓、无赖、响马、盗贼就露出本性，在长安城中烧杀抢掠，无恶不作，黄巢不想对这些跟自己一起打天下的兄弟下狠手，普通的批评教育又没用，因此，长安百姓很快陷入水深火热之中。

惨遭蹂躏的不仅仅是百姓，那些皇室宗亲才叫可怜，只要被抓到只有死路一条，这些曾经高高在上的王爷们被杀得一干二净，黄巢杀完人之后大步走进皇宫，当上皇帝。

公元 880 年 12 月 13 日，黄巢在含元殿即皇帝位，定国号为大齐，年号为金统。又下旨将唐朝三品以上的官员全部停职，四品以下的官员照常上班。同时，又任命一批宰相，像尚让等一直跟他打天下的就不用说了，必须是宰相，另外唐朝旧臣中个别名望极高的也被强行封为宰相。

有人可能会想：为何黄巢不去追击李儇？

答案其实很简单：黄巢的水平仅此而已！他认为入主长安，登基称帝，便是彻底成功，不想再走出长安南征北战。

黄巢的松懈给了李儇翻身的机会，他逃出长安之后，途经凤翔，落脚于兴元（今陕西省汉中市），在此休整并做出下一步打算——跟玄宗一样到蜀地避难。关于蜀地的地理条件之前已经介绍过，这里不再赘述，李儇选择到蜀地避难除了地理条件好之外，还有其他因素，那就是蜀地官员都服从朝廷管理。

蜀地三镇的节度使都是田令孜的人，东川节度使杨师立和山南西道节度使牛勖是田令孜的亲信，西川节度使陈敬瑄是田令孜的哥哥，田令孜原本姓陈，是陈敬瑄的弟弟，由于家境贫寒从小被一个姓田的太监收养，改名田令孜，当了太监。

这样看来，蜀地官员实际上效忠的并不是李儇，而是田令孜。真

正效忠李儇的人在凤翔，凤翔节度使郑畋请求皇帝能留在凤翔指挥平叛，但李儇被黄巢吓破了胆，不想离他太近，所以在兴元暂住的时候给陈敬瑄、牛勖和杨师立颁下诏书，让他们做好迎接圣驾的准备，没过多久自己便从兴元出发了。

暂且不提李儇去蜀地避难之事，单说长安这块是非之地。长安作为都城可以说是贪官污吏最多、最集中的地方，恰恰黄巢又恨透了贪官污吏，因此，必然是血流成河。

黄巢之所以杀那些贪官污吏也是因为他们对自己没什么用途，那些真正有用途的人还是要招揽的。唐将诸葛爽带着部队驻扎在长安城外，虎视眈眈，黄巢想尽量少打仗减少没必要的损失，派大将朱温前去招降，诸葛爽也不是什么忠臣良将，看到眼下大唐已经被大齐取代，便毫不犹豫地选择投降。

朱温少年丧父，家境贫寒，在财主刘崇家打工混口饭吃，刘崇看不起朱温，经常暴打他，但是，贫穷与卑贱并不能掩盖朱温的与众不同，刘崇的母亲有双慧眼，看出他定成大器，劝儿子要善待此人。

黄巢起义后，朱温加入造反队伍中，此人并非善类，做事情不择手段，加入起义军为的是荣华富贵（其实，当时这样的人很多），他的能力确实突出，得到黄巢赏识，常委以重任。

关于朱温的情况这里没必要用太多笔墨，他的重头戏都在后面。

诸葛爽轻松被招降，但并非所有人都像他这样，凤翔节度使郑畋虽然得不到皇帝支持，但仍然下决心跟叛军斗争到底。

说到郑畋，可能有些人认为他迂腐，甚至缺心眼儿，但是，我们要想相对客观地评价他，还是应该考虑当时的社会情况以及人们的观念，如果说皇帝给他发俸禄就磕头谢恩，对他不好就翻脸，那做人的原则岂不是"有奶就是娘，没奶就骂娘"，这跟"三姓家奴"吕布还有何区别？

有人看到我对郑畋的评价可能会问我怎么看待王仙芝、黄巢等人的起义，其实，郑畋和那些起义军完全是两类人，不同的人处在不同的位置，他们所做的事和所做出的选择自然也就不同，由于本书的重点不在于此，且篇幅有限，不在这里对该问题进行详细阐述。

闲言少叙，书归正传。

郑畋跟手下诸将商讨平叛策略，手下都说黄巢太厉害啦，我们还是量力而行吧，郑畋对于这些领着朝廷俸禄的人很失望，反问道："你们是否想劝我向贼寇投降？"诸将连忙表示没有，嘴上说没有，心里怎么想的大家——包括郑畋——都能看出来，郑畋当场气得昏死过去。

郑畋苏醒之后坚持不懈地做大家思想工作，大家深受感动，纷纷表示一定跟叛军血战到底。

凤翔在加固城防的同时，派人到各个军镇做工作，号召大家共同讨伐叛贼，多数军镇表示愿意听从郑畋调遣，经过这番努力，官军士气大振。

公元881年正月，僖宗李儇一行到达成都，向各道派出使者，让他们出兵讨伐黄巢，手握重兵的高骈依然不肯出击，平叛的重担只好落在他人身上。

同年三月，刚刚被任命为京城四面诸军行营都统的郑畋终于跟黄巢打响第一仗，此时郑畋手下已经有了几员得力干将，分别是副都统泾原节度使程宗楚和行军司马朔方节度使唐弘夫。郑畋派唐弘夫在长安至凤翔的路上设下伏兵，自己带领数千士兵队列不整地前来诱敌，尚让等人根本没把这个书生放在眼里，指挥部队直接冲了上去，官军伏兵四起，起义军顿时乱了阵脚，把两万多具尸体丢在荒野之中。

尚让兵败憋气又窝火，长安城中还有添乱的，不知是谁在尚书省的大门上写了首打油诗侮辱黄巢，尚让二话不说把当时尚书省的官员和守门士兵的眼睛全部挖掉，倒挂在门前示众，同时在城中大肆搜查会写诗的，几天时间三千多苦命诗人命丧黄泉。

血腥的屠杀对黄巢来说除了让大家痛恨他之外，一点儿用处都没有。就在黄巢无休止地把屠刀指向各类人群的时候，官军的队伍正在集结，士气越来越盛，除了一些忠义之士在精神上刺激大家之外，还有李儇丰厚的物质奖励，蜀地库府充实，李儇和田令孜为早日消灭黄巢夺回大屋、夺回田地，毫不吝惜地赏赐将士。

黄巢这大齐皇帝仅仅当了几个月，日子就明显开始不好过，长安城内城外没有一处是安定的，他也不敢把队伍派出去征讨，只想踏踏实实守住长安，然而，没过多久他对守长安也丧失信心，想早日离开这众矢之的。

此时，行军司马唐弘夫、义武节度使王处存、宥州刺史拓跋思恭、

原河中留后王重荣等人分别率领大军从四面八方向长安合围，郑畋的大部队也在不断逼近。

黄巢一看情况不妙，干脆放弃金銮殿，带兵撤出长安城，当天夜里王处存的部队就进了城，城中百姓像几个月前欢迎黄巢军一样欢迎官军，这几个月他们吃了不少苦头，经过对比发现还是唐朝皇帝好一些，这些百姓不但热烈欢迎官军，还往黄巢军中乱丢砖头瓦块，黄巢军急于撤退，只好捂着脑袋往城外跑。

然而，长安百姓的欢呼声并未持续多久，因为王处存的部队也不是什么好东西，刚刚进城就开始劫掠百姓，很多地痞无赖也趁乱冒充官军四处打劫，城中一片混乱。

黄巢的队伍还没走远，听说官军的几支队伍无人统一管理，长安城也乱作一团，于是杀了个回马枪，郑畋的两个助手——程宗楚、唐弘夫——在乱军之中被杀死，官军几乎全军覆没，只有王处存带着残兵败将退出长安城。

黄巢第二次进入长安城的时候可没有第一次那么客气，他要报刚刚的砖头瓦块之仇，纵兵大肆屠杀，长安城浮尸遍地、流血漂橹。

败　北

在接下来的一段时间里，黄巢和官军厮杀不断，总体上来说互有胜负，双方局面都算稳定，但是，李儇那边却出了状况，原因就是赏罚不公。

不知出于什么原因，田令孜对蜀中军队的赏赐非常少，对其他各道的赏赐却很丰厚，蜀中将士怨言颇多。在一次酒席宴上西川黄头军（这支军队都戴着黄头巾，被称为黄头军）使郭琪给田令孜提意见，劝他应该赏赐公平，以免造成兵变。田令孜对于这样善意的提醒不但不感激，反倒送给提议者一杯毒酒。

郭琪无奈喝下毒酒，回家后吐出大量黑血，不过因"命大"没死，此次是侥幸不死。但田令孜不可能这样善罢甘休，郭琪要想活命只能逃出田令孜的魔爪，为此，他带着手下造了反。

郭琪的造反使得成都城大乱，可惜的是他实力不足，最终还是被打跑后流落于江湖，史料再无记载。

郭琪的叛乱并未给李儇敲响警钟，依然整天跟太监混在一起，对朝中大臣越来越疏远，左拾遗孟昭图上疏劝谏，田令孜假传圣旨先是贬了孟昭图的官，然后又派人把他丢到江中淹死。诸位大臣虽有兔死狐悲之感，但都是敢怒不敢言。

朝廷昏暗，百姓遭殃，很多官军借讨伐叛贼名义欺负百姓，轻则抢夺财物，重则强奸民女、杀人放火，整个天下乌烟瘴气。

寿州（今安徽省寿县）有一个杀猪的叫王绪，跟他妹夫刘行全二人聚众起义，占据寿州，这个屠夫仅仅用一个月的时间就冲出寿州走向全国，成功攻占一座大城——徐州，部队也发展到一万之多，防御使秦宗权不敢主动出击，反倒跟朝廷为他申请官职，朝廷无奈，封王绪为光州（管辖今潢川县、光山县、固始县、息县、商城县、新县、淮滨县）刺史，屠夫摇身一变成为朝廷官员。

虽说英雄不问出处吧，但官员也不应该是这样任命的，这也说明在一个混乱的时代一切皆有可能。

本来所有这些混乱都是黄巢的有利因素，完全可以借助这些混乱彻底推翻朝廷，建立一个崭新的时代，可是，黄巢这个卖私盐的读书人也非大才，尤其是进入长安之后简直就成了一个屠夫，将胸中怨气化作一把屠刀，官也好、民也罢，谁都没能躲过这把刀。

黄巢的残暴使他失去百姓支持，没有百姓支持也就没有一切，跟官军作战也不像当初那样势如破竹，当然，官军也都不是什么好东西，同样也没百姓支持，双方基本打个平手。虽然如此，唐朝毕竟是正统，两百多年的根基并不是黄巢打拼几年所能比拟的，在长达数个月的战争中，黄巢的势力越来越弱，长安城也越来越萧条。

说到这场持久战，不得不提一个人，那就是高骈。当时多个军镇纷纷出兵，高骈数次号称出兵，实际未动一兵一卒，朝廷想尽一切办法也没能改变他的心意，甚至还使他翻了脸，不称臣！不纳贡！

李儇的臣子不仗义，黄巢也遇到同样的问题，他的小弟朱温看到这场造反难以取得最终胜利，决定漂白身份，摘掉造反的帽子，混个朝廷官员当一当。

公元 882 年 9 月，朱温带着麾下部队向河中节度使王重荣请降，王重荣不费刀兵立此大功当然高兴，待朱温非常宽厚，朱温处事的能力绝不含糊，把王重荣伺候得无比舒心。

朱温的投降对黄巢造成重大影响，战斗力、声威和士气等方面都有很大损失，不但有一些小弟想跳槽，唐朝的降将也纷纷再次回归朝廷。即便如此，黄巢的实力仍然不可小视，毕竟这是一支从江南一路杀到河南又拿下两都的队伍，王重荣为此忧心忡忡，跟行营督监杨复光商量对策，杨复光是个有谋略的人，他对王重荣说："雁门节度使李克用兵精粮足，手下的沙陀兵无比骁勇，若是他肯出兵讨贼，不愁大事不成。"

李克用和他爹李国昌是英勇善战，但最近这几年都不怎么听朝廷的话，占据忻州、代州，还经常到隔壁州县骚扰一下。杨复光之所以会提出这个看似不可行的建议，是因为他的养父跟李国昌曾经共事过，知道这父子二人有建功立业之心，只不过跟朝廷有些误会。

在杨复光的协调下，李克用带着数万大军来到河中地区，他的出现给黄巢带来极大压力，这群沙陀兵的战斗力出了名的强，起义军都说：乌鸦军来了，我们还是暂时避一避吧。（李克用的将士都穿黑衣黑甲，大家称呼他们为乌鸦军。）

黄巢再次打出糖衣炮弹，派使者带着诏书——现在他是大齐皇帝，下发的文件也称之为诏书——和大量财物去拉拢李克用，想要请和。李克用带着大部队是来建功立业的，不会因为金银珠宝就不打了。

公元 883 年 2 月，李克用和各路官军会合，与起义军大将尚让展开一场大决战。双方吃过早餐就开始排兵布阵，中午开战，一直打到晚上，起义军大败，死伤数万，纵横三十里的战场上到处堆积着尸体。

另外一片战场上，黄巢的弟弟黄揆攻占了华州（今陕西省大荔县），算是扳回一局。但李克用并未给黄巢喘息的机会，立刻又带兵去围住华州，尚让接到黄巢命令前去救援，结果再次大败。

起义军多次战败，粮草供应也出了问题，士气萎靡不振，黄巢又有撤出长安的念头，还没等他撤，李克用就杀了过来，还派人偷偷进城烧毁黄巢积攒的宝物，顺便杀了不少人，然后退出城外，经过这么一折腾，起义军更加慌了。

数日之后，李克用和黄巢终于展开大决战，黄巢拼死奋战，最终还是被杀得大败，逃出长安城。

菊花残

这位曾经借菊咏志的大丈夫终于没能在长安持久绽放，不过，黄巢虽然败出长安，但手下仍有几十万大军，他派猛将孟楷为先锋准备向东杀出一条血路，逃离长安之后再找落脚点。

挡在孟楷面前的第一座城池是蔡州（今河南省汝南县），蔡州守将秦宗权试着抵抗了一下，发现实力差距太大，便主动请降。

孟楷轻松夺得蔡州，继续向东到达陈州。

陈州刺史赵犨（chōu）是个牛人，从小就玩排兵布阵的游戏，他当元帅，小伙伴们都听从指挥，父亲见到后，喜形于色，说道："吾家千里驹也，必大吾门矣！"

当初黄巢在长安的时候，赵犨就看出他必然会败，而且还看出如果黄巢不死在长安，必然会往东逃，那自己刚好就在他的必经之路上，因此让手下将领积极做好防御措施，这个措施就是坚壁清野，也就是加固城防的同时，把城外的百姓和粮食都搬到城中。

果然，黄巢败了，而且也是向东跑的，先锋孟楷带着部队来到陈州城下。孟楷不可能想到赵犨在此以逸待劳，他以为陈州会发生跟蔡州同样的事情，骄兵必败！孟楷用这样的心态跟全力以赴的赵犨对阵，被打了个措手不及，几乎全军覆没，自己也成了阶下囚。赵犨不想跟黄巢有任何暧昧关系，抓到孟楷之后直接斩首示众。

黄巢得知先锋被一个没听说过的小角色给砍了，气得双眼冒火，鼻孔喷烟，亲自带队围攻陈州。

可能任何人都想象不到，赵犨竟然生生接住黄巢的雷霆之怒，在多路起义军的猛攻下，陈州城岿然不动。

攻守战的惨烈不必细说，陈州城下最吸引眼球的不是战争的惨烈，也不是赵犨的坚忍，而是黄巢的残暴。

《新唐书》中记载，"楷击陈州败死，巢自围之，略邓、许、孟、

洛，东入徐、袤数十州。人大饥，倚死城堑，贼俘以食，日数千人，乃
办列百巨碓，糜骨皮于臼，并啖之。"

（《资治通鉴》记载，"时民间无积聚，贼掠人为粮，生投于碓，
并骨食之，号给粮之处曰'春磨寨'。"）

两本史书的内容基本一致，就是两个字——吃人！后世很多人怀疑
这段历史的真实性，认为是抹黑农民起义军，所以关于这段历史的记载
的真实性仍有争议，但关于那场战争的惨烈也由此可见一斑。

黄巢围困陈州，久攻不下，补给又不足，只好派兵四处劫掠，搅
得中原不得安宁。

远在成都的僖宗李儇一直保持高昂的兴致吃喝玩乐着，很希望中
原早日平定，自己好能回京城更好地玩乐，因此重用降将朱温，赐名为
朱全忠，朝廷觉得朱全忠能力强，又十分了解黄巢，这样更有利于作战，
加封其为东北面都招讨使，负责平叛。

赵犨坚守城池的同时派人四处求援，朱全忠等人全部积极赶来救
援，陈州的部分压力转移到了援军身上，黄巢的实力比大家认为的还是
要强上不少，当初守不住长安并不是因为军力不行，而是因为没有百姓
支持，社会治安太差，以黄巢为首的大齐官府又不知如何治理，在这种
情况下，李克用才有机会把黄巢赶出长安城。

黄巢走出长安就如同猛虎归山，在广阔的平原上纵兵驰骋还是很
有杀伤力的，要不是赵犨牢牢牵制住他，还不一定是什么样的局面。

朱全忠等人小胜黄巢，但很快就撑不住了，接二连三向朝廷请求
增援，朝廷看了看，恐怕此时能给黄巢致命打击的也只有李克用，于是，
再次派李克用出兵讨贼。

公元 884 年 5 月，李克用带着大部队来找黄巢的麻烦，此时黄巢
已经在陈州纠缠了三百多天，赵犨在异常艰苦的条件下做着顽强的抵抗，
他的抵抗意义重大，可以说这座小小的陈州城对整个战局起到至关重要
的作用，它使得黄巢无法抽身，不能再下江南施展拳脚。

黄巢被牵制在陈州最主要的原因是他钻牛角尖，不理智导致他非
要跟赵犨较劲，要想让一个人不钻牛角尖其实也不难，只要让他知道后
果极其严重即可。

黄巢派到四处的部队节节败退，李克用又气势汹汹地杀了过来，
黄巢只好原谅赵犨对他的伤害，组织部队撤离陈州。

此时黄巢再想撤离陈州可就没那么容易了，连降暴雨使得洪水泛滥，部分营帐都被冲走了，更可怕的是有两只猛虎——李克用、朱全忠——在紧紧盯着他。

这一次黄巢受了致命伤，李克用将其重创，还穷追不舍，在这过程中，黄巢的大将尚让也背叛了他，向武宁节度使时溥投降。

同年六月，黄巢带着为数不多的残兵败将逃到泰山东南部的狼虎谷，看着一个个狼狈不堪的手下，他对外甥林言说："我起兵本是为讨伐国贼，振兴皇室，只是成功之后并没有急流勇退，这个失误才使我今天惨败如此，你拿着我的脑袋去见皇帝吧，定能求得荣华富贵。"说完之后，拔刀自刎，但并未当场死亡，林言也没客气，抽出宝剑就把舅舅的脑袋给砍了下来，又把其他一些重要人物——黄巢的兄弟和妻子等——的脑袋一并收入囊中。

林言高高兴兴拿着这些脑袋准备封侯拜相，结果碰到沙陀兵，被人家捡了个便宜，连他自己的脑袋也被一起献给时溥。

黄巢起义就这样落下帷幕，不过最后仍然有个亮点值得一提。在李儇责备黄巢的小妾们世代接受大唐恩惠却跟随贼寇作乱的时候，一个无名女子答道："贼寇作乱的时候，大唐有百万雄兵，连祖庙都守不住，还要跑到蜀地避难！陛下责备我等女流之辈，那王公大臣、文武百官又该怎么处置呢？"

李儇听得哑口无言，但最终也没放过任何一个小妾。这就是昏君的本性，他根本不跟你讲道理，只是靠着生杀大权肆意妄为。

后世对于黄巢起义给予很高评价，主要是打击了唐朝的腐朽统治，加速其灭亡，这场起义差不多持续十年时间，虽说对朝廷造成重大打击，但对无辜百姓来说也是一场浩劫，在宣扬其正面意义的时候，也不应该回避负面问题。

另外这场起义为何以失败而告终？我想诸位也能通过前文看出端倪，在这里我只通过黄巢临死之前的那几句话来看看他是否算个大丈夫。

黄巢临死之前跟林言说的那几句话明显口不对心，从下江南到北伐，再到入主长安，他确实是想称帝，并且最终也称了帝。临死之前这样说不过是想摘掉造反者的帽子，通过这事就能看出他的局限性。大丈夫敢作敢当，唐朝皇帝昏庸无道，他揭竿而起何罪之有？至于说到失败的原因也并不是没有急流勇退，最根本的原因就是他没有一颗仁德之心，

杀戮太重，没有百姓支持，也不能令将士死心塌地辅佐自己，再加上称帝之后没有合格的文官来辅佐他治理天下，最终才导致失败。

凄 凉

黄巢这个狠角色被消灭之后，朱全忠和李克用也有精力翻旧账，他俩之前解陈州之围后都看对方不顺眼，朱全忠率先发难偷袭李克用，李克用福大命大没死，死里逃生的他跑到李儇面前告状，说朱全忠谋害他，希望皇帝能主持公道。

李儇接到表疏后很是为难，黄巢刚死，余党尚未除尽，两员大将要是再斗起来着实麻烦，这窝囊皇帝只好当起和事佬，劝两人以大局为重，相亲相爱，不要窝里斗。

在当时，李儇能做的仅此而已，大唐内部多数大势力早已不听皇帝指挥，谁的实力强、谁的拳头硬，谁就是老大，李克用请皇帝作主不过是抱着试试看的态度，另外，他确实也是忌惮朱全忠，不敢轻易出兵。

李儇无法约束朱全忠，也同样无法约束李克用，不但不能约束，还要宠着他们。公元884年8月，朝廷加封李克用为陇西郡王，封他的弟弟李克修为昭义节度使。一个月后，加封朱全忠为同平章事，就这样，一个农民起义军的首领当上了宰相。

此时的朝廷并不在乎职位，只要能让叛乱平息就行。大的叛乱虽然已经平息，但内部可谓满目疮痍，就连长安城都是一片狼藉，李儇已经习惯在成都的生活，不想回破烂不堪的长安了。

李儇对于在哪当皇帝并不十分在意，但有一件事情他开始慢慢在意起来，那就是田令孜越来越嚣张，越来越不把他这个皇帝放在眼里。朝中文武一直就没有能跟他抗衡的，原本还有两个太监让他有所忌惮，一个是杨复光，可惜的是杨复光刚刚病死榻上，现在只剩下曹知悫。曹知悫有胆有识，在黄巢占据长安期间一直积极抵抗，黄巢败北后，他说："跟随皇帝入蜀的官员很多都是混饭吃的，等他们回来的时候我要一一审查，没资格进京的一概不准进京。"田令孜早就想除掉曹知悫，借此机会他假传圣旨派人暗杀了曹。

曹死后，田令孜更加肆无忌惮，越发没个臣子的样，李儇的尊严屡屡受到侵犯，开始记恨田。不过也仅仅是停留在记恨的程度上，如果闹翻的话，先死的很有可能是皇帝，因为上上下下、里里外外的人基本都在田的掌控之中，这其中还包括所有禁军。

李儇只是偶尔哭哭啼啼地跟别人唠叨田令孜欺负自己，大多数时候君臣还算融洽，尊严对李儇来说没那么重要，田令孜也不在乎皇帝唠叨，从本质上看，他俩都能接受朝中和宫中的局面，他俩所共同担心的是朝外的事情。黄巢已死，他的小弟——秦宗权——却在继续兴风作浪，那势头跟黄巢不相上下，残忍程度有过之而无不及，秦宗权的势力迅速扩大，并且也培养出几个得力助手，陈彦带着一支部队进攻淮南，秦贤带着一支部队进攻江南，另外秦浩、孙儒、张晊、卢瑭等人也都带着部队攻打襄州、唐州、孟州、陕州、虢州、汝州、郑州、汴州、宋州等地，不管这些城池是否被攻破，都是生灵涂炭，这伙部队已经称不上是"义军"，连一般的强盗都不如，烧杀抢掠是必须的，更重要的是他们吃人，《旧唐书》记载，"贼既乏食，啖人为储，军士四出，则盐尸而从。"神州大地一片凄凉，千里难寻烟火，万里难见人迹。

秦宗权这通折腾吓怕了李儇，李儇不停下诏安抚，这样的安抚实际上只会让他更加骄傲，四处劫掠的同时，还让唐朝官员为其纳税。

被秦宗权盯上的是王绪，这个杀猪的能当上刺史，秦宗权起到很大作用，因此他来要人情，王绪这光州刺史并不富裕，多年战乱恐怕难以找出一个富裕的人来，他知道满足不了秦的话后果会很严重，无奈之下只好穿着官服干起强盗的勾当，调遣部队到其他地区打劫，王绪的妹夫刘行全为先锋冲入江州、洪州、虔州、汀州和漳州等地，这些地方基本都在今天的江西省，不管山区还是平原都是农业生产的好地方，可是被这样一次又一次地洗劫，再肥沃的土地也长不出庄稼，再辽阔的河湖也养不活鱼虾，唐朝也在一步步走向灭亡。

公元 885 年 2 月，秦宗权称帝，设置百官。

在此之前，李儇频繁下诏安抚秦宗权，希望他能接受招安，现在他已称帝，李儇也就不可能再下诏，只得派兵讨伐，但讨伐的力度实在太小，因为当初讨伐黄巢的几个主力——李克用、王重荣等人——都忙

其他事情，没办法抽身来对付秦宗权。

秦宗权称帝之后气焰更加嚣张，除淮南、江南之外，还盯上东都洛阳，同年6月，秦宗权的手下孙儒打跑东都留守李罕之，占据洛阳。

孙儒并未打算在洛阳长住，毕竟这是唐朝二都之一，太显眼，容易被围攻，因此他烧杀抢掠一个多月后，扬长而去。

孙儒对洛阳的烧杀抢掠到底能有多严重呢？

关于这个问题，鸡和狗可以回答，早晨没有公鸡打鸣，晚上没有家犬乱吠，曾经无比繁华的东都已经变成一座鬼城。（《资治通鉴》记载，城中寂无鸡犬！）

孙儒撤走后，李罕之又带着队伍进入洛阳布防，大家都知道这城只剩下一个空壳子，暂时也都不惦记了。

秦宗权掏空了洛阳，还侵占并掠夺了二十多个州，但他仍然没有撼动赵犨驻守的陈州。

秦宗权这边风生水起，替他打家劫舍的屠夫的情况可不太乐观，王绪到漳州的时候粮草开始不足，道路又艰险难行，他便下令让大家抛弃随军的老弱病残，违令者斩立决。大家无奈只好抛弃至亲，只有王潮兄弟扶着母亲继续赶路，王绪把这兄弟招来责骂了一番，要杀他们的母亲，王潮等人说："将军杀了母亲，母亲的儿子怎么可能还为将军效力呢？请先杀我们吧。"

王潮兄弟几人在军中人缘很好，很多人出来求情，最终才逃过一死。

没过几天王绪手下的江湖术士说军中有王者之气，王绪怕有人抢自己的饭碗，把军中智谋、武功比自己高的人全部杀掉，连他妹夫也被送进阎罗殿。

这样一来王者之气还没除呢，王绪已是众叛亲离，王潮跟先锋说："刘行全是他妹夫都难逃一死，像您这样威风凛凛、武艺超群恐怕迟早也难逃毒手。"先锋官当场就被吓哭了，连忙问如何是好，王潮趁机和先锋官一起策划除掉王绪。

王绪是个没啥脑子的人，王潮和先锋官随便设个伏就把他给生擒活捉了，然后大家一致推举王潮为老大。

王潮推让多次，但大家态度很坚决，最终，他只好暂时当了这个老大，带着大家返回光州。在回去的路上，王潮严格约束部下，对百姓秋毫不犯。在这支队伍到泉州附近的时候，泉州一群德高望重的老人备下酒肉犒赏王潮军，请求他们帮忙除掉残暴无度、贪婪成性的刺史廖彦若。

侠肝义胆的王潮带着队伍围攻泉州，没用多久便攻克城池，杀死廖彦若，然后向素有威名的福建观察使陈岩请降，陈岩了解完王潮的情况后，向朝廷请求封王潮为泉州刺史。

王潮宽厚仁慈，有谋略，当上泉州刺史后安抚百姓，修缮城池，官、民无不心悦诚服。王绪看到这情形，羞愧难当，自杀而死。

这样一来，秦宗权的一小股势力总算得以平息。

荒城一座草没了

秦宗权作乱对李儇有一定影响，他怕回到长安后叛军再像黄巢一样杀过来，到时还得着急忙慌地逃命，跑慢了恐怕性命难保。但家总还是得回的，长安那边在收拾残垣断壁，李儇也从成都出发了。

公元885年2月，李儇到达凤翔，一个月后回到长安。

荒草丛生！野兽遍地！当李儇看着眼前的自然风光之时，简直以为自己走错了地方，这些长满荒草，狐狸、野兔安家的地方原本可是繁华的市井，现如今满眼都是萧条。（《资治通鉴》记载，荆棘满城，狐兔纵横。）

此情此景令人悲不自胜，不过工作还得开展，为了把过去不愉快那一页翻过去，李儇下旨大赦天下，更改年号，希望能有个好的开始。

要想有个好的开始并不容易，此时皇帝诏令能到达的仅有几十个州而已。整个河北地区只有义武节度使王处存效忠朝廷，但这并不会赢得周围人的尊重，只会让他成为众矢之的，卢龙节度使李可举、成德节度使王镕怕王存处这个异类对他们不利，联起手来要消灭他，瓜分他的地盘。王存处自己还真对付不了这两个瘟神，不过好在他跟李克用关系不错，还有些亲戚关系（王处存的侄子娶了李克用的女儿），因此，王存处向李克用求援，李克用也很仗义地出兵救援。

前文提到李克用很忙，没工夫对付秦宗权，就是因为他在内斗。同样，王重荣也在内斗，除了跟其他军镇斗之外，还要跟大太监田令孜斗。田令孜想要掌控一切，那些势力弱小的军镇不得不受人辖制，像李克用和王重荣这样实力雄厚的当然不想受制于人。

我们先把王重荣放在一边，说说李克用协助王处存防守的战况。

卢龙和成德的军队最近这些年就没打过什么硬仗，跟李克用的虎狼之师根本没法比，再加上王处存也不是好欺负的主，因此两支军队大败而归。

卢龙大将李全忠是这次军事行动的负责人，他担心大败而归会被李可举惩罚，便带着人马到幽州攻打李可举，李可举没想到自己派出去的队伍会掉过头来打自己，在无路可逃的情况下自焚而死，李全忠自称幽州留后，向朝廷请求给予名正言顺的职务。一个月后，朝廷任命其为卢龙留后。

朝廷当时的情况就是如此，已经彻底放弃管辖藩镇的想法，只要他们不威胁到朝廷爱怎么闹就怎么闹，人家请求什么职位就给什么职位，别因为不满足要求，而惹得人家兴师问罪。

这样一来，朝廷的尊严何在？

右补阙常浚上表劝谏，认为不应该这样纵容藩镇，朝廷应该有个朝廷的样子，如果各个手握重兵的官员都不服从朝廷调遣，岂不天下大乱。田令孜等人却对李俨说："常浚的奏疏若是让藩镇知道的话，他们肯定不高兴，说不定还会闹出什么乱子来，应该严惩常浚，让藩镇安心。"

悲哀的常浚生活在一个悲哀的时代，因为这份为国为民的奏疏被贬为万州司户，没过几天又被赐死，历史上又多了一位因直言劝谏而死的大臣。

常浚的担心不无道理，并且很快得以证实。

王重荣自认收复长安有功，还要受到田令孜排挤，感到愤愤不平，多次上表大骂田令孜，数落他的罪状。最后，闹到动刀子的程度，田令孜派出邠宁节度使朱玫和凤翔节度使李昌符对付王重荣，王重荣自知难以对付两路大军，便向李克用求救。

李克用一直对朝廷不满，再加上之前朱全忠偷袭他，朝廷也不给他作主，所以正想找碴儿，现在接到王重荣的求救信后，立刻回道："我先去收拾掉朱全忠，然后跟你合兵一处再去收拾那帮鼠辈。"

王重荣对他说："那可不行，等你收拾完朱全忠恐怕我已经被田太监给收拾了。不如咱们先把皇帝身边的佞臣清除，再一起对付朱全忠。"

刚好李克用知道朱玫和李昌符二人都暗中跟朱全忠勾结，所以决定接受王重荣的提议，先跟他一起除掉这二人。

李克用出兵之前给朝廷上了表疏，写道："朱玫、李昌符和朱全忠沆瀣一气，想要置我于死地，为了自保，我不得不跟他们兵戎相见，现在我已集结十五万大军讨伐朱玫、李昌符等乱臣贼子，但绝不骚扰京师地区（这话就是瞎扯，凤翔离长安那么近能骚扰不到嘛吗），诛杀乱臣贼子之后便撤军。"

僖宗李儇看着表疏都快吓哭了，心想："李克用虽然平定黄巢有功，但一直就没真心依附过朝廷，现在说是对付朱玫和李昌符，万一到时那十五万大军想捎带手对付对付我可怎么办啊！"

李儇怕也没有用，李克用那边大军已经集结，再说了还有人怕李克用不跟朝廷闹翻，背后一直搞着小动作。朱玫怕朝廷跟李克用和解，多次派人到京城搞破坏，杀人放火，刺杀大臣，干完之后说是李克用干的。

公元885年10月，王重荣与朱玫、李昌符以及田令孜派出的神策军在沙苑（在长安东北方，距离约两百里）厮杀起来，一个月后，李克用的人马杀到，朱、李、田的联军大败，京师震动，田令孜带着李儇连夜逃往凤翔。

长安城再次遭殃。黄巢从长安逃走后，朝廷一直在开展重建工作，到目前也仅仅完成十分之一二，李儇逃出京城，各路人马纷纷进来洗劫，等他们走后，长安城几乎只剩下荒草，连狐狸和兔子都不见了踪迹。

欲望和理智

李克用、王重荣打了胜仗，抢了东西，然后打道回府，并且上表请皇帝回京，同时再次列举田令孜的罪状，请求将其诛杀。

李儇哪杀得了田令孜啊，不但杀不了，还得受制于他，公元886年正月，田令孜带着禁军把李儇劫持至宝鸡，该行动既迅速、又隐蔽，第二天群臣才发现皇帝丢了，大家打听到皇帝行踪后，纷纷赶到宝鸡，但也有些大臣不想去宝鸡，因为田令孜在那，大家都不想跟他走得太近，

此时天下人对田令孜恨之入骨，尤其是朱玫和李昌符，此时他俩才发现被田给耍了，再加上被李克用和王重荣给打怕了，于是主动向李、王示好，改投到他们阵营。

朱玫和李昌符听说田令孜挟持皇帝到了宝鸡，立刻带着队伍前去追赶，大败田令孜的神策军，这场战斗就是在李儇的眼皮底下进行的，战场上的锣鼓之声清晰地传进皇帝的耳朵，皇帝的耳膜被战鼓震得颤抖不已，那颗脆弱的心脏也随之而抽搐。

田令孜一看宝鸡是守不住了，又挟持着皇帝向南逃窜，有再次入蜀投靠陈敬瑄的打算。这下可苦了娇生惯养的皇帝，白天要徒步行走，晚上只能睡在木板上，饭菜更不用说了，仅能填饱肚子而已。

田令孜逃跑的时候留下不少神策军殿后，沿途也设置了路障，朱玫频频受阻，最终撤回凤翔。

朱玫虽然放弃追击，但依然在给逃亡朝廷施压，联合王重荣、李昌符等人上表请求诛杀田令孜。

同年3月，田令孜挟持皇帝到达兴元。

朱玫等人奈何不了田令孜也抓不到皇帝，但他们有新的打算——再立新帝！迂腐的宰相萧遘（gòu）说："皇帝在位十多年没有什么大的过错，只不过是田令孜挟持他，他也身不由己，所有的错都在田令孜一人身上，我坚决不同意废帝再立。"萧遘真是迂腐到不可理喻的程度，竟然说皇帝没什么大错，如果说李儇这样都没什么大错的话，那中国这几千年可能没有谁好意思说自己是昏君了。

没有萧遘支持，也不影响朱玫另立新君的决定，同年4月，朱玫强迫凤翔的官员尊奉襄王李煴（yūn）（肃宗李亨的玄孙）监管军国大事。这下朱玫可发达了，想当什么官就给自己加封个什么官，亲信们也都跟着沾了光，不过目前来看这也仅仅是名义而已，更可怜的是李煴，由一个皇族王爷沦落为傀儡，被挟持至长安，策划登基。

为了能让自己实至名归，朱玫积极策划，拉拢各道官员支持李煴。很快他的工作便见到成效，各道进贡的赋税大部分送到长安，只有一小部分会送到僖宗李儇那里。

朱玫风生水起也让他人眼红，尤其是凤翔节度使李昌符，当初他俩一起策划拥立李煴，现在好处基本都让朱玫一个人占了，李昌符因此而愤愤不平，又改成支持李俨。

同样支持李俨的还有王重荣和李克用，原因跟李昌符差不多，因为如果李煴称帝的话大家都没什么好处，好处变成朱玫自己的了。

朱玫的贪婪使他陷入险境，这就是贪婪的人不明智的地方，不管手里抱着多大一块蛋糕，也不管自己是否能吃得下那么大的蛋糕，绝不肯分人一块。

广厦千间，夜眠仅需六尺；家财万贯，日食不过三餐！鹪鹩巢于深林，不过一枝；偃鼠饮河，不过满腹！

这个道理好像都懂，但不少人仍然不遗余力地想要得到广厦千间、整片森林和整条河流，当然为此付出的代价是惨重的，甚至还要搭上性命。

同年6月，朝廷任命杨守亮为金商节度使、京畿制置使，杨守亮与王重荣、李克用联起手来讨伐朱玫。按理说，事情发展到这个地步，身在长安的李煴、朱玫等人应该改变策略，但是贪婪和欲望再次战胜理智，同年10月，长安城中的几位重要人物拥立李煴称帝，改年号为建贞，尊李俨为太上元皇圣帝。

可以说，此举除了拉仇恨之外没有任何好处，只会使李昌符和李克用等人更加坚决地出兵讨伐，不仅如此，李俨也下旨："谁能砍下朱玫的脑袋，便可取而代之。"这条消息深深刺激到那些地位不高却能接近朱玫的人，王行瑜是朱玫的手下，他刚刚奉命出来跟朝廷打仗打输了，担心回去受处分，于是跟手下一起谋划杀朱玫个措手不及。

王行瑜带着队伍回到长安轻轻松松砍下朱玫的脑袋，长安再次乱作一团，李煴想趁乱逃跑，被王重荣逮个正着，王重荣杀掉李煴以及众多官员，向李俨请功。

贻笑大方

公元887年正月，朝廷任命王行瑜为靖难军节度使，另外几个平定朱玫有功的人也都得到封赏，长安城被反复洗劫几次之后已经不堪入目，但李俨还是想回去，因为这次不同上次，上次他跟田令孜关系很好，在蜀地待着踏实，现在这君臣二人已经算是翻了脸，李俨想回到京城找

人保护他。

经过朱玫、李昌符、王重荣、李克用等人这次的折腾，田令孜地位尽失，之前他能掌管朝政有以下几个原因：

第一，他统领禁军，还有几个军镇的老大是他党羽，因此才不畏惧那些割据的军镇，大不了大家打一场，当时确实没人掌握比他更强的军事实力。

第二，他能挟制皇帝，只要皇权有作用的地区都要听他指挥。

第三，他在宫中、朝中党羽众多，有一定的声望和地位。

这次事件之后，田令孜军事实力大减，归他指挥的那些禁军对付朱玫都吃力，更别说对付王重荣和李克用等人。另外，皇权几乎完全是一纸空文，纵观各地应该没有哪个地区或者哪个势力还能听皇帝的，即便田令孜可以"挟天子"，也根本没办法实现"以令诸侯"。除此之外还有很重要的一点，那就是他威胁皇帝的意义已然不大，即便他把皇帝杀掉，人家还能再立一个新皇帝，到时新皇帝绝对不会放过他。

田令孜不傻，能想明白这些道理，因此也不敢跟李儇太放肆，杀了李儇自己也是死路一条。

同样，李儇也不傻，他也开始不怕田令孜了，因为王重荣、李克用等人都是号称支持他的。公元887年2月，李儇下令革除田令孜一切官职爵位，将其流放到端州。

田令孜还是有所依靠的，成都的陈敬瑄可是他的亲兄弟，虽称不上手握重兵，也是具备一定实力的，另外还有一些人是跟他牢牢拴在一根绳上的。有了这些力量，田令孜还是可以跟皇帝消极抵抗的，毕竟大家都不想搞得鱼死网破。

田令孜没去端州，而是跑到成都，原来的位置被大太监杨复恭所取代。

杨复恭是杨复光的堂兄，从小就进宫当太监，能力不在他堂弟之下，杨复光病逝之后，李儇越来越依赖他，刚好他跟田令孜又不是一条心，可以起到很好的制衡作用，现在田令孜失势，杨复恭顺理成章成为头号大太监。

3月中旬，李儇一行到达凤翔，节度使李昌符怕皇帝回到长安后算旧账，毕竟当初把皇帝赶出长安这件事他参与度极高，万一追究起来肯定麻烦，即便不追究责任，赏赐也会少，便以长安尚未修缮完毕为由，请求皇帝在凤翔多住些日子，李俨也知道此时的长安确实不如凤翔安逸，便在凤翔住下。

李俨在凤翔的日子本来过得还凑合，但是天有不测风云，神策军将领杨守立跟李昌符二人在大马路上不期而遇，道路狭窄，总要有个人让让路，寄人篱下的杨守立仗着自己背景深厚——如日中天的大太监杨复恭是他干爹——根本不怕这地头蛇。李昌符就更不用说了，怎能让别人在自己地盘上撒野，于是，双方大打出手。

李俨觉得自己是皇帝，大家总要给他几分薄面吧，便派人传旨调解，可是，李、杨二人竟然都不肯给皇帝这几分薄面，继续大打出手。当天夜里李昌符带队火烧皇帝行宫，第二天又派兵攻打，杨守立也不是吃素的，带着神策军出来应战，把李昌符打得落荒而逃。

皇帝身边尚且如此，山高皇帝远的地方更是打得不可开交。

镇海节度使周宝好酒好色，对手下很是苛刻，再加上赏罚不公，使得将士怨声载道，终于有人忍不住，发动叛乱，赶走周宝，拥戴声望和地位都不错的薛朗为留后。

周宝落难可乐坏了他的老对头高骈，关于他俩的恩怨在这简单介绍两句。当初二人都在神策军当差，亲如兄弟，高骈发达之后两人产生些矛盾，并且越来越激化。高骈得知周宝被驱逐便幸灾乐祸地派人送去齑粉，意思就是讽刺他已经被毁成粉末一般。

周宝气得暴跳如雷，大骂一番之后，说道："你手下有个吕用之，下场肯定比我还惨。"

吕用之是谁呢？

吕用之是个孤儿，从小不学好，入室盗窃，事发后逃进九华山，跟个方士学起装神弄鬼，数年后，学业有成，下山骗人，十分幸运地骗到高骈。吕用之耍了一番把戏，把高骈彻底折服，被奉为神仙。吕用之得势之后开始排挤高骈的老部下，痛下杀手弄死一批，剩下那些没死的也都人心惶惶。公元 887 年夏天，秦宗权有大肆进攻淮南的苗头，高骈派左厢都知兵马使毕师铎去高邮驻守。吕用之和毕师铎有些积怨，现在

毕师铎要去高邮，吕用之一反常态地示之以好，无事献殷勤非奸即盗，毕师铎心里不踏实，跟他亲家高邮镇遏使张神剑商量对策。（毕师铎的儿子娶了张神剑的女儿。张神剑本名叫张雄，因为剑用得好，大家都称之为张神剑。）

经过一番斟酌，毕师铎决定跟吕用之刀兵相见，但他现在实力尚不够强大，还得找帮手，于是便想起一个人——淮宁军使郑汉章。郑汉章跟毕师铎是老乡，二人原本都是黄巢的手下，后来投靠朝廷，同在高骈手下为官，他俩都跟吕用之有仇。

几个人一商量，就定下起兵讨伐吕用之的事情。

这些年来高骈受吕用之摆布，军务政务全部荒废，精力全放在修道炼丹上，当毕师铎带着大军来到广陵城下的时候，竟然不知如何是好。吕用之假借高骈之名向庐州刺史杨行密求援。杨行密的手下跟他说高骈昏庸、吕用之奸邪、毕师铎叛乱，这三人没一个好东西，我们若是出兵定能一举把他们全歼，这可是上天赐给我们独霸淮南的机会，杨行密思考一番之后便把全部兵力集中起来向广陵进发。

还没等杨行密到来，广陵已经城破，吕用之逃之夭夭，高骈成了老手下的阶下囚，被处死。数月之后广陵又被杨行密攻破，毕师铎等人又被处死，不知死活的吕用之听说杨行密把他的仇人都杀了，又跑了回来，结果被杨行密腰斩。

杨行密会杀吕用之确实合情合理，吕用之得罪的人太多，杀他大快人心，留他祸患无穷。

吕用之死的一点儿都不可惜，但曾经叱咤风云的高骈竟然是这样窝窝囊囊地死掉，还是让人唏嘘不已，在平定南诏的过程中他放出耀眼光芒，还有在跟黄巢对阵初期也是屡屡重创起义军，因此有后人称其为晚唐名将，不过这位晚唐名将实在名不副实，后来变成缩头乌龟，被黄巢吓得不敢出家门半步，手握重兵但眼睁睁看着人家北伐、毁洛阳、进长安，甚至在各路大军讨伐黄巢的时候，他都没出一兵一卒，真是贻笑大方。

良臣的悲哀

高骈讽刺周宝化为齑粉，现在他自己才是真的化为齑粉，这样一来淮南的格局便发生了翻天覆地的变化。

在淮南及周边活动的大势力有三个，分别是朱全忠、杨行密和秦宗权，从身份看，朱、杨是朝廷命官，秦是叛党，从他们做的事情上来看，朱、秦都不是什么好东西，杨还算不错，但所有这些都不重要，重要的是谁的拳头硬。

黄巢失败后，秦宗权迅速发展起来，势头极猛；同样也曾经给黄巢当过小弟的朱全忠现在实力也不弱，还是名正言顺的大唐臣子，这在很多方面都有一定优势；杨行密本来只是个庐州刺史，实力远弱于这二人，但他个人能力很强，占据广陵后，短时间内实力暴涨，另外，他并不跟其他几方发生武力冲突，实力能够得以保全。

朱全忠和秦宗权之间兵来将挡水来土掩，打了一仗又一仗，一段时间过后二人便见了分晓，还是朱老辣一些，用兵更加娴熟，秦打家劫舍还行，真正遇到强敌便暴露出诸多弱点。

公元887年5月，朱全忠联合兖州、郓州的朱瑄、朱瑾在汴州以北大破秦宗权，然后乘胜追击，直到把秦打得元气大伤，自此之后，秦的势力日渐衰弱。

在此之前，秦宗权的手下孙儒在洛阳狠狠搞了一番破坏，他走之后，李罕之叫上张全义一起来驻守洛阳跟河阳（今河南省孟州市）。洛阳是大唐都城之一，但此时还不如一座小城，李罕之占据相对好一些的河阳，张全义来到残破不堪的洛阳。同时他们又请李克用派人协防，李克用任命部将安金俊为泽州（今山西省泽州县）刺史，带兵协助李罕之、张全义防守。

目前来看，李罕之和张全义所面临的最大问题不是外敌威胁，而是辖区民生凋敝。晚唐时期"勤政爱民"这个词使用率极低，但偶尔还是会用的，这个词用在张全义身上恰当至极。

张全义进入洛阳城的时候被眼前的景象所惊呆，颓垣碎瓦、残垣断壁、棘地荆天、荒草丛生……这并没有让他丧失信心，他立刻动起手来准备恢复洛阳生机。

此时洛阳只剩下不到一百户人家，张全义的手下也少得可怜，只有一百多人，张在如此艰苦的条件下按部就班地布置工作，从一百多个手下中选出十八个能力相对强一些的，把这十八个人分别派到各个村子

里，张榜帖文招抚百姓，劝课农桑，赦免罪人，只要不是杀人犯全部赦免，同时免去租税，让老百姓踏踏实实劳作。

张全义按照这个思路把工作一直推广到自己所能管辖的所有州县，几年之后，洛阳城恢复了生机，河南地区也都生机勃勃，到处都是耕作的农田，再难见到荒芜的土地。

张全义造福百姓，并不图百姓回报。当地百姓都知道张大人不喜欢歌舞，不喜欢美女，只有看到金黄的麦田、银白的蚕丝才会露出会心的笑容。张全义这边粮食年年丰收，李罕之那边却没人从事生产，靠四处掠夺过日子，粮食抢不够就吃人，即便这样也难以满足人吃马喂，经常找张全义要，稍微给少了就大骂一番，每次张都尽量满足他的要求，时间久了，李便以为张怕他，更加嚣张，甚至还带着部队杀过来。张全义可不是好欺负的主，要些粮草金银也就罢了，真要动起刀枪则绝不容你。刚好护国节度使王重盈也被李罕之欺负过，于是王重盈和张全义联合起来大败李罕之，李罕之侥幸逃跑，去投靠了李克用。这样一来张全义就当上河阳节度使，更多百姓能受到他的庇佑。

晚唐社会，一个良臣已经改变不了全国的形势，张全义这边在恢复生产，其他人却在继续破坏和厮杀，像朱全忠这样阴险狡诈、反复无常的小人搞起破坏更是没有限度，刚刚把秦宗权压制下去之后就想把魔爪伸向兖州和郓州，不久之前，郓州的朱瑄、朱瑾二兄弟刚刚帮过他的忙，不好公开翻脸，最终，朱全忠的邪恶再次战胜他心中少之又少的善良，找到借口攻打兖州和郓州，在接下来的数年中干戈不断，百姓苦不堪言。

与此同时，秦宗权跟杨行密的战争也没有停止过，杨行密取得了一些胜利，但仍然无法阻挡秦宗权血腥屠杀的步伐，公元 887 年 12 月，秦的小弟赵德諲（yīn）攻占荆南，等他再走的时候，偌大的城中只有几百户人家，烧杀抢掠的强度可见一斑。

当然，所有这一切归根结底都是皇帝昏庸所致，昏庸的皇帝只顾自己享乐，不管天下死活，致使天下大乱，民不聊生。不过这个昏君的阳寿也到了尽头，公元 888 年 3 月，年仅二十七岁的僖宗李儇病重，他的两个儿子都太小，便准备立自己的弟弟吉王李保为皇太弟，继承皇位。

李保算是这些皇弟、皇子中比较有才能的，所以太监们都不太同意，他们需要的是傀儡皇帝。李儇健康的时候都斗不过这些太监，何况此时他已经病入膏肓，在杨复恭的运作下，更容易受控制的寿王李杰被立为皇太弟。数日之后，李儇改名为李儇（xuān），儇有形容人聪慧敏捷的意思，名字改得再好听也没用，他已经没机会改正错误了，几乎是刚刚改完名字就驾崩了。

李儇虽然昏聩无度，但还有点儿值得同情的，他生活在一个悲剧的时代，当时唐朝社会各方矛盾空前激化，社会问题极其突出，懿宗给留下的摊子确实极烂，他即位时只有十二岁，又完全受太监控制。当然，这并不是他可以理所当然地当个昏君的借口，李儇几乎把全部精力放在各种娱乐上，政事全部委任给太监田令孜，田令孜被贬之后，李儇仍然没有收回皇权，或者说他根本没想收回皇权，他玩了十几年已经习惯了当昏君的日子。

李儇被赶出长安后奔波劳碌，精神压力大，物质生活也经常非常糟糕，可能正是因为这样的折磨才使他年仅二十七岁便暴毙，史料对其病症并无详细记载，我们也无法得知这个昏庸的可怜皇帝究竟死于何因。

主角：朱全忠、李克用

配角：李晔、王建、杨行密、杨复恭、李茂贞、王行瑜、韩建、崔胤、钱镠等

事件：接下来的唐朝已是名存实亡，昭宗李晔这皇帝沦为摆设，毫无实权，还经常被人挟持，在这台晚唐大戏中只能勉勉强强当个配角。

客观来讲，让李晔当个配角确实有些委屈他，他跟僖宗、懿宗并不是一类人，不但有当明君的心，而且也有当明君的行动，但是，极度恶劣的外部环境让他成为一个亡国之君。

一般的亡国之君都是让人痛骂的，李晔却是非常非常值得同情的，此皇帝一脸英气、满腹才华，更重要的是他还有远大的志向，想要振兴大唐，如果非要问我这样一位皇帝为何会是亡国之君，那我只能用这句话来解释——时也、运也、命也！

欲破格局

僖宗李儇驾崩后，皇太弟李杰改名为李敏，登基称帝，庙号为唐昭宗。

李敏即位让大家眼前一亮，他英明果敢，有才华、有志向，广纳贤才想要重新振兴大唐，虽然他是被太监拥立登基的，却痛恨太监。自唐穆宗以来的绝大多数皇帝都是太监拥立的，基本都受制于太监，这些太监个个都是祸国殃民的败类，他们的存在是大唐衰败的一个重要因素。李敏也看到了这一点，想方设法地削弱太监实力，打破以往格局，他所要对付的太监有两个：一个是宫中掌管大权的杨复恭，一个是远在蜀地的田令孜。

数年前，李儇被黄巢赶出京城到蜀地避难的时候，寿王李敏也在逃难的行列，当时皇帝都不被田令孜放在眼里，何况一个王爷。李敏在崎岖的山路中走累了想要一匹马，田令孜给他的不是马而是一顿鞭子，一个皇子被太监抽，那屈辱感可想而知，现在李敏当上皇帝便想把这公仇私恨一并算算，于是生出征讨成都的想法，刚好此时王建上表请求讨伐陈敬瑄，李敏下诏任命中书令韦昭度为西川节度使，征调原西川节度使陈敬瑄为龙武统军，龙武统军是禁军要职，但是大家都知道，陈敬瑄被召回京城的话九死一生，田令孜没有靠山也是必死无疑，所以成都那边已经做好跟朝廷翻脸的准备。

可能有人要问，王建是谁？跟田令孜一党又有何矛盾？

王建本来是个混混，后来加入忠武军，他有勇有谋很快便得以高升，在护送李儇南逃入蜀的时候又一直陪在李儇身边，因此受到宠爱，成为禁军将领。当时田令孜是禁军首领，他看王建将来必成大器，便将其收为义子。

等到田令孜被贬之后，王建跟东川节度使顾彦朗关系很好，陈敬瑄怕这二人联合起来对付自己，便跟田令孜商量对策，田说："王建是我干儿子，我修书一封，他定能投靠过来。"当时王建刚好也没得到重用，收到田令孜书信之后很是高兴，跟顾彦朗说："义父召唤，我理应前去，顺便拜见一下陈太师，如果能向他要个大州，我也好有栖身之地。"然后带着两千精锐和一干大将向成都进发。

王建这边刚出发，陈敬瑄的手下就向他说不应该招王建来，那小子是虎狼之辈，留在身边恐成祸患。陈敬瑄觉得这人说得很有道理，又派人让王建别来了。

兴致高昂的王建发现自己被耍了，气得暴跳如雷，便带着精兵在陈敬瑄的地盘开始攻城略地。顾彦朗一直觉得有陈敬瑄这么个强劲的邻居很不踏实，借此机会便派部队增援王建攻打成都。几天之后，他们就发现要想攻破这座大城几乎不可能，只好撤兵。

经过这么一番折腾，王建和陈敬瑄、田令孜的仇是彻底结下了。昭宗李敏即位后想充分利用这个矛盾铲除田、陈势力，所以任命新的西川节度使并且支持王建讨伐田、陈。但是，大家都知道田、陈势力庞大，实力雄厚，要想铲除他们也不是一时半会儿能做到的。

这边讨伐田令孜暂且不提，再看看李敏是如何对付杨复恭的。

公元889年11月，李敏改名为李晔，时至今日我们很难知道皇帝改名的前因后果，但皇帝肯定不会随便改名，他改名多半是有极其重要的政治因素，晔的意思是光明灿烂、才华外露，这次改名可能也预示着昭宗不想当个窝囊的傀儡皇帝，要把锋芒显露出来。

李晔执政风格跟他哥哥李儇差别很大，当初李儇是有啥事都跟太监商量，现在李晔是跟宰相们商量。有一次，李晔跟宰相们讨论如何平定天下的叛乱，宰相孔纬说："先别说天下了，把身边要谋反的人解决掉再说。"

包括李晔在内的所有人都明白孔纬是什么意思，但李晔还是故作惊慌地问道："是谁要谋反？"

孔纬指着杨复恭说："他不过是陛下的家奴，竟然敢坐着轿子到大殿前面圣，还私自招养很多壮汉为义子，让他们管理军队或者到地方去做官，这难道不是要谋反吗？"

其实，很多时候恶势力就像弹簧一般，给他压力，他就缩回去，压力越大缩的也就越多，他们之所以敢嚣张就是看大家好欺负。杨复恭明白跟皇帝闹翻的下场多半是鱼死网破，他不想闹到那个地步，就只好退步，孔纬指着自己鼻子说自己要谋反，他也不敢怎样，只能辩解道："老奴招养壮士是为了保卫大唐，绝无半点私心。"

李晔心中想："瞎扯！"嘴上虽然没说这么直白，但也直切要害：

"你说是保卫大唐，为何不让那些壮士姓李，而是让他们姓杨？"

杨复恭哑口无言，李晔也没有继续穷追猛打，跟杨复恭绑在一起的势力太多，真杀杨复恭，那些人很可能为了自保而跟皇帝兵戎相见。明智的李晔准备慢慢蚕食掉杨复恭。

杨复恭有个养子叫杨守立，担任天威军使，此人神勇无比，大家很怕他，李晔决定就从这人身上下手。

李晔重赏杨守立，重新赐名为李顺节，这样一来李顺节就成了皇帝的人，但他脾气暴躁、生性专横，受宠之后目中无人，好在孔纬晓之以理、动之以情，才使他能规规矩矩当臣子。

混　战

李晔在专心对付太监，无暇顾及各地藩镇，只能任由他们随意折腾，折腾最欢的还是之前那几位。

公元 888 年 2 月，魏博节度使乐彦祯出家当了和尚，原因并不是他想研究佛法，而是因为他对手下将士和辖区百姓太残忍，怕遭到报复，所以才遁入空门躲清静。乐彦祯悬崖勒马，他儿子乐从训却依然痴迷于权势，跟魏博将士展开一番厮杀，最终被大家推举的节度使罗弘信打败。

乐从训一看自己这实力别说夺回魏博，自身尚且难保，只好向朱全忠求救。之所以向他求救主要有两方面因素：一方面，朱全忠实力强大，能对付得了魏博军；另一方面，之前朱全忠跟魏博结过仇。所以乐从训也不管把朱全忠招来会有什么后果，就派人去求救。

朱全忠收到求救信的时候正在跟秦宗权缠斗，他衡量一下利弊，决定分派一些人马去攻打魏博，这段时间秦宗权被打得很惨，元气大伤，已经不足为患，魏博那边说不定能浑水摸鱼捞到好处，所以朱全忠才会派大将李唐宾、朱珍等人带队支援乐从训。

朱珍等人很快在魏博取得佳绩，但乐从训还是被罗弘信所杀。罗杀了乐之后拿出大量宝物送给朱全忠，表示愿意俯首称臣。朱全忠并不是真的想把罗弘信如何，只要收服即可，于是给朝廷上表请求任命罗弘信为魏博留后，朝廷除了同意之外，不可能再有第二个选择，这样一来，魏博差不多也就成了朱全忠的地盘。

朱全忠的实力再次得以加强，跟秦宗权之间的差距更加突出，秦的部下赵德諲看到这样混下去没有出路，还不如早些弃暗投明，便带着自己在山南东道的人马投靠朱全忠。朱全忠当然希望人马越多越好，便请朝廷给赵讨封赏，李晔任命赵德諲为山南东道节度使，称山南东道的军队为忠义军。

秦宗权的形势越来越窘迫，公元888年12月，他的小弟申丛把他抓了起来，砍掉双脚送给朱全忠，朱全忠很是高兴，为申丛申请蔡州留后之职。不过这个申留后也没当几天就被别人给杀了，理由更是荒诞得离谱，一个叫郭璠的将领说申丛想要再次支持秦宗权造反所以才杀他的，申丛和秦宗权之间可是砍腿的仇啊，怎么可能轻易化解，但是，在一个混乱的时代，不会有人去探究事情的合理性，死就死了，把活人安顿好就行。郭璠被任命为淮西留后，大家更深刻地认识到给朱全忠当小弟可以得到荣华富贵，没人管你人品好与坏。

公元889年2月，朱全忠把秦宗权押至京城，幼稚的秦宗权临行前甚至还跟监斩官说："尚书大人看我像造反的人吗？我想要报效大唐却投靠无门啊！"在一片哄笑声中，秦宗权身首异处。

朱全忠铲除秦宗权后，人气和实力再涨，他这乱世霸主的地位是确立了。

除了朱全忠之外还有几个固有的大势力也正在崛起，这几个势力主要是李克用、杨行密、陈敬瑄和王建。这几年李克用没有太大的军事行动，但小打小闹从未间断，割据河东地区不断扩大着势力范围。

跟李克用相比，杨行密简直就是乞丐出身。前段时间借助援救高骈的机会才挖到真正意义上的人生第一桶金，虽然他之前是庐州刺史，但在那个混乱时期，刺史真算不了什么，说被弄死就被弄死，甚至中原很多城池都是空的，没老百姓、也没官员。

《资治通鉴》记载公元884年的情形是"极目千里，无复烟火！"公元888年的情况是"自怀、孟、晋、绛数百里间，州无刺史，县无令长，田无麦禾，邑无烟火者，殆将十年。"

杨行密就是在这大背景下的一名刺史。

（各位可能觉得奇怪，我为何要在这个原本不起眼的刺史身上花

这么多笔墨，请允许我剧透一下：唐朝灭亡之后，我国进入"五代十国"时期，杨行密不但是一方霸主，而且被后世称为"十国第一人"，对当时社会发展有一定推动作用，后来，杨行密的儿子称帝，他被追谥为武皇帝。）

杨行密发展如此迅猛，是不是靠山硬，或者有背景什么呢？有人要是这么想的话那就想多了。杨行密幼年丧父，家境贫寒，前些年参加农民起义军，被官府抓到差点送命，后来东山再起，拉起一支队伍占据庐州，朝廷便封他当庐州刺史。

在朱全忠大战秦宗权的时候，杨行密跟秦宗权的小弟——孙儒——打得不可开交，杨行密有勇有谋，孙儒也不是草包，甚至他还在公元889年一度攻占庐州，杨行密也在交战过程中变得强大，孙儒越打越觉得吃力，便向朱全忠示好，朱全忠依然按照之前的风格向朝廷为他申请淮南节度使之职，没过多久，朱全忠又后悔了，觉得孙儒不是好东西，于是杀掉孙儒的使者，二人继续为敌。

杨行密跟孙儒之间的战争继续胶着着，互有伤亡，但也不伤元气。

公元891年7月，朱全忠派使者跟杨行密约好共同讨伐孙儒，不知天高地厚的孙儒仗着自己人马众多并不畏惧朱、杨联军，反倒叫嚣起来，给各个藩镇送去檄文，声称："朱全忠和杨行密罪恶滔天，我要替天行道诛杀这两个奸贼，再挥师进京，铲除皇帝身边的奸佞之臣。"

孙儒发出檄文后，还真就把部队从大本营——扬州——拉出来，渡过长江向西部杀去，临走之前，把扬州百姓狠狠坑了一把，年轻力壮的男男女女全部抓做壮丁，老弱病残全部被当成人肉军粮，然后又放了一把大火。

杨行密的部下张训和李德成进入扬州，扑火救灾，拿出粮食救济那些侥幸没被抓走的百姓。

数日之后，孙儒又在苏州、常州等地大肆劫掠，又带兵进攻杨行密的宣州。杨行密压力陡增，形势异常紧迫。牛人之所以为牛人，就是他们能够在重压之下不崩溃，还能释放出更大的潜能。杨行密对手下将士说："孙儒的部队是我们的十倍之多，最近他们又频频取胜，我们退守如何？"其实，杨行密这样说是想探探将士们的底，看看他们怎么想。这些将士没有让杨行密失望，他们均表示决不能后退，都已经对抗这么多年，成败在此一举。

看着斗志高昂的将士，杨行密露出会心的笑容。

孙儒猛攻宣州，但杨行密越战越勇，屡屡重创敌军，并且张训还截断了敌军的粮道。不过，粮道对孙儒来说并没有那么重要，他可以肆无忌惮地四处抢粮，还能用人肉当军粮。

双方在宣州城下鏖战数月，公元892年6月，杨行密得知孙儒军中瘟疫横行，发动总攻，他的大将安仁义和田頵（jūn）奋勇杀敌，安仁义连破敌军五十多个营寨，田頵更是在阵前斩杀孙儒。

正所谓"树倒猢狲散"，孙儒的手下多数投降杨行密，杨行密收降很多将士，得到大量地盘，只不过这些地盘已经破烂不堪，就拿扬州来说，那可曾经是富甲天下、隋炀帝来了都不想走的宝地，现如今残垣断壁、满目疮痍，方圆千里尽是破败不堪的景象。

面对如此糟糕的情况，杨行密依然有信心，在他和手下的共同努力下，淮南等地渐渐恢复生机。

西川易主

在杨行密鏖战的时候，另外还有两大战场在激战：一个是蜀地的陈敬瑄，另外一个是河东的李克用，惨烈程度比这边毫不逊色。

公元888年12月，朝廷任命韦昭度为行营招讨使、杨守亮为招讨副使、顾彦朗为行军司马、王建为节度使，讨伐陈敬瑄和田令孜。

转过年来，王建取得大捷，大破田令孜的部将杨晟，杀敌万余。

公元890年正月，王建攻打邛州，陈敬瑄派大将杨儒带三千人前去增援，结果杨儒倒戈投降，王建收其为义子，改名为王宗儒。

陈敬瑄看到形势紧迫便开始增加防守力度，但是，愚蠢的人做事常常背道而驰，想要守住自己的地盘就应该多施仁政，跟老百姓融为一体，有老百姓支持，城池才能固若金汤，蠢人却是加重对老百姓的压榨和盘剥，老百姓为了活命只好逃走，蠢人看老百姓逃走就继续加大铁腕的力度，如此恶性循环，终将走向毁灭。

陈敬瑄就是个蠢人，搜刮民间财产作为军费，大肆征调壮丁修筑

防御工事，昼夜不停地巡逻，百姓苦不堪言、怨声载道，隔三岔五就有人向王建投降，陈敬瑄经过这么多年的积累也有不少死党，茂州刺史李继昌听说成都有难，带着部下前来救援，刚来几天就被王建砍了脑袋，这样一来，陈敬瑄的手下更加动摇，甚至有人带着部下集体投降，献出城池。

公元 890 年 9 月，邛州刺史毛湘在内无粮草、外无救兵的情况下丧失了抵抗的信心，但他是田令孜的亲信，不忍辜负田令孜，于是让都知兵马使任可知砍下他的脑袋向王建投降。

王建带着节度使的旌节进入邛州城，修缮城池，安抚百姓，一切事务均安排得妥妥当当。

朝廷的军队在蜀地屡屡得胜，只是成都一直没能攻克，这仗一打就打了三年，朝廷为此花费大量人力、物力，也有些吃不消，昭宗李晔跟大臣们商讨之后决定停战。公元 891 年 3 月，李晔颁下诏书恢复陈敬瑄的官职爵位，下令让顾彦朗、王建等人撤回驻地。

然而，朝廷的诏令并没有那么好用，王建知道成都城已是极其窘迫，他可不想让这猛兽缓过劲来，下定决心要斩草除根。

身为宰相的韦昭度不想抗旨不遵，因此跟王建产生矛盾，心狠手辣的王建杀掉韦昭度的心腹，将其炖成一锅红烧肉，这起到很好的"杀鸡儆猴"的作用，韦昭度连忙交出公文帅印，一切职务均授予王建，自己逃回京城。（《资治通鉴》记载，建阴令东川将唐友通等擒昭度亲吏骆保于行府门，脔食之，云其盗军粮。昭度大惧，遽称疾，以印节授建。）

王建送走韦昭度，立刻封锁蜀地对外的要道，此时他已经有划地为王的打算，一山容不得二虎，要实现这个伟大抱负需要先把现在蜀地的王者除掉。

现在蜀地的王者可是落魄至极，成都城中粮食极度匮乏，社会秩序也是一塌糊涂，早就乱了方寸的陈敬瑄精神已经处于崩溃的边缘，只知道靠酷刑和残杀来维持秩序，这样只能让局面更加失控。

王建为彻底摸清成都情况，同时再给陈敬瑄和田令孜灌点儿迷魂汤，便派一个叫王鹞的手下混入城中，王鹞进城之后跟陈、田二人汇报道："王建已是强弩之末，撑不了几天，所以我才来投降。"陈、田听王鹞这样一说，紧张的情绪放松下来。但是，王鹞走到大街上的时候，说的就是另外一套话："王大人很快就会攻破城池，各位乡亲还是早谋出路吧。"

在打宣传战的时候，王建的攻城并未停止，陈、田终于坚持不住。

田令孜登上城头对王建说："老夫对你不薄，你为何要如此对我？"

王建答道："忠孝难两全，我虽然是您的养子，但朝廷让我讨伐您，我怎敢抗旨不遵？"

当然，傻子都知道王建在瞎扯，这就如同外交辞令一样，不过是在斗嘴皮子，胜负还得看实力，田令孜打不过人家就只得任人宰割，当天傍晚他带着西川印符来到王建军中交给王建，这也就算是正式投降。

第二天，陈敬瑄打开城门迎接王建进城。

王建这人虽然狠毒，但知道该对谁狠，不该对谁狠，他知道要想真正成为西川之王必须得有百姓支持，因此对于骚扰成都军民的将士一律从严处罚，一些不知死活的兵痞在城中闹事被军法处决，暴尸街头，其他将士看着这堆尸体立刻变得规矩起来。

王建自称西川留后，安抚百姓，奖赏将士，对于那些不支持他的人毫不手软，能公开杀的就公开杀，不能公开杀的就暗杀。一段时间下来，王建的地位基本得以稳固，西川局面也在逐步安定。朝廷知道西川已被王建牢牢控制，只得送个顺水人情封他为西川节度使。

陈敬瑄和田令孜主动投降不用被斩阵前，可以苟活几日，但以王建心狠手辣的性格必然不会给他们留活路。公元893年4月，王建以陈敬瑄谋反为由将其杀死，随后又找借口除掉了田令孜。

讨伐李克用

前文中提到还有一片战场正在进行着激烈的厮杀，那就是李克用和朱全忠，他二人的矛盾由来已久，积怨颇深，不过一直没有大规模的直接冲突。

之前张全义大败李罕之，当上河阳节度使，李罕之逃跑后向李克用求援，李克用派养子李存孝等人协助李罕之攻打河阳，张全义肯定打不过李克用啊，因此向李克用的死敌朱全忠求救，朱全忠不想看着李克

用扩大势力，便派兵支援。

李克用除了攻打张全义之外，还派出队伍攻打其他人，目的就是为了扩大势力，那些小股的势力都不可能是李克用的对手，纷纷向朱全忠求援，李、朱之间的摩擦也就越来越多。

朱全忠跟李克用一样，也在不断吞并周边势力来壮大自己，战事不断，无数无辜百姓跟着遭了殃。

李、朱二人作风差不多，但朱更聪明一些，他知道要跟朝廷搞好关系，因为不管朝廷多么无能，始终还是名义上的正统，在那个时代，大多数人讲究名正言顺，名声这个看似没什么用的东西实际上还是可以发挥出很多意想不到的作用。对于这一点，李克用认识得就不清楚，跟朝廷关系搞得不太好，公元890年4月，云州刺史赫连铎、卢龙节度使李匡威以及朱全忠等人给朝廷上表，请求讨伐李克用，不仅仅这些军镇把矛头指向李克用，就连李晔信任的宰相张浚也跟李克用水火不容，不停地撺掇皇帝跟李克用翻脸。当然，皇帝也有自己的想法，他想收回皇权、打击藩镇，便决定趁机先拿李克用开刀。

很多人不想跟李克用刀兵相见，这些人的原因并不相同，像给事中牛徽认为这可能会给朝廷造成重大伤害，像杨复恭是怕通过新的战争打破既有格局，使得皇帝获得权力，会威胁到自己。

但是皇帝想打，还有像张浚、孔纬这样的宰相支持，因此，讨伐李克用的计划便开始制订和实施。

同年5月，李晔下诏削去李克用官职爵位，没过几天把李克用的死党李罕之的官职爵位也都一并削去，任命张浚为河东行营都招讨制置宣慰使、京兆尹孙揆为副使、镇国节度使韩建为都虞候兼任供军粮料使，任命朱全忠为南面招讨使、李匡威为北面招讨使、赫连铎为副使。

朝廷的讨伐队伍尚未出师，李克用那边已经有了重大损失。之前在他的运作下，他的弟弟李克恭当上昭义留后，李克恭这人骄奢、残暴，当地将士怨言颇多，此时终于爆发出来，昭义将领安居受等人发动叛乱，杀死李克恭和他的死党，不过很快安居受也被人杀死，另外一员大将冯霸捡个便宜，带兵进入潞州，自称昭义留后。

李克用听说弟弟被杀很是恼怒，于公于私都不能坐视不理。于私来说得给亲弟弟报仇，于公来说昭义还得收到自己囊中，不能让那么大片的领土脱离自己的掌控。

还没等李克用的人马到达昭义，朱全忠已经派大将河阳留后朱崇节到了潞州，李克用晚了一步，并不甘心，依然派李存孝攻打潞州。

数日之后，李晔为张浚践行，张浚看着手下五万军队，信心顿时膨胀起来，对李晔说："等我消灭外贼就回来为陛下清理内患。"没想到隔墙有耳，杨复恭听到张浚的豪言，明白他所说的"内患"就是自己，二人矛盾再次加深。

一个多月后，张浚的部队到达阴地关（今山西省灵石县西南）。朱全忠对于朝廷肯向李克用发兵非常高兴，派猛将葛从周带着一千骑兵进入潞州，又安排几员将领带人在外围与葛从周遥相呼应。然后跟朝廷说已经控制住潞州局面，请朝廷派人镇守。

张浚知道朱全忠是什么人，那可是见到好处眼睛就放光的饿狼，如果自己的部队不到，说不定朱全忠就会把潞州划到他的辖区，因此，派出副使孙揆带三千兵马前往潞州。

可怜的孙揆中了李存孝的埋伏被生擒，他誓死不降，被李克用用锯活活锯死。

潞州守将看朝廷派来的官员被杀死，心里开始发慌，好在此时泽州的李罕之求救，李克用派李存孝带人去泽州救援。

李存孝是沙陀人，号称唐末第一猛将，勇猛无比、武艺超群，他带着五千铁骑来到泽州就把围困泽州的部队打得大败，和李罕之一起斩杀朱全忠的多员大将，然后带着新胜之师回到潞州城下，城中的葛从周和朱崇节看着城下士气高昂的敌军，顿时没了斗志，弃城而逃。

李克用占领潞州之后，任命手下康君立为昭义留后，任命李存孝为汾州刺史。李存孝对于这样的任命意见很大，他认为擒孙揆、解泽州之围，还有破潞州，功劳最大的就属他，自然应该他来做昭义留后。

李存孝对李克用有意见，又不敢跟李克用公开说，只能自己生闷气，生着生着就产生自立为王的想法，不过现在时机尚不成熟，只能先忍忍。

朝廷和朱全忠的军队在昭义损失惨重，在另外一片战场同样也是作战不利。李匡威进军蔚州（今河北省蔚县）并取得佳绩，赫连铎的战况也不错，只是好景不长，没过几天李克用手下猛将李嗣源发动反击，大败李匡威和赫连铎，紧跟着李克用也带着大部队杀到，李匡威和赫连

铎二人根本没有还手之力，仓皇逃走，朝廷的部队死伤以万计。

此时，张浚的部下死的死、伤的伤，没死没伤的也都吃了败仗，只剩下张浚还完好无损，然而，他的好日子也很快到头了。

公元890年10月，李存孝大败镇国节度使韩建，又痛打张浚多次，张浚带来的队伍多数四散而去，仅剩下禁军和宣武军，大概还有一万多人。这下张浚也老实了，战战兢兢地跟韩建躲在晋州城中，不敢跨出一步。

不过张浚和韩建运气不错，城外的李存孝围攻几天之后竟然不攻了，还撤兵五十里，这摆明就是放张、韩一条生路，这二人也没辜负李存孝的好意，带着部队落荒而逃。

原来，李存孝的手下跟他说：张浚是宰相，城中部队都是禁军，咱要是非要跟他们拼个你死我活，那就彻底得罪了皇帝。李存孝一想也是这么个理儿，总要给自己留条后路吧，这样一来，张浚等人才有命回到长安。

张浚落荒而逃宣告此番讨伐李克用以失败而告终，这次讨伐虽然朱全忠没吃太大败仗，但他应该为失败负很大的责任，因为他没有积极配合张浚和其他几路人马，才使得李克用轻松把朝廷的各路人马摆平。

皇帝的无奈

公元891年正月，昭宗李晔把张浚贬为鄂岳观察使，把当初支持张浚的孔纬贬为荆南节度使。

张浚等人的失败让李克用底气更足，他上表为自己申冤，又细数张浚和孔纬的罪责，还说他们与朱全忠勾结，祸国殃民，李晔无奈，下诏将张浚、孔纬再次贬谪，恢复李克用之前的官职爵位。

张浚被贬，他之前许下的"灭外贼、清内患"的誓言也就无法实现，杨复恭独断专行的作风毫无收敛，宫内宫外干儿子无数，甚至还有个别的担任小军镇节度使，他们相当于那里的土皇帝，只向朝廷称臣，但一两银子的贡品都不交。

李晔的舅舅王瑰仗着外甥是皇帝很是嚣张，还跟杨复恭结下仇，后来他被任命为黔南节度使，在去上任的路上被杨复恭的党羽谋害。李晔知道杀死舅舅的幕后真凶就是杨复恭，更加坚定要铲除他的决心。

李晔明白眼下情形，如果局面弄失控，把杨复恭逼得狗急跳墙，自己还真不一定有好果子吃，皇帝又如何？并不是所有人都听你的话，杨复恭手下那么多死士，万一哪个能冲上来砍一刀，皇帝脑袋照样不保。因此，李晔还是很谨慎地处理问题，让杨复恭去当凤翔监军，杨复恭根本不动身。李晔这一招没奏效，再出一招，公元 891 年 9 月，他让杨复恭以上将军的身份退休，猖狂的杨复恭竟然暗地派刺客把传诏的使者给杀了。

看来这个问题不可能和平解决，李晔想要振兴大唐的态度很坚决，如果身边的太监都搞不定根本不可能有施展才华的空间，因此，他决定兵行险招。

同年 10 月，李晔以杨复恭跟杨守信造反为由，命令李顺节、李守节带兵攻打杨复恭的府邸。

大家都知道杨复恭的家一定不好打，但没想到会如此地不好打，足足打了一天，老杨家依然完好无损。不过此时的杨复恭已经不在全盛时期，他的信心和实力都没有李晔刚刚登基那会儿强，并没有发动反击，而是跟杨守信带着家人逃出长安，到兴元去投奔他的干儿子兴元节度使杨守亮。

杨复恭逃出长安后也没什么好顾忌的了，带着干儿子们——杨守亮、杨守忠、杨守贞、杨守信、杨守厚等——公然造反。（这些人的名字取得是挺好，守忠、守贞、守信等，但没有一个人如其名，行为都是跟名字截然相反的。）

曾经风光无限的杨复恭被赶出京城，其他人却并未从中吸取教训，李顺节仗着有功变得更加飞扬跋扈，出入皇宫都带着卫兵随行，李晔怕他成为第二个杨复恭，便趁其羽翼未丰默许其仇人将其杀死，京城的情形也基本算是稳定下来。

杨复恭在兴元暂住下来，虽然子侄们有一定势力，但仍然给人一种落水狗的感觉，恰好这个世界上爱打落水狗的人很多，凤翔节度使李茂贞就是其中一个，他爱打落水狗不是为好玩，更不是为报效朝廷，而是想从中获益。

公元 892 年正月，凤翔节度使李茂贞、靖难节度使王行瑜、镇国

节度使韩建、同州节度使王行约、秦州节度使李茂庄五人一起向朝廷进言，请求讨伐杨复恭、杨守亮等人，同时请求任命李茂贞为山南西道招讨使。

李晔不傻，大臣里也有明白人，知道李茂贞是个什么货色，如果让他当山南西道招讨使，必然会成为一个大的割据势力，再想控制绝非易事，因此朝廷便冷处理该事，劝他们跟杨守亮和解，可是，这个时候谁还会听皇帝的话呢？

李茂贞和王行瑜没有得到朝廷许可，仍然发动了对兴元的进攻，一边打的时候，一边还隔三岔五地跟皇帝请求山南西道招讨使的职位，李晔无奈，最终还是把这职位给了他，希望能以此稍加约束，让他少残害些百姓。

李茂贞的战斗力还真是不错，攻城拔寨，把杨复恭的城池拿下不少，但朝廷并不是很开心，因为李茂贞每得到一个城池就会上表请求让他的子侄或亲信管理。

同年8月，李茂贞攻克兴元，杨复恭带着杨守亮、杨守信等人逃到阆州（今四川省阆中市）。

李茂贞夺得兴元之后，照旧上表请朝廷让他的儿子李继密管理兴元事务，当然这也只是一个形式，朝廷同意或者不同意，李继密都要在那里当老大！

随着战事的不断胜利，李茂贞也越来越不像话，根本不把皇帝放在眼里，甚至给皇帝上表说："陛下连自己的舅舅（王瑰）都不能保全，连一个太监（杨复恭）都收拾不了，怎么能让天下人尊敬呢。"还说，"陛下评价各个节度使的时候只看谁强谁弱，根本不管是非曲直。"

上面这些只是一小部分，还有更多鄙视皇帝的表疏，我就不一一赘述了。

李茂贞在口头上欺负皇帝，也在暴风骤雨般地欺负杨复恭。公元893年7月，他终于攻克阆州，杨复恭等人再次落荒而逃，不过他们也没逃多久就被抓到，同年8月，韩建把杨复恭等人斩首示众。

李晔终于摆脱了太监的控制，但是，他真的能振兴大唐吗？

失 控

作者的一支笔着实有限，刚才讲述杨复恭覆灭的时候，便没有精力讲述其他情况，其实，唐朝这几年的局面完全可以用一个词来形容——失控！

李晔要想振兴大唐绝非易事。

公元891年初，李克用恢复了官职爵位，他的心却依然是叛逆的，带着军队南征北战，丝毫不把皇帝放在眼里。

朱全忠的情况跟李克用也差不多。

除了这两个大鳄之外，还有蜀地的王建和淮南的杨行密。王建比李克用、朱全忠强一些，不过也只是表面上跟朝廷说得过去，实际上也是我行我素。只有杨行密跟朝廷保持着良好的君臣关系，可惜的是他只能自保，很难帮皇帝排忧解难。

除了大鳄和小鳄之外，还有其他一些势力，他们游走在大势力之间，有时跟这个好，有时跟那个好，还有时造个反。

皇帝控制不了这些大大小小的势力，好在这些势力之间互相牵制，一时间没人能够独大。

李克用虽然厉害，但找他打架的人并不少，前段时间刚刚打退赫连铎，成德节度使王镕联合卢龙节度使李匡威又来抢李克用的地盘，李克用派大将李嗣勋前去迎敌，杀退那两路人马，没过多久，王镕卷土重来，把李克用杀得大败。

这样反反复复地厮杀，每次伤亡的士兵都数以万计，无辜的百姓也跟着遭殃，李晔实在不忍心看这样的事情持续下去，便下诏劝和，但诏书依然只是一纸空文，根本没人听从。

有人可能想不明白，他们为何天天打仗？

答案很简单，就是两个字——利益！

每个人都想得到更多，因此就有了冲突，冲突很容易演变成仇恨，仇恨和利益纠缠在一起，大家就不停地打来打去。

这样的情形不仅仅发生在李克用身边，其他地区也是如此，威戎节度使杨晟多年前就跟王建有仇，这几年战事也是不断，西川生灵涂炭、民不聊生。有个书生叫王先成，他给王建的手下王宗侃讲了很多道理，

陈说利害，使他明白要想稳居西川必须以民生为根本。王宗侃把这情况跟王建进行汇报，王建是个明白人，立刻发布告示，安抚百姓、劝课农桑，没过多久，原本躲进深山的百姓纷纷回到家园，蜀地生机慢慢得以恢复。

同样以民生为根本的还有杨行密。公元892年8月，朝廷任命杨行密为淮南节度使、同平章事。连年内战使得淮南满目疮痍，杨行密出台一系列政策，以身作则，厉行勤俭，从不搞娱乐活动，仅仅几年时间，淮南百姓都过上了幸福生活，甚至跟太平盛世之时不相上下。

李克用不走民生路线也能称王称霸，只不过要经常使用铁腕镇压，老百姓还好说，只要让他们能有吃有穿凑合着活就行，但将领就不同了，如果不能以德服人，那些将领难免会生出二心。

猛将李存孝之前就对李克用有些意见，还一直跟李存信（也是李克用的养子）矛盾突出，李存信在李克用面前大说特说李存孝的坏话，这父子二人隔阂越来越深，李存孝感觉到这样下去迟早会被弄死，不如早谋后路，于是暗中跟朱全忠往来，又给朝廷上表，带着自己管辖的三个州（邢州、洺州和磁州）请降，还想跟朝廷联合军队讨伐李克用。

李晔下诏封李存孝为邢州、洺州、磁州节度使，但联合讨伐李克用的建议并未采纳。

不管朝廷是否跟李存孝打李克用，李克用都不可能咽下这口气，公元893年2月，他带着部队进攻邢州。王镕以为自己面子很大，派牙将王藏海给李克用送去劝和信，李克用杀掉王藏海，把矛头指向王镕，王镕被打得大败，死伤一万余人，这些战死的将士实在可怜，死后都不能获得安宁，尸体竟然被李克用拖回去给吃了，因为他的河东军断了军粮，开始以人肉为食。（《资治通鉴》记载，河东军无食，脯其尸而啖之。）

王镕是因为李存孝才挨的打，李存孝不能不管，于是出兵救援，这两个人商量来商量去都没信心退敌，又向卢龙节度使李匡威和宣武节度使朱全忠求救。此时朱全忠正在跟时溥打得不可开交，无暇顾及这边，只能写信震慑李克用，信中说道："我有十万精兵准备就绪，一直隐忍不发，希望你能好自为之！"

李克用看完信后，呵呵一笑，回道："尽管放马过来，你我在常山脚下一决雌雄！"

这两封信不过都是心理战，李克用虽然回信态度强硬，但也怕朱全忠真杀过来自己腹背受敌，恰好此时李匡威的援军赶到，联合王镕等人大败河东军，李克用鸣金收兵，撤回郑州。

朱全忠跟时溥之间的战争已经持续了六七年，时溥败多胜少，直至公元893年4月，时溥终于被围在徐州，在内无粮草外无救兵的情况下自焚而死。

咱们回过头来再说王镕这边，李匡威救了王镕之后带着部队返回幽州，结果幽州已经易主。

原来，当初李匡威从幽州出发的时候，家里组织了欢送会，会上，李匡威对弟弟李匡筹的媳妇一见倾心，伦理道德根本束缚不住这头禽兽，竟然奸淫了自己的弟妹。

李匡威走后，李匡筹占据幽州，自称留后，用节度使符节调动李匡威的人马，李匡威无家可归，想去长安也没人收留，王镕觉得李匡威是因为救自己才搞成这样的，便将其接入镇州，当父亲一样对待。

此时王镕年仅十七岁，涉世未深，竟然认个禽兽当爹。禽兽的本性就是不管你对他多好，他都会寻找机会咬你一口。李匡威看王镕年轻便想杀了他，夺取镇州，但镇州将士非常拥护王镕，最终李匡威不但没抢到镇州，反倒把性命丢在这里。

李匡筹也想欺负这个十七岁的少年岁，以哥哥被杀为借口给朝廷上表请求讨伐成德，不过大家都知道朝廷除了当和事佬让各方克制、保持冷静之外，别无他用。

欲望的奴隶

就朝廷目前的情况来看，即便是和事佬都快当不了了。李茂贞消灭杨复恭之后，更加不把皇帝放在眼里，甚至出言不逊教训起皇帝来，李晔咽不下这口气，下定决心出兵讨伐。

公元893年8月，李晔下诏任命覃王李嗣周为京西招讨使、神策大将军李鐬（huì）为副使，讨伐李茂贞。

朝廷根本就没能力讨伐这几个大的藩镇，李晔强行出兵必然不会有好下场，李嗣周带着新兵蛋子去打李茂贞和王行瑜久经沙场的老兵，简直就是以卵击石，他们惨败之后，李茂贞更加嚣张，本来他只是口头

上欺负皇帝，现在有了借口，趁机进兵长安，根本没人能阻挡他的步伐，几天时间便兵临长安城下。

李茂贞来到长安脚下，但也不敢过于放肆，没有直接攻城，而是让皇帝杀掉太尉杜让能等几个跟他有仇的人，不管从哪个角度考虑，李晔都不想杀杜让能等人，因为这些人是为了支持他才跟李茂贞结的仇，现在杀掉他们实在是不仁不义，但迫于李茂贞的压力，只得把他们贬官或是流放。

李茂贞可不是那么好说话的，贬官和流放满足不了他的要求，他还是继续施加压力，最终，李晔无奈，只得赐死杜让能等人。

为送走这几个瘟神，李晔除了杀掉大臣，还得给这几个瘟神加官晋爵，李茂贞被任命为凤翔节度使、兼任山南西道节度使，王行瑜被加封为太师。

第二年，李茂贞在长安耀武扬威炫耀一番之后，终于返回凤翔。

李晔被这样不停地摧残着，精神越来越不正常，也就难免做些糊涂事，例如任命个爱说俏皮话、写歇后诗的人当宰相。

右散骑常侍郑綮（qìng）爱写些歇后诗讽刺时事，当他得知自己被升为礼部侍郎、同平章事的时候吃惊得差点把下巴掉在地上，等他缓过神来说道："天下再没能人，也轮不到我当宰相啊！"当他确定自己真的当上宰相后，并没有感到兴奋，而是感叹道："歇后郑五当宰相，时事可知矣！"郑綮排行老五，自知没有担任宰相的才能，所以才感慨用他这样的人当宰相，唐朝恐怕真的要完蛋了。

朝廷之内成为一团乱麻，朝廷之外也是如此，藩镇之间的攻伐从未停止，基本每隔一段时间，天下格局就会发生一些变化：有些小的势力被吃掉，有些小的势力变大，也会有些大的势力被更大的势力吃掉。

李匡筹刚当上卢龙节度使时确实风光过一段时间，但此人要德行没德行，要才能没才能，在混乱的时代占据大州就如同童子怀璧一般，一个小孩怀揣宝玉在众多强盗眼皮底下晃悠，后果可想而知。

公元894年12月，李克用大败李匡筹。李匡筹差点丢掉性命，这时他仍不忘财和色！带着美女和金银财宝在数量不多的士兵保护下逃往沧州。义昌节度使卢彦威得知李匡筹带着不少美女和财宝，二话不说带兵就杀了出来，李匡筹身首异处，积攒一辈子的宝物都落入他人囊中，节度使这个空缺也由李克用推荐的刘仁恭捡去。

这也正如《红楼梦》中跛足道人所唱的《好了歌》一般：

世人都晓神仙好，只有金银忘不了！
终朝只恨聚无多，及到多时眼闭了。

李匡筹死后，幽州无主，李克用轻轻松松得到一座大城，幽州将士知道李克用厉害，纷纷请降。

公元895年正月，李克用进入幽州城，让手下将士接管卢龙节度使所管辖的地盘。

李茂贞也好、李克用也罢，虽然嚣张，却不敢窥视帝位，因为总有一丝理智告诉他们：时机尚未成熟，此时称帝就是自寻死路。

并非所有人都能有这丝理智，越州的义胜节度使董昌就没有。

董昌搜刮民脂民膏、压榨百姓获取大量财富，又用这财富贿赂朝廷，几年时间便升为司徒、同平章事。人的欲望就是这样，并不是得到的越多越满足，而是随着得到的增多而水涨船高。董昌已经官至极品、位列三公，不但不知足，反倒想要称王，跟朝廷申请想当越王。封王这事并不容易，即便此时朝廷已经落魄，仍然不会随便给人封王。当初汉高祖刘邦登基称帝后就曾经说过："非刘氏而王者，天下共击之。"唐高祖李渊虽没说过这样的话，但如果不是李氏之人，又没有极大功劳的，还是不会被封王。

董昌当不上越王心情很是郁闷，刚好他身边有些只会献媚的无知小人，竟然说："大王当不上越王也不用不开心，当越帝岂不是更过瘾！"

不知天高地厚的董昌也跟李匡筹一样是欲望的奴隶，竟然真的操办起当皇帝的事情。他的手下也有明白事理的，跟他说您现在已经富贵至极，保持现状不是很好嘛！

被欲望蒙了心的董昌并不领情，反倒把这手下给砍了。

大家一看，这就是说实话的下场，干脆闭嘴吧，要说也都拣好听的说。

公元895年2月，董昌龙袍加身，在越州称帝，分封百官，大宴群臣。

看到董昌的所作所为，难免想起《好了歌》的另外一段：

【第九章】唐昭宗

世人都晓神仙好，唯有功名忘不了！

古今将相在何方？荒冢一堆草没了。

京城之变

刚刚当上皇帝的董昌并不知道皇帝有多不好当，看看京城的李晔吧，可怜的皇帝！

就在董昌登基的同时，京城正酝酿着一场惊人的变化，这场变化跟李茂贞、王行瑜关系重大。王行瑜因朝廷不让他当尚书令而耿耿于怀，想找机会寻寻朝廷的晦气。（唐朝只有太宗李世民是秦王的时候担任过尚书令之职，后来他当了皇帝，就再没人担任过此职。）

公元 895 年 5 月，王行瑜派他弟弟王行约带兵攻打河中，借此机会跟李茂贞、韩建带领数千精兵来到京城，朝廷对此毫无准备，长安城顿时乱作一团。

这三大乱臣又提出一些关于官员调整的问题，昭宗李晔无奈，只得照办，即便如此，这三人还不满意，开始暗中酝酿另立新君。

就在此时，河东的李克用开始集结人马，像是要采取大规模军事行动，这三人都怕老家被偷袭，留下少量人马之后返回本镇。

李克用为何会大肆兴兵？因为他怕皇帝落入李茂贞等人手中，人家"挟天子以令诸侯"对他肯定是不利的，再加上之前他们就有矛盾，所以便带着大军杀了过来。

李茂贞等人被吓跑了，但有些人却不怕李克用，尽管李克用的大军已经向长安进发，王行瑜的弟弟王行约、王行时还是带着人马在长安烧杀抢掠，更夸张的是王家兄弟想让皇帝去凤翔。李晔能看出来眼下这形势还是跟李克用站在一条战线上较为可靠，因此不为所动。李茂贞的养子李继鹏一看，靠商量是不可能把皇帝弄到凤翔的，便暗中策划劫持皇帝。

这几天长安城内战事不断，李晔在这实在待不下去，只好带着一群护卫逃出长安，令李晔比较感动的是有数十万百姓跟随。老百姓们确实善良淳朴，虽然这些年来社会动荡不安，但他们知道皇帝还是不错的，只不过没能力收拾这个烂摊子而已。

李克用听说皇帝逃出长安，立刻派人去照顾起居，同时分兵牵制王行瑜和李茂贞，自己带着大部队围攻距离较近的华州，华州城中的韩建自知不是李克用对手，连忙登上城头说好话，对于李克用这样的老油条来说，什么样的甜言蜜语都迷惑不了他，但是，当他听说李茂贞和王行瑜都带着部队前去迎接圣驾的时候，李克用立刻撤兵去接皇帝，他知道杀一百个韩建也不如掌控一个皇帝有价值。

同年8月，李克用派李存信、李存审等人在梨园大败王行瑜的部队。李茂贞得知战况后心里开始发虚，杀掉前段时间在京城闹事、策划劫持皇帝的李继鹏，把责任都推到死人身上。李晔借坡下驴，赦免李茂贞的罪责，让李克用先集中精力消灭掉王行瑜，然后再商量下一步对付谁。

公元895年8月，朝廷削除王行瑜的一切官职爵位，任命李克用为邠宁四面行营都招讨使，负责平叛。

在这关键时刻，正是大家表忠心的时候，李克用在这方面做得最到位，他把爱子李存勖（xù）派到皇帝身边，李存勖年仅十一，相貌伟岸，李晔甚是喜欢，拉着他的手说："你是国家的栋梁，将来要报效国家。"

李克用的部队很快便把长安周围清理干净，李晔终于可以返回老家，但皇宫已经被糟蹋得没法居住，只能暂时在尚书衙门将就一段时间。

李晔对李克用的表现极其满意，身边又实在拿不出什么像样的东西进行赏赐，思前想后将自己的妃子——魏国夫人陈氏——赏给李克用。

陈氏才貌双全，深得皇帝宠爱，在非常时期皇帝只得忍痛割爱。通过此事也能看出此时他的无奈和窝囊，连自己的女人都保护不了，怎能保住江山。（后来李克用不但宠爱陈氏，而且还十分尊重她，多称呼其为阿姹，姹就是姐的意思。）

李克用也没辜负皇帝，带兵全力清剿王行瑜。此时王行瑜躲在梨园寨中无计可施，只得向李茂贞求救。李茂贞明白唇亡齿寒的道理，如果王行瑜被消灭，下一个遭殃的很可能就是自己，于是派兵营救。

数十日后，梨园寨弹尽粮绝，王行瑜弃城而逃，昭义节度使李罕之等人抓住他的儿子以及一干大将，王行瑜侥幸逃跑，李克用穷追不舍，最终将其困在邠州。

王行瑜没了往日的威风，哭哭啼啼地向李克用求情，李克用的心肠岂是眼泪所能感化的！王行瑜也发现泪水除了丢人现眼之外没有任何意义，只好再次弃城而逃，这次还没等到李克用追上来，他的脑袋就被部下砍下来送到京城。

王行瑜被杀，李晔长长出了一口气，论功行赏，李克用厥功至伟，被封为晋王，他派人进京谢恩的时候，悄悄对李晔说近些年来京城一带都不太平，应该趁机平定凤翔，整顿好治安，一劳永逸。

李晔跟几个近臣一商量，还是别一劳永逸的好，真要除掉了李茂贞，李克用可就是一家独大，他是否会效忠朝廷？这根本就算不上个问题，因为三岁孩子都知道李克用没把皇帝放在眼里，要说他有所畏惧，畏惧的不过是皇权和君臣伦理罢了。

李晔给李克用颁下诏书，说："爱卿忠心日月可鉴，朕感激不尽，但李茂贞和韩建等人已经真心悔过，最近赋税也没间断，咱就暂止干戈，休养生息吧。"

李克用衡量再三，再加上亲信劝说，决定还是先回到晋阳老家再作打算。结果，他前脚刚走，李茂贞又嚣张起来，像以往一样骄横无比。

李克用回到晋阳之后也没时间休息，因为朱全忠又来找碴儿。还好双方实力相当，都不敢把局面彻底搞僵，真要打起来后果不堪设想，但也不能完全不打，因为既有仇恨，又有利益冲突，因此这二人便通过各种方式较量。例如，朱全忠向朝廷推荐兵部尚书张浚，李晔为给朱全忠面子就想让张浚当宰相，李克用知道后就放出话来：张浚若是早晨当上宰相，我晚上就会赶到京城。

李晔这个窝囊皇帝夹在中间实在难受，又当起和事佬，当然，大家都不会给他面子。

京城的皇帝不好当，越州的皇帝日子也不好过，董昌享受了一段皇权带给他的幸福，但压力越来越大，有好言相劝的，也有兵戎相见的，董皇帝想来想去终于把黄袍脱掉，由杨行密做中间人向朝廷请罪。

即便如此，仍然有人对董昌穷追猛打。公元896年，浙江东道招讨使、彭城郡王钱镠（liú）派大将顾全武讨伐董昌。（钱镠也是一位英雄人物，他之所以去打董昌就是发现这是一个扩大实力的机会。唐朝灭亡后，钱镠创建吴越国，这跟他攻占越州有重要关系。）

同年5月，顾全武攻破越州外城，把董昌从内城中诱骗出来，砍下他的脑袋送往京城，董昌家族三百余口以及他的部分手下一百多人全部当了陪葬。

钱镠除掉董昌后，犒赏三军，安抚百姓，越州地区很快安定下来。

可怜的太上皇

由于多方面原因，李克用带着部队回到晋阳，他本以为即便自己走了，余威也足以震慑李茂贞和韩建，但李、韩二人都不是胆小鬼，只要危险离开立刻又会为利所动。

李茂贞开始只是减少贡品，态度傲慢，到后来又兴兵进逼京城，覃王李嗣周带兵抵抗，被打得大败。

公元896年7月，可怜的昭宗只得"出巡"，其实，出巡就是一个好听的说法，说白了就是外出避难。李晔刚出京城就碰到韩建的儿子韩从允，韩从允捧着表章请皇帝到华州做客。

原来，韩建一直盯着皇帝的动向，听说皇帝要出巡立刻派儿子前来迎驾。

李晔当然不想去华州，这些年韩建就没扮演过忠臣的角色，他到华州可能就是傀儡皇帝，但最终他还是去了，因为当傀儡皇帝也比死皇帝强。韩建这边表章不断，李晔看出苗头，如果不去估计就会翻脸，所以才在"敬酒"和"罚酒"之间选择"敬酒"。

李晔刚到华州就开始看韩建演戏，韩建嘴上说的都是忠臣之言，例如辅佐皇帝振兴大唐什么的，做的却是另外一番事情。公元897年正月，韩建跟皇帝说皇室的八位王爷想要谋害他，请皇帝为他作主。李晔无奈只得被人牵着鼻子走，顺从韩的意思，夺了八位王爷的权力，让他们各回府第读书，实际上跟软禁起来也差不了多少。除此之外，韩建还解散掉禁军，皇帝完全赤裸在他的面前了。

韩建知道自己做得很过分，怕把皇帝逼急了拼命，皇帝可是个宝贝，弄死了就不值钱了，可能还会成为其他藩镇前来讨伐的借口，想缓和一下君臣关系，请求立李晔的长子德王李祐为太子，这个提议刚好也符合李晔的心意，因此，李祐被立为太子，改名为李裕。

李晔被韩建抢到华州后，几大有实力的藩镇均是顿足捶胸，有人是恨自己没抢着宝贝，有人是觉得让皇帝受到委屈是臣子的耻辱。杨行

密上表请皇帝移驾江淮，在那里建都，王建上表请皇帝到成都避难，唐朝已经有多位皇帝入过蜀，入蜀还是个不错的选择。这二人实力不够，只能通过和平的方式表达自己的不满，像李克用这样实力强大的干脆就准备出兵抢皇帝。

李克用实力强大，但也不想蛮干，能拉几个同伙自然比自己单打独斗强，他向各镇发去檄文，相邀共同解救皇帝。李克用没想到，他的号召力并没有那么大，且不说那些原本跟他关系不好的人，就是他一手提拔起来的幽州节度使刘仁恭都不给他面子，开始还找些借口搪塞不肯出兵，后来直接把他的书信扔到一边不理不睬，还骂他是乱臣贼子。

这是对李克用尊严的挑衅，被自己养的狗给咬了绝对是这世上最丢人的事之一，李克用风光一辈子不能丢这个人啊，一怒之下便在公元897年8月讨伐刘仁恭。

李克用忙着打刘仁恭，就没人来拯救李晔，韩建的胆子也就越来越大，把覃王李嗣周等十多个王爷全部杀掉，跟皇帝汇报说他们谋反，才处死他们的。李晔无计可施，只能忍辱偷生。

李克用一时半会儿还真不能来救皇帝，因为他自己也遇到了麻烦，在攻打幽州的时候中了刘仁恭的大将杨师侃的埋伏，死伤惨重，只得回晋阳休整。

皇帝在这样的环境下生活了一年多，这段时间里，韩建和李茂贞的关系时好时坏，李克用在跟刘仁恭以及朱全忠的党羽兵来将往，朱全忠在跟朱瑾、杨行密纠缠不清，王建在跟顾彦朗及其弟弟顾彦晖打来打去，同时这些人之间还会有交叉，例如，顾彦晖打不过王建就会向李茂贞求救。在这个过程中大家的实力也在发生变化，李克用开始走下坡路，朱全忠已经把周边清理得差不多，虽然杨行密会牵制他，但威胁并不大。朱全忠的实力越来越强，手下人便建议他在洛阳营造宫室，找机会把皇帝接过来。

李茂贞、韩建和李克用也都发现虎视眈眈的朱全忠不好惹，真要发起飙来谁都无法单独抵挡，因此仨人几经商量终于形成战略同盟。既然已经是同盟，那皇帝在谁那儿待着都不合适，这样一来，李晔终于有机会重返家园。

公元898年8月，李晔回到长安，大赦天下，还让各个藩镇摒弃前嫌还天下一个太平，当然，效果一如既往地不理想，大家依旧杀来打去。

皇帝当到这个份儿上确实让人郁闷，李晔也不例外，从华州回到京城后精神状态一直不好，喜怒无常，还会乱杀人。他身边的太监怕成为牺牲品便开始策划废掉皇帝，这事由左军中尉刘季述、右军中尉王仲先两个太监牵头儿，另外还有一些身居要职的太监参与其中。

公元 900 年 11 月，李晔在禁苑打猎，打完之后喝得大醉回到宫中，疯病发作亲手杀死多个太监和宫女，第二天，刘季述、王仲先等人带着禁军冲入皇宫，里里外外全部控制住，然后威胁宰相崔胤起草请太子代理国事的联名状，写完之后又威胁文武百官签名。

其实，刘季述完全多此一举，他拿不拿联名状都一样，因为拿这个状子是为了跟皇帝讲道理，可实际上他根本没讲道理，而是把皇帝数落一通之后，把他跟嫔妃、公主等关进少阳院，锁上院门。为了让这锁锁得牢固，又熔化铁水灌进锁眼，每天送的食物都是通过在墙上凿的洞送进去的。

昭宗如此狼狈，但还是升了职，成为太上皇。太子李裕即皇帝位，改名为李缜。

独揽四镇

但唐朝以及后世社会并不承认李裕这个皇帝的合法性，他死后没有皇帝的庙号，也没有享受到皇帝的待遇，史书中仍称其为太子，这里面的原因是多方面的，最主要的就因为他是太监违法扶持的皇帝，并且在位时间极短。

刘季述操控着李裕赏赐百官，讨好众人，但崔胤的存在让他耿耿于怀，他想杀掉崔胤以绝后患，又顾忌他是朱全忠的人，怕因此而惹怒那个手握重兵的瘟神，最终只是削去崔胤的部分官职。

李晔被囚禁起来，几个实力强劲的藩镇也开始琢磨该何去何从，韩建的手下劝他出兵勤王，但韩建不敢贸然出兵，只是保持观望。

刘季述也怕几大藩王来找他麻烦，尤其是实力强劲的朱全忠，便派养子刘希度去大梁（今河南省开封市附近）见朱全忠，跟他示好，朱全忠有些犹豫要不要跟刘季述站在一起，他的手下李振说："皇帝有难，

正是您成就霸业的资本，当初的齐桓公、晋文公等就是如此。刘季述不过是个太监，还囚禁了皇帝，您跟他一伙能有何前途！"

朱全忠恍然大悟，当即把刘希度抓起来，然后派李振、蒋玄晖到京城刺探情况，并且跟崔胤策划拯救李晔。

崔胤有了朱全忠的支持，便放开手脚招揽人马共同对付刘季述，左神策指挥使孙德昭很快成为他的得力助手，公元901年正月，孙德昭杀死王仲先，来到少阳院，高喊："叛贼王仲先已被臣诛杀，请陛下出来主持大局！"

李晔等人不太相信孙德昭的话，当看到王仲先人头之后，才敢从少阳院中走出来。

崔胤将李晔接到长乐门楼，带着文武百官前来称贺。此时，刘季述及其主要党羽也都落网，李晔责骂他们一顿之后，砍头示众。

李祐因为年幼无知，也没犯什么错误，只是被从龙椅上赶下来继续当他的德王。

孙德昭在此次行动中厥功至伟，被封为同平章事、静海节度使，赐名李继昭。

刘季述的党羽被清理掉，李晔也重新登上皇位，但京城长安的混乱局面依然如故，群臣争权夺利，最受皇帝宠爱的崔胤无才也无德，乃是阴险奸诈的小人。李晔也已心死，完全处于"做一天和尚撞一天钟"的状态。

京城的形势堪忧，朱全忠的形势却一片大好，河北已尽收囊中，他已经开始把目光放在河中和河东，这两块地盘都在李克用的掌控之中。河中节度使王珂是前节度使王重荣的侄子，深受王重荣喜爱，被收为干儿子。当初王重荣跟朱全忠关系密切，王珂却选择跟李克用结成同盟，娶李克用的千金为妻。

朱全忠想跟李克用做个了断，但并不打算直接出兵河东，而是要拿下河中削弱对方实力，这样的战术思路是正确的，以他现在的实力直接跟李克用火拼，虽然胜面较大，但也是伤敌一千自损八百，蚕食敌人的地盘，同时再增强自己的实力才是上策。除此之外，还有一个因素，那就是王珂不是个庸才，对付他并不会太困难。

公元901年正月，朱全忠派大将张存敬率兵三万为先头部队，杀入河东，自己亲率大军紧随其后。

朱全忠的军事行动并不在"大家"预料之中，这个"大家"也包括王珂及其手下将领，因此，朱全忠十分轻松地拿下晋州、绛州，王珂连忙向岳父求救，他的妻子也给老爹送去书信，信中写道："父亲大人难道忍心看着女儿成为阶下囚而不来救援吗？"

　　并不是李克用不想来救援，不管从哪个角度看，他都极其不希望河中被朱全忠占据，但朱全忠是非常有战略眼光的，他早就考虑到李克用可能来救援，所以先攻占晋州和绛州，切断王珂和李克用的联系，李克用还没强大到敢越过这两个州去救援女儿女婿的程度，只能给女儿回信道："并不是我不想救援，贼兵占据了晋州、绛州，我若贸然出兵只能跟你们同归于尽，你不如跟王珂到京城去暂时避避难。"

　　王珂无奈只得四处求援，结果一个援兵也没求来，只得准备弃城而逃，但手下人认为：此时出逃定会引起骚乱，说不定还会演变成难以控制的局面，还不如投降，您跟朱全忠没什么恩怨，他也不会对您怎么样。

　　王珂一想也是，便向张存敬请降，张存敬快马加鞭把这好消息汇报给朱全忠。

　　朱全忠到洛阳的时候收到王珂投降的消息，自然无比高兴，立刻前去接见王珂。作为一个出色的军事家、政治家，朱全忠知道有些工作必须得做，例如，到王重荣的坟前祭拜一番。

　　当初朱全忠还叫朱温的时候是黄巢的小弟，他正是向王重荣投的降，王重荣对他也是宠爱有加，虽然算不上知遇之恩，但也算是大恩大德，朱去祭拜显得自己未忘旧恩，同时也给河中军民吃了颗定心丸——你们不必惊慌，我朱全忠是重情重义的汉子，不会难为各位的。

　　朱全思此举果然取得极佳效果，河中的紧张气氛顿时消失，取而代之的是欢乐祥和。

　　王珂知道朱全忠祭拜了先父，心中踏实许多，但还是要做出低姿态，准备把自己捆好去迎接朱全忠，朱全忠得知此事后，派人前去阻止，并且说："先父的恩情没齿难忘，公子若是这样做，我将来在九泉之下有何脸面见他老人家啊！"

　　这就是政治家无耻的表现，来打人家还把话说得这么好听，如果真怕九泉之下没脸见人家的爹，那就别来欺负人家啊。

　　不管怎样，这些表现都得到了河东军民的赞许，尤其是朱全忠和

王珂携手并肩而行的时候，不了解情况的人还会以为这只是一场亲密无间的朋友之间的聚会呢。

李克用失去对河中的掌控，顿时惊慌起来，派人给朱全忠送去厚礼，请求重归于好，朱全忠得势不饶人，定要在战场上见个分晓。

同年3月，朱全忠从河中回到大梁，暂作休整之后派大将氏叔琮率兵五万攻打河东。这仗打得实在出乎预料，氏叔琮大军所到之处，李克用的将领望风而降，他轻轻松松就到了晋阳城下。

李克用登上城头指挥守城，好在他的养子李嗣昭、李嗣源等将领比较骁勇，拼死厮杀，数次击败敌军，又赶上此时氏叔琮的军中闹疟疾，朱全忠深思熟虑之后下令撤兵。

朱全忠虽没有铲除李克用，但他经过这几场大战实力暴增，朝廷只得承认现状，任命他为宣武、宣义、天平、护国四镇节度使。

惆 怅

朱全忠的实力前所未有的强大，依附于他的崔胤做事情底气也就更足，产生了彻底铲除宦官的想法。

朝廷之前诛杀了刘季述、王仲先，但考虑到特殊时期要保持局面稳定，只是杀了几个重犯，绝大多数的宦官依然把持大权，崔胤当初受刘季述的欺负，现在又有韩全诲等大太监跟他争权，他便想把太监们一网打尽。

宰相韩偓劝崔胤不要太极端，不能把事情做绝，皇宫内还是需要宦官这个职业的，不可能都杀掉，万一把他们逼急了。可能会造成严重后果。但崔胤并不理会，依然明目张胆地打压太监，太监们受到威胁之后开始团结起来反抗，韩全诲特意弄些识字的美女送到宫中，让她们偷看崔胤给皇帝送的密报，李晔和崔胤俩人文字交流得热火朝天，岂不知人家也是一清二楚。

当韩全诲认识到崔胤跟他们的斗争是不死不休的时候，便决定先下手为强，暗中指使多人向皇帝施压，李晔迫于多方压力，解除崔胤的一些职务。

崔胤被罢免掉盐铁使之职后，也认识到再不动手恐怕就来不及了，便暗中给朱全忠送去书信，谎称皇帝密诏，令朱全忠进京救驾。

朱全忠和李茂贞都有"挟天子以令诸侯"的想法，朱接到崔胤的书信后开始调兵遣将准备挥师长安。

再说长安这边，韩全海正在策划用武力胁迫皇帝前往凤翔，为此他拉拢李继昭、李继海、李彦弼、李继筠等有兵权的人，这些人中只有李继昭不肯跟他们同流合污，其他人都被收买了，李晔看情况不妙便下旨派这些人到外地当监军或者去守护陵寝，但没有一个人肯听从旨意，李晔也无计可施。

公元901年10月，朱全忠带领大部队从大梁出发，直奔长安而来。

韩全海听说朱全忠快到了，立刻让李继筠、李彦弼带人劫持皇帝前往凤翔。

李晔秘密派人给崔胤送去亲笔书信，信中言辞凄凉，字字血泪，最后还写道："我为保住江山社稷只得委曲求全，你们别跟着去凤翔了，赶快往东边去避难吧，惆怅！惆怅！"

朱全忠还是晚了一步，当他到长安的时候，皇帝已经到了凤翔。宰相带着文武百官列队相迎，朱全忠让崔胤和李继昭暂时主持京城工作，自己带着队伍杀向凤翔。

同年11月，朱全忠到达凤翔，被胁迫的李晔多次下诏让他返回原地，朱无奈，只得先撤兵到邠州寻找战机。

朱全忠在关中等了几个月也没找到什么破绽，在此期间，李克用又派李嗣昭、周德威出兵攻打河中州县，虽然被朱全忠的手下氏叔琮等人击退，但朱全忠还是不放心，于是放弃关中回到河中。

公元902年初，李克用的手下李嗣昭、李存信频频战败，晋阳城再次被围，在李克用的顽强防守下，朱全忠的队伍也无计可施，只得撤退，不过李克用也彻底被打怕了，数年之间再也不敢跟朱全忠打架。

朱全忠没了后顾之忧便把精力全部放在解救皇帝上，"挟天子以令诸侯"的优势确实很明显，凤翔那边很快发出各种调动各地人马讨伐朱全忠的密诏，当然，这些都是出自李茂贞之手。

在崔胤的煽动下，朱全忠终于下定用武力抢皇帝的决心，同年6月，再次兵临凤翔城下，围绕城池扎下无数座大营，将李茂贞团团围住。

李茂贞并没有跟朱全忠发生过严重冲突，不知道朱的厉害，竟然主动出击，结果被打得大败，朱的汴州军差点乘势攻进凤翔城的西门。

朱全忠占尽了优势，但并不能取得最终胜利，时间久了斗志渐渐被消磨殆尽，再加上很多将士生病，便准备撤回河中整顿人马。

同年9月，朱全忠手下大将马景带着大队骑兵向李茂贞投降，并且汇报重要军事情报："朱全忠已经撤退，只留下一万多老弱残兵把守营寨。"

李茂贞被困数月，可不能放过这个出气的机会，当晚带着全部人马冲出凤翔，偷袭敌营。

结果，当李茂贞的部队全部出城后，伏兵四起，被杀得尸横遍野。

原来，这是朱全忠设下的陷阱！

李茂贞还算命大，活着逃回城中，这下他彻底丧失了对抗朱全忠的信心，想要跟朱全忠求和，共同拥戴皇帝返回长安。

兵败如山倒，有人已经看清眼下形势，动作比李茂贞还快，数日之间李彦询、李彦韬先后投降朱全忠。

李彦询和李彦韬可以轻易投降朱全忠，因为他俩不过是当差的，跟谁混不是混呢。但李茂贞不同，他是一方霸主，舍不得现在拥有的荣华富贵，还在负隅顽抗。

一晃就到了冬天，天降暴雪，城中冻死人马无数，粮食也已经极其紧缺，又饿死无数，生病躺在大街上还没死的人就被别人把肉割去吃了，市场上甚至有人肉明码标价地销售，一百钱一斤。（《资治通鉴》记载，大雪，城中食尽，冻馁死者不可胜计；或卧未死已为人所剐。市中卖人肉，斤直钱百。）

李茂贞的粮食也基本吃光了，皇帝仅能靠粗粮充饥。

这样的日子任何人都不想过。公元903年正月，李晔派使臣到朱全忠营中沟通，李茂贞也派人前去议和。

李晔和李茂贞沦落到这个地步自然不爽，打不过朱全忠总要找别人出气吧，于是，韩全海、李继筠、李继诲、李彦弼等人的脑袋都搬了家，然后，李茂贞又让人带着人头去见朱全忠，说都是这群太监和奸臣挑拨君臣关系，才闹出这么不愉快的事情。

朱全忠上表谢罪，但并未解除对凤翔的包围，李茂贞觉得可能是崔胤从中作梗，便给他写信让他来凤翔做客，信中言辞极其谦卑。

现在正是崔胤耍威风的时候，他怎么可能轻易放过这机会，不管是皇帝的诏令还是李茂贞的信函他均不放在眼里，竟然装病不来。

朱全忠也想让崔胤来，有他当宰相把持朝政，自己在外边带兵厮杀才不用担心朝廷发生变故，于是写信让他来凤翔，信中竟然拿皇帝调侃，写道："吾未识天子，须公来辨其是非。"胆大包天的朱全忠说自己不认识皇帝，得让崔胤来看看是不是冒牌货。

皇帝已经吃不上饭了，也不在乎别人是否拿他调侃，只要能解围，有口饭吃，咋调侃都行，这些年的折磨已经让李晔不知尊严为何物。

折磨够皇帝和李茂贞，朱全忠终于肯带着部队进入凤翔城，双方也算握手言和，数日之后，李晔起驾返回京城。

回到京城后，朱全忠大肆屠杀宦官，结束了宦官掌握禁军兵权的时代，如今各路禁军均掌握在崔胤手中。

名存实亡

昭宗李晔总算又安定下来，为安抚朱全忠，下诏赐给他超级威风的称号——回天再造竭忠守正功臣！手下将士也都得到相当威风的称号，这些毕竟都是虚的，好听，但没用。不过，实用的奖励接踵而至，李晔想设置一个新的职务——诸道兵马元帅，让皇子担任此职，朱全忠担任副职，实际上皇子的元帅只是名誉头衔，真正的权力都在副元帅手中。李晔想让年纪大点儿的儿子当元帅，朱全忠想让年纪小点儿的当，因为这样更好控制，李晔拗不过朱全忠，只得让年仅十二岁的李祚当元帅。

事情发展到这个地步，朱全忠想的可就不是"挟天子以令诸侯"了，而是真正的皇位，当初自己的大哥黄巢都当过皇帝，自己比他更英明神武，为啥就不能当皇帝呢！

当然，真想登基还有很多工作要做，所有工作都围绕两个中心开展：一个是扫平其他藩镇，另一个是控制皇帝。为此，朱全忠还得回到大梁调兵遣将平定四方，临走之前在京城留下一万精锐，让侄子朱友伦掌管，说是保护皇帝安全，实际就是软禁皇帝。

另外，朱全忠还做了一件绝大多数人理解不了的事情，他竟然跟皇帝说："李克用跟我其实没什么深仇大恨，请陛下对他多加宠爱，派使臣前去安抚，让他知道我的心意。"

当使者把这事跟李克用汇报的时候，李克用摇着头说道："这厮想要攻打淄青，怕我偷袭他。"

还是李克用了解朱全忠啊！朱全忠回到大梁暂作休整之后，派出十万大军直奔青州而去。

淄青平卢节度使王师范自知不是朱全忠的对手，赶忙向淮南节度使杨行密求救，这些年杨行密跟朱全忠打打和和，此时他也看出淄青被朱拿下的话对自己极其不利，所以派出大将王茂章带兵救援。

此番负责攻打淄青的是朱全忠的侄子宁远节度使朱友宁，朱友宁攻城拔寨势不可挡，这也使其骄傲起来，王茂章和王师范抓住机会将其斩于两军阵前。

朱友宁的死激怒了朱全忠，他亲自带领二十万大军攻打淄青。面对强敌，王师范斗志全无，主动请降，还说把弟弟王师鲁送过去当人质。

朱全忠衡量一下当前局势，怕李茂贞再度强大起来，便决定接受王师范的投降，自己好把精力放在京城那边。最近这段时间凤翔节度使李茂贞和靖难节度使李继徽屡屡往京城这边溜达，朱全忠怕他们再把皇帝劫走，于是在河中增派兵马关注京城的一举一动。

朱全忠担心京城那边，那边还真就出了点儿小意外。公元903年11月，朱友伦骑马娱乐的时候不小心掉下来摔死了，朱全忠很伤心，伤心之余也怀疑崔胤在搞鬼，像朱友伦这样从小骑马打仗的人从马上掉下来摔死的可能性太小了，但是也没有证据表明有人捣鬼，朱全忠只能把跟侄子一起玩耍的那十几个小伙伴全部杀掉，让另外一个侄子朱友谅接替该职位。

朱全忠怀疑崔胤暗中捣鬼不无道理，最近大家都看出朱全忠有不臣之心。崔胤也看出来了，他为此很担心，表面上依附朱全忠，背后却在积蓄自己的力量。朱全忠不会允许他背后搞小动作，在公元904年正月给皇帝上密表，揭发崔胤及其党羽恶行，请求把他们全部诛杀。

李晔看到密表后很是无奈，心中暗道："给我送这表章有何用处？权力都在你们手中握着。"确实，李晔根本没能力执行任何事情，但朱全忠之前埋伏下的棋子可以，朱友谅带队突袭崔胤府第，将其杀死，把他的亲信也一网打尽。

崔胤被杀，皇帝便完全属于朱全忠一个人了，朱也终于按捺不住心中的欲望，准备将皇帝先劫持至洛阳，然后再见机行事，做下一步打算。

恰好此时李茂贞和李继徽带兵逼近京城，朱全忠让手下把皇帝带到洛阳，同年4月，李晔住进洛阳刚刚建好的皇宫，他明白这座皇宫很快就会不属于自己，可是实在没有办法啊！在来洛阳的路上他已经给王建、杨行密、李克用等人送去密旨，请求救驾，这几个人同样也无能为力，王建派出的队伍刚出家门就被朱全忠的汴州军给挡住了。

李晔无奈，只能靠饮酒作乐荒度余生，但是饮酒作乐也玩不痛快，因为身边几乎所有人都被朱全忠换了。

朱全忠已经越来越接近皇位了，越接近皇位就越怕发生变故，为了能让自己踏实，他决定走出倒数第二步——弑君。（最后一步就是篡位。）

朱全忠暗中指使朱友恭和氏叔琮共同策划杀掉皇帝。公元904年8月11日，蒋玄晖和史太闯入皇宫杀死昭宗李晔，第二天，立辉王李祚为太子，改名为李柷（zhù），主持军国大事。

要在唐朝皇帝中评选个悲情人物，恐怕非李晔莫属。此皇帝身材魁梧、举止端庄、一脸英气、满身才华，更重要的是还有远大志向，想要振兴大唐，但他的皇位是宦官杨复恭所拥立的，刚登基的时候多数权力被杨复恭把持。另外，当时藩镇割据极其严重，几大藩镇几乎到了裂土为王的程度，因此，这位有理想、有抱负的皇帝面临着两大困难——宦官专权、藩镇割据！这两大困难缠绕了李晔的一生，直至最后阶段，宦官问题在藩镇势力的直接插手下得到极大程度的改善，藩镇割据却因此更加严重。

昭宗若是生在盛世，或者在懿宗之前，那大唐可能就会是另外一番情形，经历懿宗、僖宗两大昏君之后，唐朝人势已去，昭宗虽然颇具才能，但还远不足以拯救支离破碎的大唐。

名实皆亡

李柷当了三天的太子便登基称帝，庙号唐景宗，谥号昭宣光烈孝皇帝，还有一个谥号为哀皇帝，后世多称其为唐昭宣帝。

朱全忠听说李晔被杀，竟然哭得摔倒在地上，被人从地上扶起来之后顿足捶胸，说道："奴才们坑了我啊！让我蒙受千秋万代的骂名！"在场之人无不暗暗竖起大拇指，心中想道："戏演得真到位！"

公元904年10月，朱全忠来到洛阳，继续演戏，扶着李晔的灵柩往死了哭，哭完了面见昭宣帝，陈说自己没有不臣之心，只是管教无方才使得手下作乱。

大家认为戏演到这里就行了，人家朱友恭和氏叔琮还等着领赏呢，但是，朱全忠还在继续演：把朱友恭贬为崖州司马，恢复原来的姓名李彦威；把氏叔琮贬为白州司马。这两人被贬官并不是很伤心，他们知道这不过是在演戏给全天下看，过了这个风头自然会加官晋爵。可是，令人没想到的是朱全忠竟然假戏真做，没过多久便赐这二人自尽，李彦威临死前大喊："出卖我们就能堵住天下人的嘴吗？你如此行事必然断子绝孙！"

其实，朱全忠完全没必要牺牲掉这二人，或者说牺牲这二人毫无意义，大家都知道怎么回事，即便杀了他们也无法摆脱你弑君篡位的事实，只会让大家觉得你是个"狡兔死、走狗烹，飞鸟尽、良弓藏"的不义之徒。

朱全忠弄死李晔之后开始策划斩草除根。公元905年2月，他让蒋玄晖请李晔的儿子们喝酒，德王李裕、棣王李祤、虔王李禊、沂王李禋、遂王李祎、景王李祕、祁王李祺、雅王李禛、琼王李祥全部到场，几位皇子知道这酒不好喝，但不喝也不行，只得吃饱喝足做个饱死鬼，他们被勒死后连被安葬的权利都没有，尸体被扔进九曲池，根本无人过问。

杀完皇子还得杀大臣，虽然朝廷已经到了这个地步，仍然有些人积极地维护着皇权，他们从刚一出生受的就是忠君爱国的教育，在当今社会来看忠君是忠君，爱国是爱国，爱国不代表就得爱统治国家的那群人，在当时社会这二者可是等同的，所以饱读诗书的人们可以牺牲生命，但不能背叛皇帝，甚至不能看着别人背叛皇帝而不加理会。朱全忠知道很难跟这些人沟通，干脆就不沟通了，在一个月黑风高的夜晚，包括几名宰相在内的三十多人全部被杀死，尸体被抛进黄河。

依附朱全忠的人中有一个多次进士不中的，他很嫉妒那些读书人，趁机对朱说："这些人以清流自诩，应该把他们扔到黄河里，让他们成为'浊流'。"朱全忠很欣赏这个说法，所以才把这三十多人抛尸黄河。

经过朱全忠这番清洗，朝中敢唱反调的人越来越少，朱离皇位越近就越心急，让蒋玄晖、柳璨等人抓紧把这事搞定。蒋想按部就班地做，按照魏、晋以来的传统，先把那人封个大国之主，然后加九锡之礼，再然后才是禅让。

朱全忠最恨这种循规蹈矩的人，要不是现在还用得到他们真想一刀砍了。蒋玄晖、柳璨没被砍，还是被朱痛骂一顿，让他们抓紧时间把这事搞定，再搞不定就换人来搞。

公元905年11月，朝廷任命朱全忠为相国，总理一切事务，把宣武、宣义、天平、护国、天雄、武顺、佑国、河阳、义武、昭义、保义、戎昭、武定、泰宁、平卢、忠武、匡国、镇国、武宁、忠义、荆南二十一道划分为魏国，封朱全忠为魏王，加九锡之礼。

史料记载说朱全忠因为这个九锡之礼来得太迟很是生气，所以辞让不受，但本人认为应该不完全是生气的缘故，他可能还是想谦让一下给自己博些美名。

蒋玄晖、柳璨确实没把这事办干净利索，朱全忠对他们很是不满，再加上这几个人在朝中口碑很差，朱为收买人心，决定遗弃他们。

到公元905年底的时候，朱全忠辞让了三次九锡之礼，蒋、柳二人已经变得可有可无，朱找了个借口把他们俩以及另外几个参与此事的人抓了起来，全部斩首示众。柳璨临刑之前大喊道："负国贼柳璨，死其宜矣！"他之所以喊自己死得活该，确实也是痛恨自己辜负了朝廷竟然也没落得个好下场。

在接下来的一年里，朱全忠继续四面出击攻打周边相对独立的州县，又有很多城池落入他的手中，不过那几个大的藩镇之间互相救援，基本都能自保，没有什么大的变化。

淮南节度使杨行密在公元905年病逝，长子杨渥接替节度使之职，这小子骄奢淫逸、宴饮无度，并且脾气暴躁，喜欢杀人，淮南地区形势越来越不乐观。

不管淮南是好还是坏，都影响不到朱全忠，他的工作已经做充分了，

公元 907 年 2 月，唐昭宣帝再次颁下诏书让位于朱全忠，朱全忠控制着激动的心情再次推辞掉。

在接下来的一段时间里，关于禅让的诏令不断，终于在同年 4 月 4 日，朱全忠进入金祥殿，自称寡人，接受唐朝文武百官的朝拜，去掉唐朝年号。

4 月 16 日，朱全忠改名为朱晃，"朱全忠"这个名字是唐朝皇帝赐的，现在自己当皇帝，当然不能再用前朝皇帝赐的名字。

两天之后，朱晃身披衮袍，头戴冠冕，即皇帝位，庙号太祖，定国号为大梁。

历时二百八十九年的唐朝正式灭亡。

后 记

　　从公元 618 年唐高祖李渊建国到公元 907 年唐哀帝李柷亡国，共有二百八十九年（这期间包括武曌废唐建周的十五年）。这近三百年的时间是我国历史上非常精彩的时期，有大盛也有大衰。

　　隋朝末年，太宗李世民带领尉迟敬德、秦叔宝、程知节、李世勣等人南征北战，平定天下。"玄武门政变"后，李世民登基，跟魏徵、长孙无忌、李靖、房玄龄、杜如晦、高士廉、马周、褚遂良等人开创太平盛世，后世称这阶段为"贞观之治"。

　　"贞观之治"时期，政治清明、社会安定、经济繁荣，李世民驾崩后，软弱的高宗李治很不争气，娶了父皇的妃子——武媚娘，很快，大权就掌握在武媚娘手中，这个心狠手辣又极具政治天赋的女人杀掉很多该杀的和不该杀的人，扫除障碍，登基称帝，改名为武曌。虽然女皇登基之前和在位期间社会有很多问题，但整体上依然呈上升趋势。

　　武曌死后，社会一度不稳，年轻有为的李隆基脱颖而出，铲除奸邪，开创"开元盛世"。"开元盛世"的土壤更加肥沃，他有"贞观之治"和武曌时期的大发展的基础，取得的成绩更加骄人，社会进入全盛时期，更是出现前所未有的盛世景象。

物极必反！

李隆基骄傲了！

骄傲的李隆基把政务委托给奸相李林甫，表面上看社会依然保持着繁荣，但繁荣背后开始腐败。终于，"安史之乱"爆发，唐朝社会由盛转衰。在接下来的一百多年中，有宪宗李纯的"元和中兴"，也有"小太宗"之称的宣宗李忱的灵光一现，但其他皇帝要么昏庸、要么无能，最后在四座大山——宦官乱政、朋党之争、藩镇割据、农民起义——的压迫下，唐朝社会终于土崩瓦解。

朱全忠称帝后，李存勖（李克用之子）、李茂贞、王建、钱镠、杨渥（杨行密之子）等人纷纷称帝。

李存勖建立后唐。

李茂贞建立岐国。

王建建立前蜀国。

钱镠建立吴越国。

杨渥建立吴国。

除上述几个政权之外，另外几个唐末时期的割据势力也纷纷称帝，但他们的戏份跟上面几位比起来少了很多，本书由于篇幅原因未作介绍。

这些政权和后梁、后唐等合称"五代十国"。该时期中国再次形成四分五裂的局面。这样的乱世不可能有所谓的繁荣，甚至连最基本的稳定都做不到。终于，经过几十年混乱后，后周大将赵匡胤黄袍加身，建立大宋，中国社会再次迎来军事、政治、经济、文化等方面的大繁荣。